Doris Märtin

Smart Talk

Sag es richtig!

Campus Verlag
Frankfurt/New York

Bibliografische Information der Deutschen Nationalbibliothek:
Die Deutsche Nationalbibliothek verzeichnet diese Publikation in der Deutschen Nationalbibliografie; detaillierte bibliografische Daten sind im Internet über http://dnb.d-nb.de abrufbar.
ISBN-13: 978-3-593-37919-7
ISBN-10: 3-593-37919-8

Umschlaggestaltung: Guido Klütsch, Köln
Layout: Julia Walch, Bad Soden
Druck und Bindung: Druck Partner Rübelmann, Hemsbach
Gedruckt auf säurefreiem und chlorfrei gebleichtem Papier.
Printed in Germany

Besuchen Sie uns im Internet: www.campus.de

Inhalt

Wir können nicht nicht kommunizieren

... heißt ein geflügeltes Wort des Kommunikationsforschers Paul Watzlawik.
Sobald zwei Menschen einander begegnen, gewinnt jeder Blick, jede Geste, jedes Wort eine Bedeutung: Selbst wenn wir gar nichts sagen, morgens im Aufzug, spricht unser Schweigen Bände. Auch wenn wir bemüht wegschauen, der Ex-Partner steht am Büffet, sagt unser ausweichender Blick alles.

Kommunikation findet immer statt, wo Menschen zusammen sind. Also überall: im Konferenzraum und im Kinderzimmer, im Bett und beim Bewerbungsgespräch, an der Hochzeitstafel und am Handy, beim Friseur und auf dem Finanzamt, beim Italiener und im ICE. Wir reden im Meeting mit, den Kindern drein, der schwierigen Kundin nach dem Mund und dem grippekranken Partner gut zu.
Und stellen dabei immer wieder fest: Ob im Job oder in der Liebe – nichts bringt uns weiter als gute Kommunikation. Und nichts zerschlägt mehr Porzellan als schlechte. Das Gute daran ist: Kommunikation – Reden, Fragen, Verstehen, Schweigen – kann man lernen.

The way we communicate with others and with ourselves ultimately determines the quality of our lives.
Tony Robbins

Die Big Eight

Angebote fürs bessere Reden gibt es genug: Der Uni-Absolvent lernt im Bewerbungstraining die 101 Antworten auf die schärfsten Interviewfragen, die Vertriebsassistentin trainiert im Präsentationsseminar den gekonnten Auftritt, der Manager holt sich beim Coach den letzten rhetorischen Schliff fürs Presseinterview. Gestresste Eltern lernen im *Triple P*, wie man Kinder lobt, ermutigt und zurechtweist, für Paare gibt es die *Fünf Sprachen der Liebe* als Hörbuch, und *Streiten verbindet* als Paperback, und auf der Fahrt ins Büro macht man sich per CD im Small Talk fit.
Jede Art von Gespräch, so scheint es, unterliegt speziellen Kommunikationsregeln, und wer sich im Job souverän behauptet, kommt deshalb noch lange nicht spielend mit den Schwiegereltern klar. Als wäre das Miteinander-Reden nicht ohnehin schon schwer genug, verkomplizieren wir es in dem Glauben, unterschiedliche Situationen erforderten eine jeweils ganz eigene Sprache.
In Wahrheit ist alles viel einfacher. Denn es stimmt zwar, dass unterschiedliche Gespräche unterschiedliche Anforderungen an uns stellen. Aber beim genaueren Hinsehen zeigt sich: Es gibt eine überschaubare Anzahl von Grundfertigkeiten der Kommunikation, die jedes Gespräch voranbringen, unabhängig von Gegenüber, Thema und Anlass. Die Big Eight heißen:

Baustein 1: Sich unterhalten

Unterhaltungen sind alle Gespräche, bei denen nicht die Inhalte im Vordergrund stehen, sondern das Sich-einander-Zuwenden: Kennt man jemanden gar nicht oder nur flüchtig, bahnt angenehmes Plaudern den Weg. Bei Fachgesprächen setzt verbindlicher Small Talk den Anfangs- und Schlusspunkt. Mit Freunden und in der Familie kommunizieren die vielen kleinen Alltagsbemerkungen Zuwendung und Aufmerksamkeit: »Wie war dein Tag?« – »Möchtest du noch Tee?« – »Pass auf dich auf!«. Achten Sie einmal darauf: So gut wie jedes private und berufliche Gespräch enthält einen mehr oder weniger großen Unterhaltungsanteil.

Baustein 2: Verstehen

Es gehört zu den menschlichen Grundbedürfnissen, Gehör zu finden und Anerkennung. Ein offenes Ohr und ein aufgeschlossener Geist sind deshalb das schönste Geschenk, das wir einem Gesprächspartner machen können. 100-prozentige Aufmerksamkeit – das schätzt der Finanzvorstand, das beflügelt die neue Liebe, das tut der rheumakranken Nachbarin gut. Sogar der voll coole 15-Jährige fährt darauf ab.

Baustein 3: Sich darstellen

Silent Messages heißt der Titel einer in den siebziger Jahren veröffentlichten Studie. Der amerikanische Psychologe Albert Mehrabian stellte darin fest, dass wir das meiste ohne Worte ausdrücken. Für mindestens 90 Prozent unserer Wirkung zeichnen Körperhaltung, Aussehen, Stimme, Mimik und Gestik verantwortlich. Styling, Stil und Status verdienen deshalb Beachtung. Vielleicht mehr als Sie wahrhaben wollen.

Baustein 4: Formulieren

Wir können die Wirkung unserer sprachlichen Ausdrucksweise gar nicht hoch genug schätzen. Sie bestimmt, wie gut der Gesprächspartner unsere Gedanken versteht und wie bereitwillig er sich dafür gewinnen lässt. Darüber hinaus zeigt unsere

Sprache, wer wir sind, wo wir herkommen, welchem sozialen Umfeld wir angehören, wie wir die Welt wahrnehmen und bewerten. Ob beim Bewerbungsinterview oder beim Date – mit unseren Worten teilen wir nicht nur *etwas* mit, wir teilen auch *uns selbst* mit. Unserem Redeverhalten entnehmen die anderen, ob wir zu ihnen passen.

Baustein 5: Sich behaupten

Ein großer Teil aller Kommunikationsbemühungen zielt darauf ab, Standpunkte zu vertreten und Wünsche durchzusetzen. Freundlichkeit und Fairness auf beiden Seiten bewirken dabei viel, aber nicht alles. Denn wo es um persönliche Interessen geht, wird schon mal mit harten Bandagen gekämpft. Das mag man gut finden oder nicht, auf jeden Fall sollte man dafür gewappnet sein. Erstens, weil es Sicherheit gibt, Zumutungen und Frechheiten elegant abwehren zu können. Und zweitens, weil viele Konflikte verpuffen, wenn wenigstens einer der Gesprächspartner einen klaren Kopf behält.

Baustein 6: Versöhnen

Kommunikationswissenschaftler können ziemlich genau sagen, wie Kommunikation gelingt: Wir müssen im Gespräch mit anderen genauso vorausschauend und aufmerksam reagieren wie im Straßenverkehr. Wenn die Ampel auf Gelb springt, nehmen wir das Tempo weg. Wenn sich auf der Autobahn ein Stau abzeichnet, schalten wir die Warnblinkanlage ein. Wenn ein entgegenkommendes Fahrzeug die Kurve schneidet, weichen wir aus. Gelungene Gespräche funktionieren ähnlich: Wir passen auf, gleichen aus, lenken ein und nehmen Rücksicht und dies vorsichtshalber lange bevor es kracht.

Baustein 7: Präsentieren

Reden vor Publikum verursacht vielen Lampenfieber und manchen Bauchschmerzen. Trotzdem muss reden können, wer überzeugen will. Das A und O hierfür ist eine gründliche Vorbereitung: Wissen sammeln, Publikum analysieren, Einstieg erdenken, Schluss formulieren, Medieneinsatz planen, sich Ortskenntnis verschaffen, Mentaltraining und Probelauf einkalkulieren. Je besser Sie sich vorbereitet haben, desto aufmerksamer können Sie beim Vortrag, bei der Präsentation, beim Seminar auf Ihre Zuhörer eingehen.

Baustein 8: Erzählen

Was wir aus unserem Leben erzählen, charakterisiert uns. Unsere Geschichten zeigen, ob wir optimistisch sind oder eher pessimistisch, ob wir in den Stationen unseres Lebens einen Sinn erkennen und ob wir uns als Gestalter oder eher als Spielball des Schicksals begreifen. Wie stichhaltig, spannend und schön die Geschichten unseres Lebens in den Ohren der anderen klingen, hängt nicht primär von den biografischen Daten ab. Entscheidend ist vielmehr, wie wir selbst die Geschehnisse einordnen, verknüpfen und bewerten.

Was ist Smart Talk?

Es versteht sich von selbst: Nicht jeder der acht Alleskönner ist in jedem Gespräch gleich wichtig. Und natürlich kann es nicht schaden, die Big Eight der Kommunikation um das eine oder andere anlassbezogene Spezialelement zu erweitern. Aber allein und zusammen befähigen die acht Giganten der Kommunikation Sie dazu, *smart* zu kommunizieren:

s	sympathisch	… weil Sie Ziele leichter verwirklichen, wenn Ihr Gegenüber Sie mag. Die Beziehungsebene bestimmt die Inhaltsebene, nicht umgekehrt.
m	mühelos	… weil die Big Eight des Kommunizierens Universalgenies sind, die Sie bei jedem Gespräch einsetzen und deshalb bald sicher beherrschen werden.
a	authentisch	… weil die besten Kommunikationstools versagen, wenn jemand nicht weiß, wovon er redet, und nicht lebt, was er sagt.
r	redegewandt	… weil nicht nur zählt, was Sie sagen, sondern auch, wie verständlich und anschaulich Sie es formulieren.
t	taktvoll	… weil Ideen nur durchsetzt, wer einfühlsam auf andere eingeht und psychologisch geschickt argumentiert.

Zum Reden gehören (mindestens) zwei

Kommunizieren ist etwas, was man gemeinsam tut, zu zweit oder in größerer Runde. »Gemeinschaftlich tun, mitteilen, teilnehmen lassen« lautet die Bedeutung des lateinischen Ursprungsworts communicare. Das klingt einfach, ist es aber nicht. Denn leider funktioniert Kommunikation nicht so primitiv wie ein Getränkeautomat: Euro rein, Cola raus. Längst nicht immer erreichen wir im Gespräch mit anderen, was wir wollen. Und oft lösen wir etwas ganz anderes aus, als wir eigentlich beabsichtigt haben.

- Man sagt, »Moment noch, Schatz, die Spielergebnisse des VfB Stuttgart werden gerade durchgegeben.« – und einen Moment später fällt laut vernehmlich die Tür ins Schloss.
- Man hält sich zurück mit Eigenlob und High-Potential-Deutsch – und erhält im Mitarbeitergespräch den Rat, mehr aus sich herauszugehen und sich besser zu verkaufen.
- Man referiert kenntnisreich über die Vorzüge der Südumfahrung und deren Entlastungswirkung für den Ortskern – und auf der Heimfahrt behauptet die Partnerin, man hätte das Gespräch an sich gerissen und die Runde genervt.

Wahrheit ist nicht, was A sagt, sondern was B darunter versteht, lautet das erste Gesetz der Kommunikation. Smart zu kommunizieren bedeutet deshalb erheblich mehr, als brillant zu formulieren oder souverän zu kontern. Es bedeutet zu bemerken, wie der andere das Gespräch mit uns empfindet, ob er noch dabei ist, ob er sich anerkannt, verstanden, angeregt und gut gelaunt fühlt. Smart zu kommunizieren bedeutet, die Interessen und Gefühle des Gesprächspartners wahr und wichtig zu nehmen. Das Eingehen auf die Bedürfnisse und Stimmungen des Gegenübers wirkt sympathisch. Vor allem aber bringt es Sie auf der Sachebene voran: Nach der Theorie des sozialen Austausches werden Sie als Gesprächspartner an dem »Nutzen« gemessen, den Sie anderen einbringen. Je wohler sich jemand in Ihrer Gegenwart fühlt, desto eher ist er bereit, Ihre Anregungen ernst zu nehmen, Ihre Wünsche zu erfüllen oder Ihr Angebot in Betracht zu ziehen.

Bemessen Sie den Erfolg von Kommunikation deshalb nicht in erster Linie daran, ob Sie sich gut unterhalten oder optimal zur Geltung bringen können. Viel wichtiger ist es, *der Gegenseite* das Gefühl zu vermitteln: Im Gespräch mit Ihnen fühlt man sich wertgeschätzt, entspannt und fair behandelt. Immer. Selbst dann, wenn es einmal hart auf hart geht.

Was Sie in diesem Buch erwartet

Dieses Buch ist nach den Grundfertigkeiten der Kommunikation, den Big Eight, gegliedert:

1. Sich unterhalten
2. Verstehen
3. Sich darstellen
4. Formulieren
5. Sich behaupten
6. Versöhnen
7. Präsentieren
8. Erzählen

Zu jedem dieser Themen gibt es *Talk-Tools* – Anregungen, wie Sie die jeweilige Grundfertigkeit perfektionieren können. Am Anfang jedes Kapitels finden Sie darüber hinaus *Selbst-Checks* mit Verhaltensweisen, die Gespräche voranbringen und solchen, die vielleicht falsche Botschaften senden. Hier sind ein paar Vorschläge, wie Sie dieses Angebot am besten für sich nutzen.

Bedienen Sie sich wie im Supermarkt

Es spielt keine Rolle, ob Sie dieses Buch klassisch von der ersten bis zur letzten Seite lesen oder ob Sie sich gezielt denjenigen der Big Eight zuwenden, die Sie zurzeit am meisten interessieren. Sie können sogar einfach nur blättern und sich punktuell mit einzelnen Talk-Tools beschäftigen, die Sie gerade besonders interessieren. Es gibt so viele verschiedene Wege zum Ziel, wie es Möglichkeiten gibt, smarter zu kommunizieren. Betrachten Sie deshalb die Techniken in diesem Buch als Angebot: Wählen

Sie daraus aus, was zu Ihrem Typ passt, nehmen Sie so viel mit oder so wenig, wie Sie mögen. Trainieren Sie die ausgesuchten Techniken intensiv, und holen Sie sich Nachschub, wenn Sie Lust auf mehr haben.

Überprüfen Sie Ihre Kommunikationsgewohnheiten

Vergleichen Sie das Gelesene fortlaufend mit Ihren eigenen Erfahrungen und Verhaltensweisen. Was berücksichtigen Sie schon lange? Welche Anregungen kennen Sie schon, ohne sie je umgesetzt zu haben? Was hindert Sie daran? Wo können Sie noch zulegen? Welche Verhaltensweisen möchten Sie automatisieren? Kennzeichnen Sie, welche Tools Sie in Ihr Repertoire aufnehmen möchten.

Manches, was in diesem Buch steht, wird Ihnen bekannt vorkommen. Das hat Methode: Die Talk-Tools wurden nicht in erster Linie nach ihrem Neuheitswert ausgewählt, sondern nach ihrer Nützlichkeit. Dass Ihnen einige davon vertraut sind, macht sie nicht weniger wertvoll. Entscheidend ist nicht, ob Sie eine Kommunikationstechnik kennen, entscheidend ist, wie erfolgreich Sie sie einsetzen.

Beobachten Sie sich selbst

Jedes Smart-Talk-Kapitel enthält ein geballtes Paket an Informationen. Deshalb ist es hilfreich, wenn Sie sich zu Beginn jedes Kapitels Zeit für eine Selbsteinschätzung nehmen. Füllen Sie die Selbst-Checks aus, um zu sehen, wie typisch ein Verhalten für Sie ist. Die Selbst-Checks zeigen Ihnen, wo Sie stehen, womit Sie punkten und wo Sie noch zulegen können. Ein noch klareres Bild erhalten Sie, wenn Sie sich nicht nur auf Ihre Selbstbeobachtung verlassen, sondern gute Freunde oder Kollegen um ein Feedback bitten.

Setzen Sie Gelerntes sofort um

Der Fokus dieses Buches liegt auf erprobten, alltagstauglichen, leicht umsetzbaren Tools. Probieren Sie Tools, die Ihnen einleuchten und gefallen, deshalb bei jeder sich bietenden Gelegenheit aus. Legen Sie besonderen Wert darauf, dass sich Ihr Gegenüber im Gespräch mit Ihnen wohl oder zumindest respektiert fühlt. Außerdem wichtig: Formulieren Sie klare, messbare Ziele:

- Ich achte mindestens in einem Gespräch pro Tag darauf, mich zurückzunehmen und den anderen glänzen zu lassen.
- Ich mache jeden Tag mindestens zweimal ein Kompliment.
- Ich regle in Gesprächen mit dem betont sorgfältig artikulierenden Abteilungsleiter meine Sprechgeschwindigkeit um eine Nuance herunter.

Es ist völlig normal, wenn sich ein neues Verhalten anfangs unbequem und fremd anfühlt. Lassen Sie sich davon nicht beirren. Die solidesten Bergstiefel müssen eingetragen werden, die schicksten High Heels können am Anfang drücken. Dafür leisten sie Ihnen jahrelang gute Dienste und führen Sie auf neue Höhen.

Nutzen Sie den E-Mail-Coach

Dabei unterstützen wir Sie mit unserem E-Mail-Coach. Über einen Zeitraum von zwölf Wochen erinnern wir Sie mit kurzen Mails immer wieder daran, die Talk-Tools anzuwenden. Sie finden in jeder Mail einen Tipp oder eine kurze Anregung, wie Sie einzelne Elemente des *Smart Talk* sofort und ohne großen Aufwand umsetzen können. So holen Sie sich einen wohlmeinenden Coach ins Büro oder an den Schreibtisch, der Sie daran erinnert, kontinuierlich an den Big Eight zu arbeiten. Unter www.campus.de/isbn/3593379198 können Sie sich kostenlos anmelden.

Sich unterhalten können

Wie Sie ins Gespräch kommen und minutenschnell ein angenehmes Klima schaffen

Der Maggiore ging zur Tür, öffnete sie und sagte zu jemandem im Flur: »Pino, bring uns zwei Tassen Kaffee und eine Flasche Mineralwasser.«
Er kam zurück und nahm seinen Platz hinter dem Schreibtisch wieder ein. »Tut mir leid, dass wir keinen Wagen direkt nach Venedig schicken konnten, aber es ist schwierig, heuzutage eine Genehmigung für Fahrten außerhalb der Provinzgrenzen zu bekommen. Ich hoffe, Sie hatten eine angenehme Fahrt.«
Wie Brunetti aus langer Erfahrung wusste, war es notwendig, solchen Dingen eine angemessene Zeit zu widmen und ein bisschen zu sondieren und herumzustochern, um sein Gegenüber richtig einschätzen zu können, und das ging über den Austausch freundlicher Nichtigkeiten und höflicher Fragen.

Donna Leon, Endstation Venedig

SELBST-CHECK: Sich unterhalten können

Eine Unterhaltung, so der Duden, ist ein »auf angenehme Weise geführtes Gespräch«. Ob am Küchentisch mit den Kindern oder in der Bahn mit dem Kollegen, die Bezeichnung »Unterhaltung« verdient ein Gespräch nur dann, wenn es der sozialen Fellpflege und dem Austausch von Freundlichkeiten dient. Und nicht dazu, die Ursachen für die Fünf in Latein zu ergründen oder die neuesten Sparmaßnahmen des Vorstands zu erörtern. Wie verhalten Sie sich beim privaten und beruflichen Small Talk? Wirken Sie offen und interessiert? Fühlen sich die anderen wohl im Gespräch mit Ihnen? Kreuzen Sie für jede Verhaltensweise die Antwort an, die am ehesten auf Sie zutrifft.

Was Unterhaltungen voranbringt		**Selbst-Check**		
Verhalten	Wirkung	Wie häufig verhalten Sie sich so?		
		Meistens	Manchmal	Selten/Nie
Auf andere zugehen und sie ins Gespräch ziehen	offen, interessiert	■	■	■
Ein Gespräch mit einem nahe liegenden Thema eröffnen	gewandt, freundlich, unanstrengend	■	■	■
Nach Gemeinsamkeiten suchen	nett, tolerant	■	■	■
Viele verschiedene Themen berühren	interessant, informiert	■	■	■
Ungefähr gleich viel und lang reden wie die anderen	gewandt, angenehm	■	■	■
Interesse an Themen zeigen, über die man wenig weiß	flexibel, souverän, aufgeschlossen	■	■	■
Persönliche Informationen einfließen lassen	offen, freimütig	■	■	■
Auch mal eine eigene Pannengeschichte erzählen	selbstironisch, humorvoll, sympathisch	■	■	■
Auf Themen eingehen, die den anderen begeistern	gelassen, großzügig, sympathisch	■	■	■
Ähnlich viel, schnell oder laut sprechen wie das Gegenüber	sympathisch, angenehm, auf einer Wellenlänge	■	■	■
Eigene Beiträge eher kurz halten	anregend, kurzweilig	■	■	■
Sich nach angemessener Zeit verabschieden	gewandt, souverän	■	■	■

Unvorteilhafte Eindrücke vermeiden			Selbst-Check		
Verhalten	Gewünschte Wirkung	Möglicherweise erzielte Wirkung	Wie häufig verhalten Sie sich so?		
			Meistens	Manchmal	Selten/Nie
Darauf warten, vorgestellt oder ins Gespräch gezogen zu werden	zurückhaltend, unaufdringlich	uninteressiert, abgehoben, reserviert	☐	☐	☐
Gespräche mit einer besonders einfallsreichen Bemerkung eröffnen	intelligent, witzig, gut informiert	anspruchsvoll, schwierig, anstrengend	☐	☐	☐
Sagen, was einem auf der Zunge liegt	spontan, lebhaft, mitteilsam	ichbezogen, unpassend	☐	☐	☐
Ausführlich über die eigenen Lieblingsthemen reden	interessant, eigenwillig	unzugänglich, egozentrisch, schwer integrierbar	☐	☐	☐
Mehr reden als andere	unterhaltsam, geistreich, interessant	ichbezogen, eigennützig	☐	☐	☐
Zuhören, aber wenig zum Gespräch beitragen	interessiert, nachdenklich	langweilig	☐	☐	☐
Problemthemen ins Spiel bringen	kritisch, realistisch	negativ, unzufrieden	☐	☐	☐
Mehr als andere von sich preisgeben	ehrlich, offen	unpassend, aufdringlich	☐	☐	☐
Weniger als andere von sich preisgeben	geheimnisvoll, kontrolliert	kalt, verschlossen, unzugänglich	☐	☐	☐
Anderen ins Wort fallen, selbst keine Unterbrechungen dulden	engagiert, selbstbewusst	desinteressiert, ichbezogen	☐	☐	☐
Monologe halten	interessant, informativ, überzeugend	langweilig, belehrend, anmaßend	☐	☐	☐

Am Anfang steht der Small Talk: »Herrliches Wetter heute« – »Sind Sie auch zum ersten Mal hier?« – »Wie war dein Tag?« – »Schön, dass wir uns mal wiedersehen.« – »Schmiedet Ihr schon Urlaubspläne?« Ob beim Geschäftsessen, am Kaffeeautomaten in der Firma oder abends zu Hause am Küchentisch, die meisten Gespräche beginnen mit beiläufigem Geplauder, kleinen, leichten Gesprächsangeboten über alles und nichts, das Wetter und den Stau, den Urlaub und die Kinder, die anregende Ausstellung und das schön angerichtete Finger Food.
In vielen Ländern der Welt nimmt der Wortwechsel zum Kennenlernen und Warmwerden traditionell einen hohen Stellenwert ein. Die Amerikaner pflegen den Small Talk als erprobtes Mittel des Andockens, Anknüpfens und Ankommens. In Frankreich hat die amüsante, geistvolle Konversation Tradition. In China geht nichts ohne *Guanxi*, das Schaffen einer Beziehungsebene. Im brasilianischen Geschäftsleben gehört der *Jeitinho*, der kleine Dreh, zur Überlebenskunst: Nur wer interessiert und liebenswürdig wirkt, kommt auf der Sachebene voran. Mit der Globalisierung der Wirtschaft setzt sich jetzt auch in den deutschsprachigen Ländern die Erkenntnis durch: Die kleinen Alltagsgespräche öffnen Türen und mobilisieren Sympathien.

- Sie machen einer Kundin gegenüber eine Bemerkung über den regnerischen Sommer – und es entspinnt sich ein Gespräch über englische Rosen. Gut möglich, dass sich die entstandene Nähe auch beruflich auszahlt.
- Sie stehen vor schwierigen Verhandlungen – und tauschen sich vorab mit der Gegenseite über die angenehmsten Hotels der Stadt aus. Dahinter steht der Gedanke: Wenn die Chemie stimmt, findet sich auch leichter ein Konsens.
- Sie sitzen bei der Geburtstagsfeier neben der Tante, die sich allzu sehr für den fehlenden Mann in Ihrem Leben interessiert – und lenken das Gespräch freundlich, aber entschlossen auf die ungewöhnliche Vorspeise oder den Hausanbau der Cousine.

Die Beispiele zeigen: Small Talk ist zwar nicht alles, aber das 30-Sekunden-Geplauder im Lift oder der 5-Minuten-Warm-up vor dem Verkaufsgespräch eignen sich vorzüglich, Menschen kennen zu lernen und eine freundliche Atmosphäre zu schaffen. Wie das gelingt, erfahren Sie in diesem Kapitel.

TALK-TOOL 1:
Gekonnt einsteigen

Locker soll er sein, lässig und unkompliziert: Der Einstieg in den Small Talk mit flüchtigen Bekannten oder entfernten Verwandten ist zwar keine Quantenphysik. Aber das, was bei Plauderprofis so selbstverständlich selbstbewusst wirkt, fällt ungeübten Small Talkern schwer. Wie kommt man zwanglos ins Gespräch mit den neuen Kollegen, die seit Jahren ein eingeschworenes Team bilden? Wie findet man unverkrampft Anschluss, wenn man bei einer Hochzeit außer dem eigenen Partner niemanden kennt? Wie plaudert man locker mit der Personalreferentin, wenn einem das bevorstehende Interview die Kehle zuschnürt? Worüber redet man beim ersten Date oder nach einer gemeinsam verbrachten Nacht, die angenehm war, mehr aber auch nicht?
Die schwierigste Hürde beim Small Talk ist der erste Schritt. Ist dieser getan, ergibt sich alles weitere oft von selbst. Wenn Sie beim Small Talk bisher eher befangen waren, kommen Sie deshalb am schnellsten zum Erfolg, wenn Sie beharrlich die Ouvertüren proben:

- ohne konkreten Anlass eine kurze Unterhaltung zu beginnen,
- sich mit Fremden bekannt zu machen,
- sich in eine Gruppe einzufädeln.

Sich vorstellen

Sie vertreten Ihre Firma beim Jahrestreffen der Arbeitgeber. Beim Rundgang durch den Saal sehen Sie angeregt diskutierende Gruppen und kein einziges bekanntes Gesicht. Niemand macht Anstalten, Sie anzusprechen, keiner zieht Sie ins Gespräch, nur die Frau an dem Stehtisch in der Ecke lächelt kurz zu Ihnen herüber.
Die meisten Menschen fürchten Veranstaltungen, Feste und Seminare, bei denen sie niemanden kennen. Der Hauptgrund dafür ist: Wir haben Hemmungen, uns mit Fremden bekannt zu machen. Dabei sind die Regeln des Sich-Vorstellens ganz

einfach. Nehmen Sie Blickkontakt auf, gehen Sie mit raschen Schritten, aber nicht hektisch, zu dem anvisierten Gesprächspartner hin, lächeln Sie und stellen Sie sich vor. Verwenden Sie dabei die *GNA-Formel* aus Gruß, Name und Aufhänger: »Guten Tag, ich bin Marietta Berghof. Ich vertrete heute Abend die Firma castconsult. Das war ja eben eine spannend aufbereitete Präsentation.«
Ihren Namen nennen Sie am besten in der zeitgemäßen »Ich bin«-Version mit Vor- und Nachnamen. Mit dem anschließenden Aufhänger spielen Sie dem Gegenüber ein oder zwei Gesprächsthemen zu, die er aufgreifen kann: »Ach, Sie arbeiten bei castconsult. So ein Zufall, ich spiele mit Ihrer Geschäftsführerin zusammen Volleyball. Sie hat eine tolle Vorhand.« Von dieser Eröffnung aus sind viele Themen denkbar, erst recht, wenn Sie die Taktik der *Assoziationskette* nutzen: Vom Aufstieg der örtlichen Volleyballmannschaft in die Regionalliga gelangen Sie über das Thema Kondition und Fitness zu Ihrem eigenen Reithobby und schließlich zu den Vor- und Nachteilen von Mannschafts- und Einzelsportarten.

Tipps für Schüchterne

❶ **Gut zu wissen:** Nach einer Untersuchung der Universität Stanford kennen nur 7 Prozent aller Menschen keine Schüchternheit. Die meisten fühlen sich also in gesellschaftlichen Situationen latent unwohl, auch wenn sie es sich nicht anmerken lassen.

❷ **Der Angst ins Auge schauen:** Beobachten Sie Angstreaktionen wie Rotwerden, Herzklopfen oder Versprecher mit distanzierter Neugier. Sie werden merken: Sie sind unangenehm, aber völlig harmlos.

❸ **Desensibilisieren:** Legen Sie die Latte in kleinen Schritten höher. Spielen Sie gedanklich Szenarien durch, die Ihnen Angst einjagen. Gewöhnen Sie sich an, am Marktstand oder in der Arztpraxis ein kleines Gespräch anzufangen, auch wenn Sie sich dabei nervös fühlen.

❹ **Vorbereitet sein:** Im Alltag hilft ein kleines Repertoire an Standardfloskeln. Legen Sie sich bei besonderen Anlässen schon zu Hause passende Themen und Eröffnungen zurecht: «Mathilda hat erzählt, Sie machen demnächst ein Praktikum in Australien?«

❹ **Rückschläge wegstecken:** Nicht jeder Small Talk mündet in eine wunderbare Freundschaft. Finden Sie sich damit ab, und setzen Sie den eingeschlagenen Kurs fort. Michael Schumacher hört auch nicht mit dem Rennsport auf, nur weil ihm einmal der Reifen platzt.

Falls Sie die GNA-Vorstellung beim ersten Versuch als aufgesetzt oder einstudiert empfinden, bleiben Sie trotzdem dabei. Mit zunehmender Übung werden Sie sich gelassener und souveräner fühlen, vor allem, wenn Sie sich passende Aufhänger schon zu Hause überlegen und vielleicht sogar zwei- oder dreimal vor dem Spiegel proben.
Übrigens: In leicht abgewandelter Form eignet sich die GNA-Vorstellung dazu, Bekanntschaften aufzufrischen oder sich bei einem Gesprächspartner in Erinnerung zu rufen: »Hallo, Frau Winkler. Ich bin Lukas Mayr. Wir haben uns letztes Jahr beim Presseball kennen gelernt.«

Ins Gespräch kommen

Freitagmorgen, 7 Uhr 45. Gerade noch geschafft! Sekunden bevor sich die U-Bahntür schließt, springen Sie in den Waggon und erobern den letzten freien Platz direkt neben der Assistentin des Geschäftsführers, die in der Firma immer so zurückhaltend wirkt. An diesem Punkt können Sie sie natürlich kurz grüßen, den Blick senken und sich betont beschäftigt in den neuen Thriller von Dan Brown vertiefen. Wenn die Kollegin sich mit Ihnen unterhalten möchte, kann sie ja den Anfang machen. Vielleicht möchte sie so früh am Morgen ebenfalls nicht gestört werden …
Doch vielleicht schätzen Sie die Situation auch völlig falsch ein. Warten Sie nicht darauf, dass Ihre Gesprächspartnerin den ersten Schritt tut. Möglicherweise fühlt sie sich genauso unsicher wie Sie. Ergreifen Sie selbst die Initiative. Nehmen Sie Augenkontakt auf, lächeln Sie und sagen Sie etwas, irgendetwas. Eine freundliche Belanglosigkeit reicht völlig aus:

- **Eine unverfängliche Frage:** »Fahren Sie die Strecke öfter?«
- **Die sprichwörtliche Bemerkung über das Wetter:** »Wie schön, dass es jetzt zum Wochenende wieder wärmer wird.«
- **Ein Kommentar über ein nahe liegendes Thema:** »Wie angenehm, einen Sitzplatz zu haben. In diesen Genuss komme ich um diese Uhrzeit selten.«

- **Die Bitte um eine kleine Gefälligkeit:** »Schön, dass ich Sie sehe. Die Konsumentenstudie, die Sie letzte Woche erwähnt haben, würde mich interessieren. Wäre es wohl möglich, dass Sie mir den Link dazu schicken?«
- **Etwas Persönliches:** »Eigentlich fahre ich im Sommer meistens mit dem Rad ins Büro. Leider habe ich mir gestern einen Reifen platt gefahren.«
- **Ein gemeinsames Erlebnis:** »Sind Sie nächste Woche auch bei der Präsentation dabei? Ich bin schon sehr gespannt, wie die neuen Entwürfe ankommen werden.«

Der erste Satz beim Small Talk dient nur einem Zweck: anzudocken und eine gemeinsame Wellenlänge zu finden. Allzu Tiefschürfendes, Witziges oder Spezielles wäre dabei nur hinderlich, schließlich sollen Ihre Gesprächspartner den Ball, den Sie ihnen zuspielen, mühelos auffangen und zurückspielen können.

Sich in eine Gruppe einfädeln

Sich als Einzelner oder Paar einer unbekannten Gruppe anzuschließen, ist die Königsdisziplin des Sich-Bekannt-Machens. Zwar ist eine Gruppe keine geschlossene Gesellschaft und der Wunsch, sich in ein bestehendes Gespräch einzuklinken, kein Hausfriedensbruch. Allerdings entwickeln selbst zufällig zusammengewürfelte Gruppen in bemerkenswert kurzer Zeit ein Wir-Gefühl und reagieren abweisend auf Veränderungen. Psychologen bezeichnen diesen Effekt als *In-Group-Verzerrung*. Das Einfädeln in eine Gruppe erfordert deshalb Zurückhaltung und Fingerspitzengefühl.

Gut vorbereitet

Für Einsteiger: Formulieren Sie innere Monologe um. Statt sich einzureden »Ich kenne ohnehin keinen«, bauen Sie sich auf: »Was soll schon passieren?« oder: »Das geht vielen so.« Ein weiterer Tipp: Setzen Sie sich ein realistisches, überprüfbares Ziel wie »Ich mache mich mit mindestens zwei Leuten bekannt.«

Für Aufsteiger: Überlegen Sie schon zu Hause einen Aufhänger passend zum Anlass. Fachkollegen finden Ihr Spezialgebiet sicher spannend: »Ich arbeite an der neuen Version des Helix-DNA-Producers mit.« Bei der Hochzeit eines früheren Studienkollegen stellen Sie sich in einer anderen Rolle vor: »Alexander und ich haben in Darmstadt in der selben WG gewohnt.«

Für Überflieger: Seien Sie im Bewerbungsgespräch darauf gefasst, dass so gut wie jedes Interview mit Small Talk beginnt. Typischer Einstieg: »Haben Sie gut hergefunden?« Ein gemurmeltes »Ja, danke« wäre jetzt ebenso unpassend wie eine Lobeshymne auf Ihr neues Navigationssystem. Viel besser ist es, Sie äußern sich positiv über die genaue Anfahrtsbeschreibung oder die gute Verkehrsanbindung des Unternehmens. Gewandte Small Talker fangen übrigens von sich aus ein lockeres Gespräch an.

- **Sondieren Sie die Lage.** Gruppen, die mit großen Abständen zwischen den Gesprächspartnern locker beisammenstehen, beziehen neue Teilnehmer leichter in ihren Kreis ein. Bilden die Gesprächspartner dagegen ein Bollwerk nach außen, will die Gruppe sichtlich unter sich bleiben.
- **Fallen Sie nicht mit der Tür ins Haus.** Für den Anfang reicht es, wenn Sie sich einer Gruppe als Zaungast zugesellen, zuhören und ab und zu zustimmend nicken. Bei passender Gelegenheit werfen Sie ein »Ja, das ist ein wichtiger Punkt.« oder »Dazu fällt mir ein, dass …« Wichtig: Fassen Sie sich beim ersten Gesprächsbeitrag betont kurz, widersprechen Sie nicht, spielen Sie den Ball zügig weiter.
- **Hören Sie genau zu, worum es geht.** Dann klinken Sie sich mit der Floskel »Entschuldigung, ich habe mitbekommen« in das Gespräch ein: »Entschuldigung, ich habe mitbekommen, dass Sie sich über den neuen Japaner am Obstmarkt unterhalten. Können Sie das Sushi dort empfehlen?«

Zurückhaltung ist übrigens auch gefragt, wenn Sie sich einem Duo oder Trio anschließen, in dem Sie einen der Gesprächspartner kennen. Dass man mit Charlotte im gleichen Büro arbeitet oder gemeinsam mit Herbert im IHK-Vorstand sitzt, erleichtert natürlich das Andocken. Vermeiden Sie als Neuzugang aber überschwängliche Begrüßungen (Küsschen hier, Küsschen da) und Insider-Andeutungen (»Übrigens: Es gibt Neuigkeiten. Wir reden nachher gleich darüber …«). Beides gäbe den anderen in der Runde das Gefühl, fünftes Rad am Wagen zu sein. Am besten halten Sie die Begrüßung kurz und wenden sich dann sofort den unbekannten Dritten zu: »Guten Tag, ich bin Katja Nagler, eine Kollegin von Charlotte.«

Distanz wahren

Offen auf Menschen zugehen, heißt nicht, sich ihnen aufzudrängen. Im Gegenteil: Kommunikationsprofis merken mit feinem Gespür, wann jemand taktvolle Distanz einem noch so gut gemeinten Gesprächsangebot vorzieht: Die Nachbarsfamilie möchte in ihrem schmalen Reihenhausgarten die Illusion ungestörter Ruhe genießen, die Trainerin will sich in der Pause kurz sammeln, der Gastgeber prüft gerade die Konsistenz des Ziegenkäse-Soufflés.

Eine Wissenschaft für sich: Proxemik

Die Distanz zwischen Interaktionspartnern ist eine Wissenschaft für sich. 1965 prägte der amerikanische Anthropologe Edward T. Hall den Begriff Proxemik. Die Proxemik untersucht, welchen Platz Menschen für sich beanspruchen und wie der Abstand zueinander Beziehungen beeinflussen kann. Unter anderem begründete Hall verschiedene Distanzzonen: Der als angemessen wahrgenommene körperliche Abstand hängt unter anderem von Kulturzugehörigkeit, Bekanntheitsgrad, Alter, Geschlecht und sozialem Status ab. Folgende vier Distanzzonen werden unterschieden:

	Wo? Mit wem?	**Angemessene Gesprächsthemen**	**Themenbeispiel**
Öffentliche Distanz: über 360 cm	Fremde auf der Straße oder am Strand	Falls überhaupt: Grüße, Floskeln, das Wetter	
Soziale Distanz: 120–360 cm	Bekannte, Kollegen, Fremde, die man neu kennen lernt	Der Urlaub, die Benzinpreise, Bücher, Filme, Lokales, Hobbys, aktuelle Sportereignisse	Das neueste Gutachten der Wirtschaftsweisen
Persönliche Distanz: 45–120 cm	Freunde, Verwandte, gute Bekannte; alle anderen höchstens bei Platzmangel: in der U-Bahn oder im Kino	Erlebnisse, Vorlieben, Abneigungen, Alltagsprobleme, leichte Unpässlichkeiten, Meinungen, Politik	Die Umorganisation in der Firma
Intime Distanz: bis 45 cm	Der Partner, die Partnerin, die Kinder, enge Freunde	Gefühle, Hoffnungen und Wünsche, persönliche Schwierigkeiten, Ängste und Sorgen, Sexualität, Religion	Die Angst, von der Entlassungswelle betroffen zu sein

»Abendessen mit vis-à-vis's, mir schwer erträglich«, notierte Thomas Mann nach einer Zugfahrt von New York nach Chicago in seinem Tagebuch. Zwar halten die wenigsten Menschen gleich für die Nachwelt fest, wie die höfliche Beziehungspflege gelegentlich nervt. Aber jeder verspürt ab und zu das Bedürfnis, im Moment lieber für sich zu bleiben. Sensible Small Talker sondieren deshalb erst einmal die Grundstimmung ihres Gegenübers, ehe sie Kontakt aufnehmen:

- Versucht er gerade, die Präsentation zum Laufen zu bringen?
- Wirkt sie gehetzt und angespannt?
- Schweift sein Blick ab, dreht er den Kopf weg?
- Ist sie bereits mit jemand anderem ins Gespräch vertieft?

Signale wie diese deuten darauf hin, sich im Moment mit Gesprächsofferten besser zurückzuhalten. Ein Gruß, ein Lächeln, ein Winken genügt.

Fortgeschrittene gehen noch einen Schritt weiter. Statt potenzielle Gesprächspartner mit ihrer Anwesenheit oder einem womöglich unwillkommenen Gespräch zu überfallen, vergewissern sie sich, ob ein Kontakt angenehm ist.

- »Darf ich dazukommen?«
- »Ist der Platz noch frei?«
- »Ist jetzt gerade ein guter Moment für Sie?«
- »Darf ich Ihnen eine kurze Frage stellen?«

TALK-TOOL 2:
Ergiebige Themen finden

Andocksätze und Einstiegsfloskeln signalisieren Interesse und können den Funken entzünden. Allgemeinplätze und Banalitäten wie das Wetter, die Anfahrt, der softe Bar-Jazz im Hintergrund sind dabei erlaubt und sogar erwünscht. Mit etwas Geschick und gutem Willen liefern sie die Anknüpfungspunkte für Ergiebigeres: vom Wetter kommt man zum Wanderurlaub in den Dolomiten, von der Anfahrt zu den Vor- und Nachteilen der neuen Schleifenstraße, vom Bar-Jazz frei assoziierend zu den Mietpreisen in New Yorks Upper West Side.

Oscar Wilde bringt das Prinzip auf den Punkt: »Das ist die Kunst des Gesprächs: alles zu berühren und nichts zu vertiefen.«

Der Stoff, aus dem Gespräche sind

Der Small Talk mag inhaltlich manches aussparen und fachlich wenig hergeben. Dennoch sind der Bandbreite der Themen kaum Grenzen gesetzt, vom australischen Chardonnay über das Mannschaftsfahren bei der Tour de France bis hin zur Zen-Meditation ist im Prinzip alles möglich. Entgegen landläufiger Meinung gibt es kaum ein Thema, das der Small Talk nicht berühren könnte, immer vorausgesetzt, alle Beteiligten haben etwas dazu beizutragen:

- **Sport:** die Formel I, die Allianz-Arena, die Vergabe von FIFA-Karten, der Sturz von Jan Ulrich, das Für und Wider von Carving-Skiern, die Entwicklung von Golf zum Breitensport;
- **Kultur:** die Oscar-Verleihung, der Klaviersommer, das Open Air Konzert, der Hype um Anna Netrebko;
- **Kinder:** die Verkürzung der Schulzeit auf 12 Jahre, das Geschäft mit Handy-Klingeltönen, der neue Harry-Potter-Band;
- **Essen und Trinken:** der angesagte Fernsehkoch, der Kult um schottischen Single Malt Whisky, die neu eröffnete Tapas-Bar;
- **Garten:** der Buchsbaumschnitt, die Rosenblüte, der trockene Sommer, die Vorteile englischer Stahlgießkannen, der günstige Rasendünger, den es in dieser Woche im Gartencenter gibt, die neuen Gartenmöbel;
- **das Naheliegende:** der gelungene Blumenschmuck, die tolle Aussicht, das Schneegestöber, die Parkplatzsuche, die interessante These des Vortragenden, der Unterschied zwischen Shrimps, Garnelen und Crevetten, das renovierte Foyer;
- **Reisepläne:** die Schlössertour durch Frankreich, der Campingurlaub in der Lüneburger Heide, der Trend zu Kurzreisen und All-inclusive-Urlaub, der Billigflug nach Malaga, der Shoppingtrip nach New York, der Familienurlaub an der Nordsee;
- **Lokales:** die Umgestaltung des Marktplatzes, die Umgehungsstraße, der Museumsneubau.

Tabu-Themen vermeiden

Der Unterschied zwischen verbindlichem Geplauder und ernsthafter Auseinandersetzung liegt weniger in der Wahl der Themen als in der Art ihrer Behandlung. Leicht und schwebend sollte der Small Talk sein, positiv und für alle Beteiligten interessant.
Trotzdem gibt es einige Inhalte, die Sie besser vermeiden: Politik, Religion, Geld, Preise und Gehälter, Firmeninterna, Familienprobleme, Krankheit und Tod, Sinnfragen und seelische Krisen, Klatsch und Tratsch, berufliche Probleme und Triumphe sprengen die Grenzen der kleinen, leichten Plauderei.
Ausnahmen bestätigen die Regel: In den Tagen der Papstwahl zum Beispiel boten die Details des Konklave, die Wir-sind-Papst-Headline der BILD-Zeitung oder die Versteigerung des Papst-Golfs bei Ebay reichlich Unterhaltungsstoff.

Für Vielfalt sorgen

Beim Small Talk ist maßvolles Themen-Hopping angesagt – vor allem in bunt gemischten Runden. Mag sein, dass das Thema Pferde für ergiebigen Gesprächsstoff sorgt, seit Jan vor einer guten halben Stunde die Vorspeise servierte. Aber von den sechs Gästen am Tisch sind nur zwei passionierte Reiter. Die anderen interessiert das Thema nur am Rande: Ulrike und Andrea sind als Teenies geritten, Chris ist Vater zweier pferdenärrischer Töchter, die Gastgeber freuen sich, dass das Gespräch gut läuft, und Sebastian sagt ohnehin nie viel.
Unterhaltsamer für die Mehrzahl wäre eine größere Themenvielfalt: Stefans neues Pferd, das tolle Abschneiden der deutschen Rudermannschaft, der raffiniert zubereitete Seelachs, das Wiederaufleben des literarischen Quartetts, die Urlaubspläne von Andrea und Sebastian. Für einen Themenwechsel würde es genügen, dass ein Gesprächsteilnehmer ein-

So spinnen Sie den Faden weiter

Eisbrecher 1: Offene Fragen. Die Frage „Haben Sie schon Urlaubspläne?“ führt leicht in eine Sackgasse. „Nein.“ Weiter kommen Sie mit einer offenen Frage: „Und wie sehen Ihre Urlaubspläne aus?“ - „Wir machen heuer wahrscheinlich Ferien zu Hause, die Kinder sind jetzt 14 und 15 ...“ Offene Fragen beginnen immer mit einem W: Wo? Was? Wie? Weshalb? Wohin?

Eisbrecher 2: Persönliche Informationen. Geben Sie etwas von sich preis: „Seit ich regelmäßig Yoga mache ...“ - „Wir sind ja hier alle ungefähr im gleichen Alter ...“ – „Bei unserem Urlaub letztes Jahr in Dänemark ...“ – „Meine Tochter heißt auch Franziska ...“

Eisbrecher 3: Komplimente. Anerkennung verbreitet eine wohltuende Atmosphäre: „Ich freue mich, dass Sie sich wieder als Schriftführerin zur Verfügung stellen.“ – „Schön siehst du aus. Das Kleid passt perfekt zu deinen Haaren.“ – „Ihr Vortrag hat mich auf eine ganz neue Idee gebracht.“ Zusätzlicher Vorteil: Mit einem Kompliment bringen Sie sich in die Pole-Position. Sie geben vor, worüber als Nächstes geredet wird.

wirft: »Übrigens, habt ihr gehört, dass ...?« oder: »Was haltet ihr eigentlich von ...?« oder: »Der Fisch sieht fantastisch aus. Wo habt ihr das Rezept denn her?«

Verantwortlich für den bunten Themenstrauß sind alle zusammen: Im Idealfall führt jeder ungefähr gleich oft ein neues Thema ein, mehr wirkt allzu tonangebend, weniger lustlos und blass.

Fingerspitzengefühl ist vor allem bei den eigenen Lieblingsthemen gefragt. Auch wenn die Schulreform in Niedersachsen Sie beschäftigt – beschränken Sie Ihre Beiträge auf höchstens drei bis vier Sätze am Stück und wechseln Sie nach einer Weile von sich aus das Thema. Wann der Zeitpunkt dafür gekommen ist, hängt vor allem davon ab, wie gut Sie die anderen Gesprächsteilnehmer kennen: Je kürzer die Bekanntschaft, desto häufiger empfiehlt sich ein Themenwechsel. Aber auch gute Freunde sollten Sie nicht über Gebühr strapazieren: Falls kein anderer die Initiative ergreift, leiten Sie spätestens nach zehn Minuten zu einem neuen Gebiet über.

TALK-TOOL 3:

Eine angenehme Atmosphäre schaffen

Der Austausch von Informationen ist beim Small Talk nur Mittel zum Zweck. In Wahrheit geht es darum, Verbindungen zu knüpfen und Verbundenheit zu demonstrieren: Wo gibt es einen gemeinsamen Nenner? Ist man einander sympathisch? Findet man, bei aller Verschiedenheit, eine gemeinsame Wellenlänge? Die große Kunst besteht darin, an die Themen heranzukommen, die dem Gesprächspartner Spaß machen und sein Selbstwertgefühl heben.

Das Haar in der Suppe lassen

Der Small Talk verfolgt ein klares Ziel: eine positive und wohltuende Atmosphäre zu schaffen. Unnötige Betroffenheitsrhetorik (»Haben Sie das auch gehört? Die Massenkarambolage heute Morgen auf der A8. Schrecklich, nicht?«) verbietet sich deshalb ebenso wie kleinliches Nörgeln (»Meine Güte, ist der Aufzug schon wieder ausgefallen?«) Gut gelaunt und positiv wirken Sie, wenn Sie Erfreuliches erwähnen oder wenigstens gute Miene zum bösen Spiel machen: »An der Uni Köln will man jetzt übrigens herausgefunden haben, dass Treppensteigen die Synapsenbildung im Gehirn anregt.«

Jammern verboten

Keine Frage: Der Dauerregen kann einem die Laune verhageln, in der Firma herrscht Stress pur, man hat sich beim Sport den Arm gezerrt, und die Karten für die Sommerfestspiele sind schon im Februar ausverkauft. Das alles ist zwar halb so schlimm, und natürlich wissen wir, dass das Leben es insgesamt ganz gut mit uns meint. Aber wer die Chefin morgens im Lift oder den Gesprächspartner abends beim Industrieverband geballt mit Widrigkeiten wie diesen unterhält, wirkt überkritisch, unzufrieden und ichbezogen. Da hilft es auch wenig, dass man im gleichen Atemzug den fast fertig geschriebenen Fachartikel erwähnt oder pointiert den Vortrag des Gastredners kommentiert. Im Gedächtnis der anderen bleibt vor allem ein Eindruck zurück: Unbehagen und Langeweile.

Der amerikanische Psychologe Mark R. Leary fand heraus: »Negative Egozentrik«, das Jammern über eigene Probleme, wird als das unergiebigste Gesprächsthema überhaupt empfunden.

Wie Small Talk das Familienklima stärkt

Weil der Small Talk Nähe herstellt und nicht polarisiert, tut er auch dem Familienklima gut. Beim Small Talk wird das Thema Schule eben nicht unter dem Aspekt Hausaufgaben und Noten abgehandelt. Stattdessen geht es – beziehungsförderlich – um das tolle Bioprojekt und das coole Fotohandy von Annika aus der 6c. Mit Eltern, die am Küchentisch so aufmerksam und freundlich zuhören wie beim Party-Small-Talk: »Wow, erzähl doch mal ...«, spricht es sich noch einmal so gut.

Nach Übereinstimmung suchen

Hauptaufgabe des Small Talks ist die Beziehungspflege. Das kleine leichte Gespräch ist deshalb nicht dazu da, konträre Positionen zu thematisieren oder den Gesprächspartner von der Richtigkeit der eigenen Meinung zu überzeugen. Mag sein, dass Sie die Verkürzung der Schulzeit auf 12 Jahre angesichts der globalen Konkurrenz für überfällig und die Bedenken gegen die Schulreform für rückständig halten. Im Small Talk mit der

Kollegin, die sich um den Schulerfolg ihres Jüngsten sorgt, schlagen Sie trotzdem versöhnliche Töne an: »Das ist für Sebastian jetzt bestimmt eine schwierige Phase. Aber dafür hat er dann schon mit 18 das Abitur in der Tasche.«

Spezial- und Lieblingsthemen behutsam ansteuern

»Ich kann es kaum erwarten, im MoMA die Ausstellung von Lee Friedländer zu sehen. Das ist ein amerikanischer Fotograf, der ...« Stopp! Gegen zeitgenössische Fotokunst als Small-Talk-Thema ist nichts einzuwenden. Aber selbst wer eine fundierte Allgemeinbildung besitzt, weiß mit dem Namen Friedländer möglicherweise wenig anzufangen. Steuern Sie deshalb sensibel auf Ihr Thema zu: »Ich interessiere mich sehr für zeitgenössische Fotografie. Deshalb freue ich mich ganz besonders auf das Museum of Modern Art.« So formuliert kann Ihr Gegenüber selbst bestimmen, ob und inwieweit er auf Ihr Lieblingsthema eingeht:

- **Abweisend:** »Dann fotografieren Sie sicher auch selbst?« Ganz klar: Ihrem Gegenüber ist das Thema nicht geheuer, deshalb lenkt er das Gespräch auf ein gerade noch eben angrenzendes Gebiet, in dem er sich eher zu Hause fühlt. Möglicherweise entwickelt sich das Gespräch weiter in Richtung Digitalkameras, Photoshop und Megapixel.
- **Abwartend:** »Ich habe mir das MoMA vor 10 Jahren angesehen, mir hat am besten der Skulpturengarten gefallen.« Immerhin: Ihr Gegenüber kennt das Museum, verlagert das Gespräch aber eindeutig in eine andere Richtung. Gut möglich, dass sich eine angeregte Unterhaltung über den Museumsumbau, den neuen Woody-Allen-Film oder den angesagten Meat District entspinnt. Vielleicht wendet sich das Gespräch aber auch der Glyptothek in München zu.
- **Aufgeschlossen:** »Das klingt spannend. Ich fotografiere zwar gern, aber mit Fotokunst kenne ich mich gar nicht aus. Erzählen Sie mir mehr davon.« Damit hat Ihr Gegenüber Ihnen eine Freifahrkarte gegeben: Sie dürfen erzählen, was Sie bewegt – kurz, interessant und witzig. Danach eröffnen Sie dem anderen die Gelegenheit zu glänzen: »Und was führt Sie nach New York?«

Ein Thema ist Ihnen fremd: So reagieren Sie souverän

Niemand kennt sich auf jedem Gebiet aus – von Art Deco bis Ayurveda, vom Go-Spiel bis zur Gegenwartskunst, von Reiki bis zum Rallye-Sport. Deshalb gibt es keinen Grund, Gesprächen über Unbekanntes und Halb-Bekanntes auszuweichen. Viel besser: Fordern Sie den anderen zum Weiterreden auf: »Ich kenne mich mit Autorennen leider gar nicht aus. Was beeindruckt Sie daran?«

Die Vorteile für Sie: Sie ersparen sich den Stress, ein neues Thema einzuführen und erweitern ganz nebenbei Ihr eigenes Themenspektrum. Die falschen Signale setzt dagegen, wer panisch auf vertrautes Terrain zurückrudert: Ein Gesprächsangebot auszuschlagen, wirkt unfreundlich und wenig souverän.

Details und Banalitäten aussparen

»Und wie sehen Ihre Urlaubspläne aus?« – »Wir fliegen in die USA, zuerst nach Kansas, mein Mann hat dort beruflich zu tun, und von dort aus in die Südstaaten, Charleston, Savannah, Hilton Head Island. Eigentlich wollten wir zwar die Westküste erkunden, aber dann hätte der Rückflug über 14 Stunden gedauert. Deshalb haben wir uns am Ende doch für die Ostküste entschieden, obwohl es im Süden um diese Zeit natürlich sehr schwül und feucht ist …« So genau wollte der höflich Fragende es ganz gewiss nicht wissen.

Die Hinter- und Beweggründe unseres Alltags mögen uns intensiv beschäftigen, für Außenstehende sind sie unwichtig und entsprechend langweilig. Beschränken Sie sich daher auf die Highlights der Reise: »Wir fliegen in die USA, zuerst nach Kansas, danach in den Süden, Charleston, Savannah, Hilton Head Island. Bisher kenne ich die Gegend nur aus Filmen. Und Sie?«

TALK-TOOL 4:
Nähe herstellen

Sie erinnern sich: Die Inhalte sind beim Small Talk nur Mittel zum Zweck, in der Hauptsache geht es um die Beziehungsebene. Ein angeregter Austausch, womöglich sogar Übereinstimmung über Inhalte schürt das Gespräch. Damit der Funke überspringen kann, braucht es aber noch mehr: Offenheit, Gemeinsamkeiten und die Bereitschaft, sich einen Augenblick lang ganz auf den anderen zu konzentrieren.

Offen sein

Natürlich kann man sich stundenlang höflich und kultiviert über Aquarellmalerei, den Urlaub auf Föhr, die Allianz-Arena, den günstigsten Internet-Provider oder die Qualität von Aldi-Olivenöl unterhalten. Schwierige Situationen lassen sich auf diese Weise souverän überbrücken, zum Beispiel wenn man bei einer Hauseinweihungsparty niemanden kennt oder beim Betriebsfest ausgerechnet neben einem eher ungeliebten Kollegen platziert wurde. Vertiefen lässt sich ein Kontakt auf diese Weise allerdings nicht.

Dieser Schritt gelingt erst, wenn man die Ebene der Floskeln, Banalitäten und Sachthemen verlässt und persönliche Informationen in die Unterhaltung einfließen lässt. Machen Sie ruhig den Anfang: »Eigentlich bin ich eher unmusikalisch. Aber meine Frau singt im Bach-Chor ...« Sehr wahrscheinlich bringt eine Bemerkung wie diese Ihr Gegenüber dazu, ebenfalls aus sich herauszugehen: »Mir geht es ähnlich. Alle anderen in unserer Familie spielen ein Instrument. Inzwischen hat mich die Begeisterung so angesteckt, dass ich überlege, Saxophon zu lernen.«

Beim Reden über Persönliches sollten Sie ein paar Grundregeln beachten:

- Gehen Sie in Vorleistung und geben Sie etwas von sich preis. Danach sollte das Geben und Nehmen ausgewogen sein. Das gilt sowohl für die Zahl der ausgetauschten Informationen als auch für deren Exklusivität.
- Sprechen Sie positiv über sich, aber verzichten Sie auf ein demonstratives Mein-Haus-mein-Auto-mein-Boot-Gehabe. Den Doktortitel, das Segelhobby, die Skiferien in Vail, die Freundschaft mit dem Stadtrat können Sie später immer noch einfließen lassen – wenn es passt und Ihr Gegenüber Ihnen von ähnlichen Erfolgen berichtet.
- Sprechen Sie über Ihre Leidenschaften. Denn die Begeisterung für argentinischen Tango, das Engagement für die Tiernothilfe, die Liebe zum Zirkus lassen Sie ausdrucksstark, dynamisch und ansteckend sympathisch erscheinen – sofern Sie den Ball zügig weiterspielen.

- Kleine Schwächen wirken menschlich, vor allem, wenn das Leben es besonders gut mit Ihnen gemeint hat, und nehmen anderen die Befangenheit: »Dabei habe ich in Mathe mal eben so das Abitur bestanden.«
- Bei aller Sympathie – sparen Sie allzu Privates aus! Bei Weiterbildungsseminaren oder langen Zugfahrten kommt man sich oft trügerisch schnell nahe. Statt um den neuen Krimi von Val McDermid geht es plötzlich um Eheprobleme, die Angst um den Arbeitsplatz oder die fast zwei Jahrzehnte zurückliegende Abtreibung. So viel Seelenstriptease wirkt sich bei nachfolgenden Begegnungen eher belastend als bereichernd aus.

Glänzen lassen

Selbstdarsteller und Schüchterne haben nicht viel gemeinsam. In einem Punkt aber gleichen sie sich: Ihre Gedanken kreisen vorrangig um die eigene Person. Während der Selbstdarsteller damit beschäftigt ist, sich selbst von seiner Schokoladenseite zu präsentieren, überprüft der Schüchterne nervös seine Wirkung: Wie komme ich an? Was sage ich als Nächstes? So oder so, das eigene Ich steht im Mittelpunkt, der Gesprächspartner spielt die zweite Geige.
Profi-Plauderer konzentrieren ihre Aufmerksamkeit dagegen auf die Worte, Blicke und Reaktionen ihres Gegenübers. So können sie mit feinem Gespür genau auf die Themen eingehen, die den anderen sichtlich bewegen oder offenbar besonders stolz machen: der Hausbau, die neue Homepage, das Ebay-Schnäppchen, die Kinder, die wissenschaftliche Tagung.

- »Ach, Sie haben sich für ein Holzhaus entschieden? Damit sind sicher auch ökologische Vorteile verbunden?«
- »Dann bieten Sie wohl häufiger bei Ebay? Ich habe damit erst wenig Erfahrung. Haben Sie vielleicht ein paar gute Tipps für mich?«
- »Und wie lange spielt Ihre Tochter schon Hockey?«
- »Was begeistert Sie an Ihrem Forschungsgebiet?«

Indem Sie sich auf die Meinungen und Erlebnisse des anderen einlassen, geben Sie dem Gesprächspartner das wohltuende Gefühl, ein Mensch zu sein, der Interesse weckt. Die ungeteilte Aufmerksamkeit, die Sie Ihrem Gegenüber schenken, strahlt übrigens auf Sie zurück. Wer andere zur Geltung bringt, wirkt selbst am allerbesten – sympathisch, gelassen, großzügig.

Die meisten Menschen denken darüber nach, was die anderen Menschen über sie denken.
Sean Connery

Gemeinsamkeiten entdecken

Wir mögen es zwar nicht, wenn jemand die gleiche Krawatte oder Bluse trägt wie wir. Ansonsten aber wirken schon kleine Gemeinsamkeiten verbindend: »Ach, Sie kommen aus dem Rheingau. Einer meiner besten Kunden hat dort eine Niederlassung ...« Gemeinsame Bekannte, das gleiche Hobby, ein ähnlicher Musikgeschmack liefern nicht nur Gesprächsstoff, sie stärken auch die Beziehung.
Allerdings wirken nicht alle Gemeinsamkeiten gleich stark. Ausgefallene Ähnlichkeiten schaffen mehr Nähe als alltägliche, positive Gemeinsamkeiten stärken eine Beziehung mehr als negative. Zwar ist geteiltes Leid halbes Leid, aber der Gedanke an etwas Unangenehmes trübt das schöne Gefühl, mit einem Gleichgesinnten zu reden. Ein Beispiel:

	positiv	**Negativ**
Alltäglich	Die Vorliebe für mediterrane Küche	Der Wunsch, dauerhaft zwei, drei Kilo abzunehmen
Ungewöhnlich	Die Teilnahme an einem Gourmetkochkurs bei einem angesagten Fernsehkoch	Die Allergie gegen Knoblauch, Bärlauch und Spargel

Spüren Sie im Small Talk also bevorzugt positiven und ungewöhnlichen Ähnlichkeiten nach. Hüten Sie sich allerdings vor Übereifer: »Ach, Sie kommen aus dem Rheingau. Einer meiner besten Kunden hat dort eine Niederlassung, die Mayer KG. Kennen Sie das Unternehmen?« Muss Ihr Gegenüber passen, verpufft das aufkeimende Gefühl von Übereinstimmung so schnell, wie es gekommen ist.

TALK-TOOL 5:
Sich aufeinander abstimmen

Worte verbinden nur, wo unsere Wellenlängen längst übereinstimmen.
Max Frisch

Gelungene Unterhaltungen sind wie Kammermusik: Zwei, drei oder mehr Stimmen greifen ineinander, ergänzen, spiegeln, variieren einander, treten für einen Moment in den Vordergrund und nehmen sich wieder zurück – spielfreudig, virtuos, klanglich homogen, mit scheinbar schlafwandlerischer Sicherheit. Das Führen und Folgen, das Aufeinanderhören wird ohne Hilfe eines Dirigenten bewerkstelligt.

Gute Gesprächsinhalte und beziehungsförderliche Einstellungen sind das eine. Noch wichtiger für gelungene Unterhaltungen aber ist das Gefühl, im gleichen Takt zu schwingen: Es stellt sich ein, wenn Tempo und Pausen, Lautstärke und Intensität, Führen und Folgen der Stimmen aufeinander abgestimmt sind. Wir liegen auf einer Wellenlänge, die Chemie stimmt, wir spüren: Mit dem kann ich.

Mit manchen Menschen ergibt sich der Gleichklang der Gedanken und Gefühle ganz von selbst. Sie können aber auch von sich aus viel dazu tun, den Gesprächsfluss von der Redezeit bis zu den Gesprächspausen zu steuern.

Redezeit ausgewogen verteilen

Zwei Mütter kommen auf dem Spielplatz ins Gespräch. Es geht um die Kinder, das Wetter, die neu eröffnete Musikschule am Ort. Was finden Sie, wie viel Redezeit steht jeder der beiden zu? Vermutlich denken Sie das Gleiche, wie die meisten Menschen: Jeder von beiden die Hälfte, über den Daumen gepeilt, versteht sich. Stehen drei Menschen zusammen, greift das gleiche Prinzip: Die meisten empfinden es am angenehmsten, wenn jeder ein Drittel der Redezeit erhält. Die Ideal-Redezeit in der Theorie ist somit klar: Zeit geteilt durch Anzahl der Personen.

In der Praxis reden wir nicht alle gleich gern. Manche Leute sind lebhaft, wortgewandt und lassen andere bereitwillig an ihren Gedanken und Gefühlen teilhaben. Andere sind von Natur aus eher schweigsam und werfen nur ab und zu einen Halbsatz ein.

Die ausgewogene Verteilung der Redezeit lässt sich deshalb nur bedingt in Zahlen ausdrücken. Sie hängt vom Temperament der Gesprächsteilnehmer ab und muss bei jedem Gespräch individuell ausgelotet werden.
Kommunikatonsexperten kennen ihre Ideal-Redezeit und haben ein gutes Gefühl dafür, ob sie eher zum Viel- oder zum Wenigreden neigen. Von sich aus reißen sie das Gespräch weder an sich noch belasten sie es durch Einsilbigkeit. Erweist sich ein Gesprächspartner jedoch als besonders mitteilsam oder wortkarg, dann stimmen sie ihre eigenen Gesprächsbeiträge darauf ab. Gewandt beherrschen sie die erste Geige ebenso wie den Bass im Hintergrund. Der Gedanke dahinter: Bei der sozialen Fellpflege stehen die Bedürfnisse der anderen im Vordergrund, nicht die eigenen.
Wenn Ihr Gegenüber sich gern reden hört, halten Sie Ihre Beiträge bewusst ein bisschen kürzer. Zeigt sich der andere dagegen schweigsam, zeugt es von Gewandtheit, etwas mehr als gewohnt zu sagen. Sie brauchen deshalb zwar nicht den Alleinunterhalter zu spielen, aber vielleicht finden Sie mit etwas Fantasie doch einen Themenköder, der den anderen zum Reden bringt.

Was wäre, wenn ...?
So locken Sie auch Hartnäckige aus der Reserve

Der amerikanische Fernsehmoderator Larry King empfiehlt: Wenn ein Gespräch stockt oder zwei, drei Leute vergeblich um ein ergiebiges Thema ringen, kann eine Was-wäre-wenn-Frage das Gespräch neu beleben:
»Dazu fällt mir ein ... was wäre, wenn man das Wetter per Volksentscheid bestimmen könnte?«
»Ich habe mich schon oft gefragt ... was wäre, wenn wir alle 120 Jahre alt würden?«
»Haben Sie sich eigentlich schon mal überlegt ... was wäre, wenn Sie plötzlich die Gabe hätten, unsichtbar zu sein? Wie würden Sie sie nutzen? Ich zum Beispiel würde in diesem Fall bestimmt nicht mehr ...«

Sprechintensität modulieren

Wie intensiv Sie wirken oder wie zurückgenommen, hängt nicht nur von Ihrer Redefreudigkeit ab. Auch Tempo, Lautstärke und Redepausen spielen eine Rolle.
Grundsätzlich gilt: Wer schneller, lauter und mit weniger Pausen spricht als der Durchschnitt, wirkt leicht hektisch, arrogant und ichbezogen. Möglicherweise fühlen die anderen sich von so viel Energie vereinnahmt oder unter Druck gesetzt. Zuhörer reagieren darauf häufig mit gegensätzlichem Verhalten: Sie artikulieren betont leise und langsam und versuchen, den Gesprächsfluss zu beruhigen.
Spricht jemand dagegen besonders langsam, leise oder mit langen Gedankenpausen, werden die anderen leicht ungeduldig. Wenn Ihre Gesprächspartner Ihnen häufig ins Wort fallen oder angefangene Sätze für Sie beenden, kann eine schleppende, unengagierte Sprechweise der Grund dafür sein.
Wie viel, schnell und laut jemand redet, ist eine Frage des Temperaments. Idealgrößen hierfür gibt es nicht. Was gut ankommt und was nicht, hängt vielmehr vom Gegenüber und dessen Vorlieben ab. Grundsätzlich harmonieren Gesprächspartner am besten, die von Natur aus im gleichen Takt schwingen:

- Schnellredner schätzen Schnellredner als interessant und dynamisch – und empfinden Langsamredner als behäbig und langweilig.
- Langsamredner schätzen Langsamredner als ruhig und entspannt – und empfinden Schnellredner als anstrengend und irritierend.
- Lautredner halten Lautredner für selbstbewusst und ausdrucksstark – und Leiseredner für unsicher und farblos.
- Leiseredner halten Leiseredner für rücksichtsvoll und nachdenklich – und Lautredner für laut und unerzogen.

Zum Glück lassen sich Tempo, Lautstärke und Redepausen relativ leicht regulieren. Anhaltspunkt dafür ist Ihr jeweiliges Gegenüber. Stellen Sie Ihre eigenen Vorlieben hintan und regeln Sie Tempo, Lautstärke und Pausenverhalten je nach Gesprächspartner ein wenig herauf oder herunter. Wie gesagt:

Gelungene Unterhaltungen sind wie Kammerkonzerte. Ihre Wirkung kann sich nicht entfalten, wenn jeder ausschließlich so spielt, wie es ihm am meisten liegt. Erst wenn alle sich dem gemeinsamen Ziel unterordnen, entsteht ein harmonisches Zusammenspiel.

Rasche Wortwechsel bevorzugen

Im Fernsehduell zwischen Politikern ist es eine Frage der Fairness: Jeder bekommt die gleiche Redezeit. Ein echtes Gespräch, ein selbstverständliches Hin und Her entsteht dennoch nicht, da die Kontrahenten wenig miteinander reden und häufig nacheinander zu Wort kommen. Fünf Minuten der Amtsinhaber, dann fünf Minuten die Kandidatin, danach beginnt das Spiel von vorn:

aaaaaaaaaaaaaaaaaaaaaaaaa, bbbbbbbbbbbbbbbbbbbbbbbbb.

Im Fußball geht es spannender zu: Je schneller der Ball zwischen den Spielern wechselt, je heißer es zwischen den Mannschaften hin und her geht, desto begeisterter die Zuschauer, desto mitreißender das Spiel:

aa, b, a, bbb, a, b, aa, bb, aaa, b, a, bbbbb, a, bb, aa, bb, aaaa, b, aa.

Streben Sie beim Plausch unter Freunden, beim Wein nach dem Theater einen Wortwechsel an, der dem Ballwechsel bei einem packenden Fußballspiel ähnelt: kurz und treffend statt lahm und schleppend. Nach drei, vier Sätzen, spätestens nach zwei Minuten am Stück ist ein anderer Gesprächsteilnehmer an der Reihe, lautet die Faustregel. Einzige Ausnahme: Die anderen hängen wie gebannt an Ihren Lippen. Dann, aber nur dann, dürfen Sie auch einmal etwas ausführlicher werden. Diese Regel gilt auch, wenn ein Gesprächspartner die Spielregeln des Small Talks missachtet: Beschränken Sie sich dann erst recht auf kurze, knappe Kommentare – dem Gesprächsfluss zuliebe. Im Fußball legt auch die Mannschaft am meisten Ehre ein, die das Spiel nach vorn bringt und nicht die, die den Ball in der eigenen Hälfte hält.

TALK-TOOL 6:

Elegant um- und aussteigen

Sie brennen beim Geschäftsessen darauf, zum Wesentlichen zu kommen. Beim Neujahrsempfang nimmt Sie ein unwichtiger Kunde seit über 20 Minuten in Beschlag. Sie haben sich mit Ihrer früheren Kollegin bestens unterhalten, aber Sie würden gern die Gelegenheit nutzen, ein paar Worte mit der Frau Ihres Chefs zu wechseln. Der Abend war gelungen, die Gespräche so anregend, dass keiner Ihrer Gäste daran zu denken scheint, dass Sie morgen früh raus müssen. Wie Sie sich höflich aus Gesprächen ausklinken oder elegant zum Geschäftlichen umsteigen, erfahren Sie in diesem Kapitel.

Der richtige Zeitpunkt

Mindestens vier Minuten, so der amerikanische Psychologe Leonard Zunin, muss eine Zufallsbegegnung dauern, wenn wir unser Gegenüber nicht durch Kurzangebundenheit brüskieren wollen.

Etwa viereinhalb Minuten brauchen wir im Schnitt, dann wissen wir, ob es sich lohnt, eine Bekanntschaft zu vertiefen. Oder eben nicht.

10 bis 15 Prozent einer geschäftlichen Besprechung sollen nach Ansicht des Kommunikationstrainers Albert Thiele dem Small Talk gewidmet sein. Dann leitet der Gastgeber oder der Ranghöhere zum Job Talk über.

Bei privaten Partys oder offiziellen Veranstaltungen ohne feste Sitzordnung ist Kontaktpflege angesagt. *Nach mindestens fünf und höchstens fünfzehn Minuten* wechselt man, so die stillschweigende Übereinkunft, zur nächsten Gruppe. Im Idealfall spricht jeder mit jedem, nicht jeder mit einem oder zweien.

Die richtigen Signale

In den meisten Fällen ergibt sich der passende Moment für den Ausstieg oder Umstieg ganz von selbst. Ein Thema hat sich erschöpft, das Gespräch verebbt ein wenig, eine kleine

Gesprächspause entsteht, der eine Gesprächspartner lässt den Blick durch den Raum wandern, die andere greift nach ihrer Handtasche. Beide spüren, das Gespräch steht vor dem Ende. Eine kurze Erklärung (»Es ist schon spät, ich würde mich gerne verabschieden.«), ein freundlicher Wunsch (»Genießen Sie den Abend.«), ein Lächeln, vielleicht ein Händedruck, mehr braucht es nicht für den sympathischen Schlusspunkt, wenn alle Gesprächspartner aufmerksam sind und auf subtile Signale achten.

Die richtigen Worte

Am unkompliziertesten gestaltet sich der Ausstieg, wenn beide Gesprächspartner die Begegnung gleichzeitig als beendet betrachten. Schwieriger wird es, wenn einer der Gesprächspartner die kleinen Abschiedszeichen ignoriert – sei es, weil er sich gern reden hört und das Thema vertiefen möchte, sei es, weil sie niemanden kennt und froh ist, endlich Anschluss gefunden zu haben.
So groß die Versuchung auch sein mag, verkneifen Sie sich demonstratives Desinteresse (Augenrollen, auf die Uhr sehen, SMS checken, Einsilbigkeit, den Blick schweifen lassen) ebenso wie Abseilen ohne Wiederkehr (»Ich muss mal kurz zu Hause anrufen. Bis gleich.«).
Beenden Sie das Gespräch lieber in aller Offenheit. Wichtig dabei sind Entschlossenheit, ein lebhafter Ton und eine positive Schlussnote, etwa ein Dank, ein Wunsch, vielleicht die Aussicht auf eine Fortsetzung des Kontakts. So oder ähnlich kann die Verabschiedung klingen:

Der ungeschminkte Abschied

- »Es ist spät geworden, ich möchte mich an dieser Stelle gern verabschieden.«
- »Ich mache dann weiter die Runde. Genießen Sie das lange Wochenende.«
- »Also, trinkt was Schönes und genießt das Fest. Wir sehen uns dann später.«

Der verbindliche Abschied

- »Jetzt weiß ich endlich, wo ich einen wirklich guten Zahnarzt finde, vielen Dank.«
- »Ich hatte noch gar keine Gelegenheit, unseren Gastgeber zu begrüßen. Entschuldigen Sie mich bitte.«

Der versteckte Abschied

- »Bevor wir uns verabschieden, hätte ich gern noch gewusst ...«
- »Also dann, lassen Sie sich nicht aufhalten, Sie wollen sicher unter die Dusche.«
- »Was können wir euch zum Abschluss noch anbieten?«

Der vertiefende Abschied

- »Es wäre schön, wenn wir miteinander ins Geschäft kämen. Hier ist meine Karte.«
- »Ich habe mich schon lange nicht mehr so angeregt unterhalten. Ich würde mich freuen, wenn wir unser Gespräch bald einmal fortsetzen würden. Rufen Sie mich an?«

Der vernetzende Abschied

- »Das ist Sabine, die gerade herüberwinkt. Wir machen zusammen Yoga. Komm mit, dann lernt ihr euch mal kennen.«
- An eine Bekannte gewandt, die gerade vorbeigeht: »Alicia, hast du eigentlich Tom schon kennen gelernt?«
- »Bevor wir uns verabschieden, würde ich Sie gern mit meiner Kollegin bekannt machen.«

Der elegante Umstieg

Beim Geschäftsessen leitet der Gastgeber zum Geschäftlichen über. Der passende Zeitpunkt dafür hängt vom Charakter des Treffens ab: Bei einem Arbeitsessen, das dem Informationsaustausch dient, ist der richtige Zeitpunkt für den Business Talk gekommen, nachdem alle bestellt haben und das

Service-Personal den Tisch verlassen hat. Bei einem Geschäftsessen mit eher gesellschaftlichem Charakter, insbesondere mit ausländischen Gästen, steht die Kontakt- und Imagepflege im Mittelpunkt. Genießen Sie also erst das Essen; für konkrete geschäftliche Punkte ist Zeit nach dem Dessert. Spricht Ihr Gast von sich aus Berufliches an, gehen Sie natürlich darauf ein.
So oder ähnlich kann der Übergang zum Geschäftlichen lauten:

- »Wollen wir Espressi bestellen, ehe wir zum Fachlichen kommen?«
- »Wenn Sie damit einverstanden sind, würde ich Ihnen gerne die wichtigsten Produktneuerungen vorstellen, während wir auf das Essen warten.«
- »Wir sind ja heute aus einem besonderen Anlass zusammengekommen: …«
- »Sie interessieren sich also für unsere Produktionsanlagen …«

Verabschieden oder verabschiedet werden?

Wer den Schlusspunkt setzt, gibt den Ton an. Es ist angenehmer, von sich aus die Unterhaltung zu beenden, als verabschiedet zu werden. Höfliche warten allerdings, bis Ranghöhere, zum Beispiel Vorgesetzte, Kunden oder Ältere, das Signal zum Aufbruch oder zum Wechsel des Gesprächspartners geben. Freundliche lassen den alleingelassenen Gesprächspartner nicht im Regen stehen, sondern machen ihn mit jemand anderem bekannt. Wer verabschiedet wird (»Aber lassen Sie sich von mir nicht aufhalten.«), ist gut beraten, den Wink aufzugreifen und das Gespräch kurz und freundlich zu beenden: »Es war schön, dass wir uns getroffen haben. Viel Erfolg bei Ihrem Vortrag.« Auf keinen Fall sollten Sie Bedauern ausdrücken oder versuchen, die Unterhaltung zu verlängern.

Verstehen können

■ ***Wie Sie Sympathien und neue Perspektiven gewinnen, und warum zum Zuhören mehr gehört als den Mund zu halten***

»Eine Idee Honig«, murmelte der Bär vor sich hin, »oder ... Oder auch nicht, je nachdem.« Und er stieß einen tiefen Seufzer aus und versuchte angestrengt, dem zuzuhören, was Eule sagte.

Aber Eule sprach immer weiter und benutzte immer längere Wörter, bis sie zum Schluss dorthin zurückkam, wo sie angefangen hatte, woraufhin sie erklärte, die Person, die diesen Zettel schreiben müsse, sei Christopher Robin.

»Er hat mir auch die Zzzettel an meiner Eingangssstür geschrieben. Hassst du sie gesehen, Pu?«

Pu sagte nun schon seit einiger Zeit abwechselnd »Ja« und »Nein« mit geschlossenen Augen, zu allem, was Eule sagte, und da er zuletzt »Ja, ja« gesagt hatte, sagte er diesmal »Nein, nicht im Geringsten«, ohne wirklich zu wissen, worüber Eule sprach.

A. A. Milne, Pu der Bär

SELBST-CHECK:
Verstehen können

Gut reden können viele. Gut zuzuhören, sich einzufühlen und Verständnis zu zeigen gehört dagegen zu den eher seltenen oder unentdeckten Künsten. Dabei eignet sich das Doppel aus Zuhören und Verstehen wie kein zweites Gesprächsverhalten, Informationen zu gewinnen und Menschen für sich einzunehmen.

Zum Prozess des Verstehens gehört es, dass Sie sich sichtlich konzentriert auf Ihren Gesprächspartner einlassen, sich ihm zuwenden, ihn anschauen und ihm ganz bewusst in seine Gedankenwelt folgen. Darüber hinaus zeichnen sich gute Zuhörer dadurch aus, dass sie dem anderen die Möglichkeit geben, seine Gedanken zu entfalten und seine Gefühle zu erforschen.

Wenn Sie die folgenden Checklisten durchlesen, denken Sie darüber nach, wie genau und aktiv Sie zuhören. Kreuzen Sie für jede Verhaltensweise die Antwort an, die am ehesten auf Sie zutrifft.

Was gute Zuhörer auszeichnet		**Selbst-Check**		
Verhalten	Wirkung	Wie häufig verhalten Sie sich so?		
		Meistens	Manchmal	Selten/Nie
Mit ungeteilter Aufmerksamkeit zuhören	offen, interessiert, ganz Ohr	■	■	■
Den anderen ausreden lassen	höflich, geduldig, großzügig	■	■	■
Gesprächsverstärker einsetzen und die Gefühle des anderen spiegeln	interessiert, verständnisvoll	■	■	■
Sich mit Ratschlägen, Einwänden und Kritik zurückhalten	wertschätzend, beflügelnd	■	■	■
Die Sachinhalte paraphrasieren	korrekt, genau, verlässlich	■	■	■
Die Empfindungen des Gegenübers verbalisieren	feinfühlig, teilnehmend	■	■	■
Versuchen, sich in die Sichtweise des anderen einzufühlen	sachlich, besänftigend, vorurteilslos	■	■	■

Unvorteilhafte Eindrücke vermeiden			**Selbst-Check**		
Verhalten	Gewünschte Wirkung	Möglicherweise erzielte Wirkung	Wie häufig verhalten Sie sich so?		
			Meistens	Manchmal	Selten/Nie
Häufig unterbrechen	natürlich, lebhaft, vom Thema erfüllt	ungeduldig, schlecht erzogen	▪	▪	▪
Passiv zuhören	aufmerksam, höflich	lustlos, abweisend	▪	▪	▪
Mit halbem Ohr hinhören	aktiv, viel beschäftigt	unaufmerksam, sprunghaft, unhöflich	▪	▪	▪
Sich primär auf den Sachinhalt konzentrieren	sachlich, diskret, rational	unsensibel, uninteressiert an der Person des Gegenübers	▪	▪	▪
Gehörtes spontan kritisieren, abwehren oder infrage stellen	kritisch, engagiert, selbstsicher	schwierig, unsicher, unsympathisch	▪	▪	▪
Gute Ratschläge erteilen	hilfreich, informiert	unsensibel, anmaßend, ungeduldig	▪	▪	▪
Stichwort aufgreifen, um ins Fahrwasser des eigenen Erlebens zu steuern	sympathisch, interessant, auf der gleichen Wellenlänge	ichbezogen, lästig	▪	▪	▪
Aus dem Gehörten auf die Psyche des anderen schließen	verständnisvoll, sensibel	aufdringlich, indiskret, anmaßend	▪	▪	▪
Nachbohren	genau, kompetent, verlässlich	haarspalterisch, unsympathisch	▪	▪	▪

»Ich habe kürzlich einen Film über einen Billardspieler gesehen«, erzählt Martin nach dem Volleyball-Training in einem Weinlokal. »Sehr interessant. Nach ungefähr 20 Minuten weißt du genau, welche Kugel gespielt werden muss. Also, Rot …«
»Mein Großvater konnte auch Billard«, merkt Christoph an.
Der Mensch besitzt zwei Ohren, zwei Augen, aber nur einen Mund. Rein optisch gesehen sind wir also für das Verstehen, für das Hinhören und Hinschauen besser ausgestattet als für das Sprechen. Trotzdem hören die meisten sich lieber selber reden als anderen zu. Weil es einfach leichter fällt, um die eigene Person zu kreisen, als sich auf andere und deren Sichtweise zu konzentrieren.
In unserem Bedürfnis, zu reden und im Mittelpunkt zu stehen, lassen wir uns einiges entgehen: Das zeigt die enorme Bedeutungsvielfalt, die dem Wort »verstehen« innewohnt. Als Hauptbedeutungen nennt der Duden:

1. (Gesprochenes) deutlich hören,
2. den Sinn von etwas erfassen,
3. sich in jemanden hineinversetzen können, Verständnis für jemanden haben,
4. mit jemandem gut auskommen, ein gutes Verhältnis haben.

Die Schlüssel für all diese Fertigkeiten finden Sie in diesem Kapitel.

TALK-TOOL 7:
Die Ohren auf Empfang stellen

Fast jeder hat schon einmal ein Buch über Rhetorik gelesen oder ein Seminar für Gesprächs- oder Präsentationstechniken besucht. Aber fast niemand arbeitet gezielt daran, effektiver zuzuhören. Wir gehen schlicht davon aus, dass wir zuhören können. Leider übersehen wir dabei: Mit halbem Ohr hinzuhören hat mit aktivem Zuhören so viel gemeinsam wie ein Snack aus dem Schnellimbiss mit einem Dinner im Dreisternerestaurant.

Wie sprechen Menschen mit Menschen? Aneinander vorbei.
Kurt Tucholsky

Was gutes Zuhören wirklich heißt, beschrieb Michael Ende in seinem Kultbuch Momo:

> *»Sie konnte so zuhören, dass rastlose oder unentschlossene Leute auf einmal ganz genau wussten, was sie wollten. Oder dass Schüchterne sich plötzlich frei und mutig fühlten. Oder dass Unglückliche und Bedrückte zuversichtlich und froh wurden. Und wenn jemand meinte, sein Leben sei ganz verfehlt und bedeutungslos und er selbst nur einer unter Millionen, einer auf den es überhaupt nicht ankommt – und er ging hin und redete mit Momo, dann wurde ihm auf geheimnisvolle Weise klar, dass er sich gründlich irrte, dass es genau ihn unter allen Menschen nur ein einziges Mal gab, und dass er deshalb auf seine besondere Weise für die Welt wichtig war. So konnte Momo zuhören!«*

Stufe 1: Pseudo-Zuhören

Beim Reden ziehen viele alle Register, sammeln Fakten, legen Formulierungen zurecht, planen, wie sie reagieren, wenn Paul ausrastet, die Nachbarin wieder einmal neugierige Fragen stellt oder Kollege Maier im Meeting das Corporate-Design-Konzept endgültig zu zerreden droht.
Beim Zuhören dagegen schalten auch geübte Redner oft auf Autopilot, lächeln, nicken, murmeln »Ja« und »Nein« und »Tatsächlich?« und lenken bei erstbester Gelegenheit das Thema auf sich selbst zurück: »Das kenne ich, wir haben kürzlich auch ...«
Das Pseudo-Zuhören wirkt nicht schlecht, damit kommt man durch. Die meisten Sprecher sind nämlich schon zufrieden, wenn man sie ausreden lässt. Darüber hinaus sind sie so mit sich selbst beschäftigt, dass sie kaum merken, ob man ihnen gedanklich folgt oder nur so tut als ob.
Einen Nachteil hat dieses Verhalten doch: Wer nur mit halbem Ohr hinhört, bekommt eben auch nur die Hälfte mit. Worte verhallen, wichtige Informationen gehen verloren, subtile Zwischentöne fallen durch das Raster. Der andere mag reden, so viel er will: Seine Botschaft dringt nicht oder nur teilweise zu seinem Gesprächspartner durch. Abstimmungspannen, Missverständnisse und Fehler sind die Folge.

Stufe 2: Selektiv zuhören

Selektives Zuhören heißt: Wir hören, was wir hören wollen. Wenn das Gesagte in unser Konzept passt (»Es hat mir gut getan, wie du mich vorhin deiner Mutter gegenüber in Schutz genommen hast.«) oder unsere vorgefasste Meinung bestätigt, sind wir mit wachem Blick und verstehend nickend bei der Sache. Konfrontiert uns der Sprecher dagegen mit uninteressanten Themen oder unangenehmen Wahrheiten (»Ich wünschte, du würdest das öfter für mich tun.«), schweifen wir gedanklich ab, blättern in Unterlagen, schauen ostentativ in den Fernseher, setzen eine gelangweilte Miene auf, wechseln das Thema oder lenken mit ironischen Einwürfen oder dummen Sprüchen ab.

Ähnliches passiert, wenn ein Gesprächspartner unstrukturiert argumentiert, undeutlich spricht oder als unsympathisch wahrgenommen wird. Dann schalten auch ansonsten gute Zuhörer auf Durchzug.

Selektives Zuhören mag eine Form von Selbstschutz sein. Aber es bewirkt, dass wir wegfiltern, was uns nicht interessiert oder uns unangenehm ist, kurz, was uns »unerhört« erscheint. Das hat Konsequenzen: Erstens verharren selektive Zuhörer im Gewohnten, zweitens wirken sie als Person unberechenbar und sprunghaft. Darunter leidet auch die Beziehungsebene. Ein Zuhörer, der nach Lust und Laune zuschaltet und abschweift, verunsichert und nervt. Der Gesprächspartner fühlt sich zurückgewiesen, die Fronten verhärten sich.

Stufe 3: Passiv zuhören

Eigentlich sind passive Zuhörer gute Zuhörer, denn sie hören sich genau an, was der andere zu sagen hat, machen sich ihre Gedanken und kämen nie auf die Idee, dem Gesprächspartner ins Wort zu fallen. Aber dieses innere Beteiligt-Sein merkt man ihnen nicht an, denn passive Zuhörer verziehen kaum einmal die Miene und tun nichts, um den Redner zu ermutigen. Unergründlich wie eine Sphinx beschränken sie ihr Feedback auf ein sparsames »Mhm«, »Aha« oder »Okay«.

Der Gesprächspartner kann nur vermuten, ob seine Worte Anklang finden oder nicht.
Viel Redner werden sich daran nicht stören. Aber sensible Gesprächspartner sind irritiert, wenn vom Zuhörer so gut wie gar nichts kommt, wenn unklar bleibt, ob der andere ganz Ohr ist oder mit seinen Gedanken längst woanders. So kommt es, dass stille Zuhörer ungewollt den Gesprächsfluss ersticken, noch ehe die besten Ideen gesponnen sind.

Stufe 4: Aufmerksam zuhören

Aufmerksame Zuhörer wissen: Produktives Zuhören erfordert eine ganze Menge mehr, als den Mund zu halten. Im Gegensatz zu passiven Zuhörern saugen sie nicht nur Informationen auf, sie revanchieren sich auch dafür: nonverbal mit interessierten Blicken, Nicken und einer Mimik, die das Gesagte spiegelt. Verbal reagieren sie mit Fragen zur Sache und kurzen, aber nicht einsilbigen Kommentaren:

- »Das kann ich verstehen.«
- »Das hört sich spannend an.«
- »Das klingt vernünftig.«
- »Und wie haben Sie darauf reagiert?«

Aufmerksame Zuhörer wirken auf Gesprächspartner interessiert und aufgeschlossen. Die Gespräche gehen in die Tiefe und bringen beide Seiten weiter: Der Zuhörer geht mit handfesten Fakten und neuem Wissen aus dem Gespräch. Der Redner erhält die Gelegenheit, seine Gedanken zu präzisieren und weiterzuspinnen.
Allerdings stehen beim aufmerksamen Zuhören Sachinhalte und Fakten im Mittelpunkt, Unterschwelliges und Unausgesprochenes kommen nicht auf den Tisch. Deshalb kann es vorkommen, dass jemand genau weiß, wie das Stadthotel im Veneto heißt, in dem die Kollegin den Herbsturlaub verbracht hat. Und trotzdem das Wesentliche verpasst hat: dass die Reise nämlich keineswegs so schön war wie erhofft.

Stufe 5: Aktiv zuhören

Aufmerksame Zuhörer hören die Worte, also das, was der andere ausdrücklich äußert. Aktive Zuhörer vernehmen im Gegensatz dazu die *ganze* Botschaft, nicht nur die Fakten, die zur Sprache gebracht werden, sondern auch die Gefühle, die in einer Aussage mitschwingen und lediglich durch Stimmlage, Betonung, Pausen oder Gesichtsausdruck vermittelt werden. Wenn die ansonsten so lebhafte Kollegin also ungewohnt einsilbig sagt: »Du, das Hotel war wirklich schön.«, dann registriert die aktive Zuhörerin, dass Sprache und Körpersprache nicht *kongruent* sind – der Körper drückt etwas anderes aus als der Mund. Sich so wie es der Wortlaut nahe legt, nach Preis und Lage zu erkundigen, ginge womöglich am Kern der Sache vorbei. Stattdessen gibt sie der anderen Gelegenheit, sich genauer zu erklären: »Das Hotel?« Die Nach-Frage signalisiert: Da spürt jemand, dass es mir nicht gut geht, und ist bereit, sich anzuhören, was mit mir los ist. Sofern ich darüber reden möchte.

Zuhören nach dem KIWI-Prinzip

Kontrolliert: Dass man den Gesprächspartner (eigentlich) ausreden lässt, weiß jeder. Besonders Freundliche warten darüber hinaus sogar noch einen Moment, ehe sie selbst das Wort ergreifen – vielleicht möchte der andere noch etwas ergänzen. Außerdem wichtig: Wenn jemand nach dem richtigen Wort sucht, lassen Sie ihm Zeit zum Nachdenken, vermeiden Sie es, den Satz für ihn zu beenden.

Interessiert: Ihre ganze Aufmerksamkeit richtet sich auf Ihr Gegenüber: Sie lassen sich weder von Ihrer Umgebung noch von Ihren Gedanken ablenken, Ihr Handy ist ausgeschaltet, Sie checken keine E-Mails und schauen nicht im Raum herum. Wer leicht abschweift, schreibt die wesentlichen Punkte mit. Das bündelt die Gedanken und vermittelt dem Gegenüber: Was er sagt, ist Ihnen wichtig.

Wertschätzend: Zuhören ist gut, Zuwendung ist besser. Beugen Sie sich leicht nach vorn und ermutigen Sie den anderen durch positive Gesprächsverstärker: »Aha«, »Tatsächlich«, »Wow«, »Wie schön«. Spiegeln Sie darüber hinaus – behutsam – die Gefühle des Gesprächspartners: Lächeln Sie, wenn er begeistert den gehaltenen Elfmeter beschreibt, runzeln Sie die Stirn, wenn sie die Zahlen kritisch hinterfragt.

Inspirierend: Dienen Sie dem anderen als Resonanzboden: Geben Sie ihm die Möglichkeit, sprechend seine Gedanken und Gefühle zu erkunden. »Der eine sucht einen Geburtshelfer für seine Gedanken«, schreibt Nietzsche dazu, »der andre einen, dem er helfen kann: so entsteht ein gutes Gespräch.« Am besten halten Sie sich als Zuhörer mit Ratschlägen und Lösungsideen zurück. So geben Sie dem Gesprächspartner Raum, selbst herauszufinden, was ihn weiterbringt.

TALK-TOOL 8:
In die Zuhörerrolle schlüpfen

Gespräche sind ein wechselseitiger Prozess: hin und her, Geben und Nehmen, Rede und Gegenrede. Die eine redet, der andere hört zu, danach wechseln die Rollen. Am Ende hatte jeder etwa gleich viel Rede- und Zuhörzeit.
Dabei ist der Zuhörer nicht zum Schweigen verurteilt. Im Gegenteil: Er darf und soll verbal aktiv sein, sofern er in der Zuhörerrolle bleibt und nicht postwendend ins Fahrwasser des eigenen Erlebens zurücksteuert.
Der ganz normale Alltag sieht anders aus. Studien des amerikanischen Soziologen Charles Derber bestätigen, was jeder aus Erfahrung kennt: Viele Menschen sind Gesprächsnarzissten und wollen einen möglichst hohen Redeanteil erobern. Offenbar glauben viele, wer redet, hat das Sagen und wer zuhört, der hat das Nachsehen. Das Gegenteil ist der Fall. Kommunikationsexperten entdecken das Zuhören gerade als wichtigen Führungs- und Wirtschaftsfaktor.

Wie Zuhörer Gespräche steuern

Vordergründig bedeutet Zuhören vor allem eins: den Mund zu halten, während der andere spricht. Der folgende Gesprächsausschnitt verdeutlicht, wozu diese Auffassung führt.

> *Christiane schneidet das Thema an: »Kathrin, ich fürchte, der Seminarplan ist noch nicht ganz ausgegoren. Ich würde gern noch mal mit dir über den Zeitablauf sprechen.«*
> *Kathrin reagiert als Sprecherin: »Muss das sein? Wir haben doch lang und breit darüber diskutiert. Du weißt, ich kann auf keinen Fall die Freitagstermine übernehmen.«*
> *Christiane reagiert als Sprecherin:»Ja, aber ich denke jetzt schon eine ganze Weile darüber nach. Ich finde einfach, die Module setzen nicht schlüssig aufeinander auf …«*
> *Kathrin reagiert als Sprecherin: »… und du willst deinen Beitrag über Interviewtechnik vorziehen, das willst du doch sagen, nicht? Tut mir leid, du hast von Anfang an gewusst, dass ich an den Freitagen nicht zur Verfügung stehe.«*

Kathrin und Christiane hören einander nicht zu, sondern sie reden aneinander vorbei. Jede vertritt ihren Standpunkt, keine versucht, sich in die andere hineinzuversetzen. Das Gespräch verliefe sehr viel produktiver, wenn Kathrin als Angesprochene zunächst in die Zuhörerrolle schlüpfen würde:

Christiane schneidet das Thema an: »Kathrin, ich fürchte, der Seminarplan ist noch nicht ganz ausgegoren. Ich würde gern noch mal mit dir über den Zeitablauf sprechen.«
Kathrin reagiert als Zuhörerin: »Noch nicht ganz ausgegoren?«
Christiane reagiert als Sprecherin: »Ja, je länger ich darüber nachdenke, desto mehr finde ich, die Module setzen nicht schlüssig aufeinander auf. Mir fehlt da ein Zwischenschritt, ich würde die Interviewvorbereitung gern in einem eigenen Modul behandeln.«
Kathrin reagiert als Zuhörerin: »Du meinst, wie man Kontakt aufnimmt, einen Frageplan erstellt und so weiter?«
Christiane bestätigt und zieht sich aus der Rolle der Sprecherin zurück: »Ja, genau. Denkst du, wir können das zeitlich realisieren?«
Kathrin übernimmt die Rolle der Sprecherin: »Die Idee ist gut, das müssten wir hinbekommen. Vielleicht können wir das Thema ja unter uns aufteilen. Weißt du was, ich bastle noch mal am Seminarplan herum und gebe dir morgen Bescheid. Einverstanden?«
Christiane beendet den Gesprächsabschnitt: »Gern. Gut, dass wir nochmal darüber geredet haben.«

Jetzt reden beide miteinander. Das wird möglich, weil Kathrin Christiane ausreden lässt und selbst die Rolle der aktiven Zuhörerin übernimmt. Das heißt, sie hält sich mit Kommentaren zurück und konzentriert sich darauf, die Ziele der Kollegin zu erforschen.
Der Vergleich der beiden Gespräche zeigt: Kathrin sagt in der zweiten Version nicht einmal halb so viel wie in der ersten. Aber sie steuert mit ihren Reaktionen sowohl den Gesprächsverlauf als auch dessen Klima und Ergebnis. Angenehmer Nebeneffekt: Weil Christiane sich verstanden fühlt, zeigt sie auch Verständnis dafür, dass die Kollegin zeitlich weniger flexibel ist als sie. Ohne dass Kathrin ein Wort darüber verlieren musste.

Reden und reden lassen

Wer richtig zuhört, redet deutlich weniger als der Gesprächspartner. Aber er ist nicht zum Schweigen verurteilt. Im Gegenteil, sein Redebeitrag ist gefragt. Schließlich möchte der, der gerade die Sprecherrolle innehat, nicht gegen eine Wand reden, sondern die Bälle zurückgespielt bekommen, die er ins Gespräch wirft – die eigenen wohlgemerkt, keine neuen, vom Zuhörer regelwidrig ins Spiel gebracht.

Gute Zuhörer reden so:

- Dubezogen statt ichbezogen: In der Zuhörerrolle reden Sie über den anderen und dessen Anregungen, Gedanken und Gefühle, nicht über Ihre Person oder Ihre spontanen Assoziationen zum Thema. Ihre Gesprächsbeiträge drehen sich ausschließlich oder jedenfalls ganz vorwiegend um den Gesprächspartner und dessen Thema.
- Interessiert statt interessant: Zuhörprofis ermutigen zum Weiterreden, fragen nach Details, fassen zusammen, spiegeln zurück. Vorsicht: Sobald Sie eigene Erlebnisse, gute Ratschläge oder kritische Kommentare beisteuern, wechseln Sie von der Zuhörer- in die Sprecherrolle.
- Randbemerkungen statt langer Reden: Ein guter Zuhörer beschränkt seine Gesprächsbeiträge auf wenige Worte oder höchstens ein, zwei kurze Sätze. Wer die Sprecherrolle innehat, redet mehr und länger.
- Begreifen statt begreiflich machen: Zuhörer sind gefordert, die Botschaft möglichst genau zu verstehen. Sprecher sind gefordert, sich möglichst klar auszudrücken und ihre Botschaft zu vermitteln.

Reden und reden lassen, das kann man trainieren. Machen Sie sich in jeder Phase eines Gesprächs klar, welche Rolle Sie gerade innehaben: die des Zuhörers oder die des Sprechers. Schalten Sie dann ganz bewusst in diesen Modus um.

Interessant ist, wer sich interessiert

Im Gespräch mit anderen geht es nicht nur um Inhalt und Klima, sondern auch um Status und Macht. Wer hat das Sagen? Wer führt das große Wort? Wer hört auf wen? Zuhören gilt zwar als Schlüsselqualifikation, hat aber ein Prestigeproblem. Wer redet, gibt den Ton an, wer zuhört fügt sich drein, so die heimliche Befürchtung.

Die meisten schenken deshalb ihre ungeteilte Aufmerksamkeit nur zögerlich her. Wer hinhört mit allem, was dazugehört – Blickkontakt, Fragen stellen, kleine Komplimente machen – vermittelt dem anderen den Eindruck: Du bist wichtig. Schon bei Kant steht zu lesen: »Der Zuhörer ist ein heimlicher Schmeichler.«

Selbstdarsteller tun ihrem Gegenüber so viel Ehre nur ungern an. Lieber reden sie, wenn schon nicht über sich selbst, so doch über Neutrales und Unverbindliches. Unsichere verhalten sich ähnlich: Wer sich ohnehin unterlegen fühlt, will dem Gesprächspartner nicht noch mehr Bedeutung geben, indem er an seinen Lippen hängt. Passives Zuhören fällt dann allemal leichter als konzentriertes Sich-Einlassen.

Natürlich soll gutes Zuhören nicht in unkritischen oder unfreiwilligen Starkult ausarten. Die Gefahr ist normalerweise auch gar nicht gegeben:

- Erstens befindet man sich in den meisten Gesprächen abwechselnd im Sprecher- und im Zuhörermodus. So hat jeder einmal die Chance, sich zu profilieren.
- Zweitens bedeutet verstehen nicht, einverstanden zu sein.
- Und drittens ist interessant, wer sich interessiert. Gute Zuhörer werden von ihren Gesprächspartnern in der Regel als sympathisch und selbstbewusst wahrgenommen.

Wir vergeben uns also nichts, wenn wir anderen das Wort überlassen. Es muss ja nicht das letzte sein.

Wer konzentriert zuhört, …

… argumentiert gut, weil er seine Antwort inhaltlich genau auf den Gesprächspartner abstimmen kann.
… hat einen Wissensvorsprung, weil er mehr mitbekommt, auch die Zwischentöne.
… erweitert den eigenen Horizont, weil er sich auf neue Sichtweisen einlässt und sie nicht gleich abwehrt.
… erkennt die Persönlichkeit des Gegenübers, weil jemand, der andere Meinungen vertritt und konträre Ziele verfolgt, zwar anders denkt, aber nicht unbedingt falsch.
… wirkt sympathisch und überlegt, weil gute Zuhörer sich positiv abheben vom Rest der Welt.

TALK-TOOL 9:
Aktiv zuhören

Sie sind ganz Ohr. Sie haben sich erwartungsvoll in der Zuhörerrolle eingerichtet. Das Handy ist ausgeschaltet, der Fernseher auch. Das ist viel, aber längst nicht alles. Denn anders als im Theater sind Sie beim Zuhören als aktiver Teilnehmer gefragt, als jemand, der nicht nur mitdenkt, sondern auch mitredet, der das Gespräch vorantreibt, ohne es an sich zu reißen. Hier sind die wichtigsten Strategien des aktiven Zuhörens.

Frag sie, wie sie die Ausstellung fand, welches ihr Lieblingsfoto war, warum genau das. Und wenn sie antwortet, starr ihr nicht auf den Mund. Frag dich nicht, wie sie wohl nackt aussehen würde. Hör genau zu, was sie dir sagt. Und geh darauf ein. Wenn du dann nämlich an der Reihe bist, was zu sagen, wird dir was Besseres einfallen als »Ich mag deinen Mund.«
Will Smith in »Hitch – Der Date-Doktor«

Gesprächsverstärker: Teilnehmen

Wer gerade seine Anforderungen schildert, eine Argumentationskette aufbaut oder von einer besonderen Begegnung erzählt, möchte nicht unterbrochen werden. Willkommen sind dagegen kurze Kommentare, die Aufmerksamkeit, Wertschätzung, Zustimmung oder Erstaunen signalisieren:

- »Stimmt!«
- »Ja!«
- »Genau!«
- »Richtig!«
- »Okay!«
- »Gut.«
- »In Ordnung!«
- »Interessant.«
- »Super!«
- »Wow!«
- »Oh je!«
- »Ach was!«
- »Das gibt's doch nicht!«

Falls Sie sich als eher passiver Zuhörer erkannt haben, sind Gesprächsverstärker der einfachste Weg, mehr Nähe herzustellen. Achten Sie dabei besonders auf den Tonfall: Ihre Einwürfe dürfen keinesfalls mechanisch klingen. Der Gefahr entgeht, wer ein großes Repertoire an Gesprächsverstärkern nutzt.
Außerdem wichtig: Sprechen Sie ruhig und langsam, sonst wirken die nützlichen Verstärker kontraproduktiv. Ein hektisches »Ja, ja, verstehe. Ja, schon klar.« nötigt so unmissverständlich zur Eile wie ein wild lichthupender Hintermann.

Echo-Fragen: Thema vorsichtig ausloten

»Ich fürchte, der Seminarplan ist noch nicht ganz ausgegoren.« – »Nicht ganz ausgegoren?« – »Ja, mir fehlt da ein Zwischenschritt: Ich würde die Interviewvorbereitung gern in einem eigenen Modul behandeln.« Oft braucht es nicht viel, um einen Punkt abzuklären oder ein Gefühl auszuloten: Ein Wort, ein Halbsatz reichen aus, um ein Thema breiter zu entfalten und möglichen Konfliktstoff zu entschärfen.
Echo-Fragen können einen Gesprächspartner taktvoll dazu veranlassen, eine Aussage zu präzisieren. Dabei werden ein oder zwei Schlüsselwörter der Aussage des Gesprächspartners aufgegriffen und in fragendem Ton wiederholt. In den folgenden Fällen ist die Technik besonders hilfreich:

Wenn sich jemand vage oder rätselhaft ausdrückt

Ihr Gegenüber sagt: «Das war ein aufschlussreicher Nachmittag.«
Echo-Frage: »Aufschlussreicher Nachmittag?«
Gegenüber: »Ja, Margarethe hat Jens endlich mal die Meinung gesagt. Dabei wirkt sie doch sonst immer so eingeschüchtert …«

Wenn jemand Fachjargon benutzt

Ihr Gegenüber sagt: »Wir haben das statische Fitting in ein dynamisches überführt und können so jeden Spieler mit dem optimalen Material ausstatten.«
Echo-Frage: »Statisch, dynamisch?«
Gegenüber: »Statisch bedeutet, man vermisst den Spieler …

Wenn jemand Pauschalurteile abgibt

Ihr Gegenüber sagt: »Es ist doch immer dasselbe …«
Echo-Frage: »Immer?«
Gegenüber: »Na ja, jedenfalls oft. Neulich zum Beispiel …«

Wenn eine Aussage emotional aufgeladen ist

Ihr Gegenüber sagt: »Man müsste die Zusatzarbeiten eben gerechter aufteilen.«
Echo-Frage: »Gerechter?«
Gegenüber: »Ich finde, momentan bleibt schon sehr viel an unserer Gruppe hängen.«

Nachfragen: Tiefer schürfen

Echo-Fragen sind eine Einladung an den anderen, das Gesagte zu vertiefen und seine Gedanken zu offenbaren. Nachfragen lassen dem Gegenüber im Vergleich dazu weniger Freiraum, sondern zielen darauf ab, genau benannte Informationen einzuholen:

- Was: »Was genau belastet Sie?«
- Wie: »Wie stellen Sie sich die Umverteilung vor? Gibt es dazu schon Ideen?«
- Wer: »Wer ist momentan am stärksten belastet? Wer hat noch Ressourcen frei?«
- Woran: »Woran würden Sie erkennen, dass die Arbeit gleichmäßig verteilt ist?«

Nachfragen bezeugen Interesse an der Sache, sind aber stärker fokussiert als Echo-Fragen und setzen die Befragten schon einmal unter Druck: zum Beispiel wenn er sich auf den Prüfstand gestellt sieht oder sie glaubt, sich rechtfertigen zu müssen. Dieser Gefahr können Sie vorbeugen:

- **Schlagen Sie einen betont neutralen Ton an.** Schließlich möchten Sie zusätzliche Informationen erhalten. Ein kritischer oder zweifelnder Unterton würde nur bewirken, dass der andere sich verschließt.

- **Vermeiden Sie Warum-Fragen:** »Warum haben Sie das Studium abgebrochen?« – das klingt inquisitorisch. Die wertneutrale Formulierung heißt: »Welche Gründe haben Sie bewogen, das Studium abzubrechen?«
- **Stellen Sie bevorzugt offene Fragen:** »Glauben Sie wirklich, dass diese Strategie aufgehen wird?« Darauf gibt es wie im Kreuzverhör nur zwei mögliche Antworten: »Ja« und »Nein«. Mehr Informationen fördern offene Fragen zutage: »Worin sehen Sie die wichtigsten Vorteile der Strategie?«, oder »Mit welchen Risiken müssen wir Ihrer Meinung nach rechnen?«

Paraphrasieren und zusammenfassen: Den Sachverhalt klären

Aufmerksames Zuhören bewirkt viel. Es gewährleistet allerdings nicht, dass man eine Botschaft auch so auffasst, wie der andere sie gemeint hat. Dafür sind unser Vorwissen und unsere Bilder im Kopf zu unterschiedlich, dafür weichen wir in unserer Ausdrucksweise zu sehr voneinander ab.
Aktive Zuhörer vergewissern sich deshalb, dass sie den anderen richtig verstanden haben. Dazu wird das Gesagte paraphrasiert. Das heißt, der Zuhörer wiederholt die Aussage des Senders in seinen eigenen Worten – in fragendem Ton, knapp und präzise, so wie sie bei ihm angekommen ist.

Christiane wirft das Thema auf: »Ich fürchte, der Seminarplan ist noch nicht ganz ausgegoren.«
Kathrin paraphrasiert: »Du meinst also, wir sollten den Plan umstellen?«
Christiane präzisiert: »Nicht unbedingt umstellen. Eher ergänzen. Mir fehlt da noch ein Zwischenschritt ... Ich würde die Interviewvorbereitung gern in einem eigenen Modul behandeln.«

Paraphrasen werden oft mit einem Halbsatz eingeleitet:

- »Darf ich Sie kurz unterbrechen, Sie meinen also, ...«
- »Ich habe Sie jetzt so verstanden, ...«

- »Das bedeutet also, …«
- »In anderen Worten …«
- »Für dich ist also besonders wichtig, dass …?«
- »Lassen Sie mich das bis hierher zusammenfassen. Gebe ich das richtig wieder?«

Das Paraphrasieren bewährt sich übrigens besonders im Umgang mit Kunden: Kunde und IT-Entwickler, Mandant und Notarin, Bauherr und Architektin, Patientin und Arzt sprechen selten die gleiche Sprache. Wenn Sie mit einem Kunden die Anforderungen an ein Softwaresystem, einen Partnerschaftsvertrag, den Wintergartenanbau oder eine Schönheitsoperation abklären, ist konsequentes Paraphrasieren der sicherste Weg, die Kluft zu schließen.

Verbalisieren: Zwischen den Zeilen lesen

»Schön, dass du dich mal wieder meldest«, sagt Klara, die Freundin, die man in den letzten Wochen sträflich vernachlässigt hat. Was sie damit sagen will, lässt sich nur vermuten. Mindestens vier Interpretationen sind denkbar. Der Kommunikationspsychologe Friedemann Schulz von Thun hat sie in seinem bekannten Kommunikationsquadrat aufgedröselt:

- **Die Sachinformation:** »Du hast lange nichts von dir hören lassen.« Auf dieser Ebene wird nüchtern kommuniziert, was Sache ist.
- **Die Selbstoffenbarung:** »Ich fühle mich vernachlässigt – und darüber bin ich ziemlich sauer.« Auf dieser Ebene enthüllt die Sprecherin, wie ihr zumute ist.
- **Der Beziehungshinweis:** »Du bist mir fremd geworden.« Auf der Beziehungsebene wird mitgeteilt, wie man zum anderen steht und was man von ihm hält.
- **Der Appell:** »Lass uns aufpassen, dass wir uns nicht aus den Augen verlieren.« Der Appell drückt aus, was die Sprecherin möchte und vom Gegenüber erwartet.

Soviel ist klar: Hier geht es nicht um Termine, hier geht es um Gefühle. Diese Gefühle werden zwar nicht direkt ausgesprochen, aber sie stehen im Raum. Deshalb hat es im Moment wenig Sinn, Klara mit der Wahnsinnshektik der letzten Wochen zu kommen. Das zahnende Baby, die vielen Dienstreisen des Partners und der vorgezogene Termin für die Katalogillustrationen erklären zwar die vorübergehende Funkstille. Aber Klara will nicht zugetextet werden, sie will sich verstanden fühlen. Das erreicht man, indem man den eigenen Mitteilungs- und Rechtfertigungsdrang zügelt und anerkennt, was sich an Gefühlsballast angesammelt hat: »Du bist sicher sauer, weil ich mich so lang nicht gemeldet habe?«

Das In-Worte-Fassen dessen, was zwischen den Zeilen steht, heißt *Verbalisieren.* Während Sie beim Paraphrasieren den Sachinhalt einer Aussage aufschlüsseln, dechiffrieren Sie beim Verbalisieren ihren emotionalen Gehalt. Darüber hinaus trägt das Verbalisieren dazu bei, emotionalen Sprengstoff beizeiten zu entschärfen. Die meisten lenken nämlich von sich aus ein, wenn sie sich erst einmal verstanden fühlen: »Ehrlich gesagt, ja. Was war denn los?« Damit ist die Sache aus der Welt.

Vielleicht eröffnet das Verbalisieren aber auch eine Perspektive, die einem vorher noch gar nicht bewusst war: »Sauer bin ich nicht. Ich weiß ja, wie viel du um die Ohren hast. Ich hab eher ein bisschen Angst, dass wir uns aus den Augen verlieren, wenn wir uns so unregelmäßig sehen.«

Gesprächstherapie goes Business

Die Methode des aktiven Zuhörens wurde in ihrer ursprünglichen Form von dem amerikanischen Psychologen Carl Rogers als psychotherapeutische Methode entwickelt. Inzwischen hat sie sich zu einem Klassiker der Gesprächsführung etabliert, auf der Vorstandsetage genauso wie in der Hausarztpraxis. Wegen dieser Entwicklungsgeschichte ist ein wenig Vorsicht geboten: Die höchste Stufe des aktiven Zuhörens, das Verbalisieren, dringt auf das seelische Hoheitsgebiet des anderen vor. Setzen Sie deshalb bevorzugt Formen des aktiven Zuhörens ein, die dem anderen weniger nahe treten: zum Beispiel Gesprächsverstärker, Echo-Fragen und Paraphrasieren. So vermeiden Sie, dass Ihr Gegenüber sich fühlt wie auf der Couch.

Verbalisieren mit Fingerspitzengefühl

In der Regel wirkt das Verbalisieren auf den Gesprächspartner besänftigend. Ist eine Beziehung allerdings schon seit längerem gestört, kann es passieren, dass die Dämme brechen und Vorwürfe und Enttäuschungen hochgespült werden: »Das macht mir schon zu schaffen. Es ist ja nicht das erste Mal, dass du wochenlang nichts von dir hören lässt.« Auch wenn wir uns eine

Reaktion wie diese gern ersparen würden – sie zeigt, dass Risse in der Kommunikation entstanden sind, die gekittet werden müssen. Eine gute Zuhörerin hält sich mit Widerspruch zurück und verbalisiert: »Das klingt, als hätte sich einiges zwischen uns angestaut.«
Das Verbalisieren von Gefühlen geht über das Paraphrasieren von Sachinhalten hinaus. Unausgesprochenes und Persönliches kommen auf den Tisch. Umso wichtiger sind Wortwahl und Tonfall: Wählen Sie sachliche Worte, halten Sie die Rückmeldung kurz, sprechen Sie ruhig und freundlich, dramatisieren Sie nicht. Spiegeln Sie die gehörten Emotionen einfach wider – ohne sie zu verkleinern, zu vergrößern, weichzuzeichnen oder zu verzerren.

TALK-TOOL 10:
In die Welt des anderen eintauchen

Es war ein nerviges Gespräch, gestern Abend mit Jakob, dem Webdesigner. Dabei war Sarah von seinem Design-Portfolio so angetan gewesen. Überzeugt von ihren Ideen schilderte sie ihm, was ihr für den Internet-Auftritt ihrer Event-Agentur vorschwebte: zehn oder elf Seiten, übersichtlich, puristisch, gestaltet in der Weiß-Grau-Schwarz-Stufung, die auch ihre Visitenkarten und Flyer auszeichnete. Leider hörte Jakob sich ihre Vorstellungen kaum an. »Also, einfach drauflos gestalten genügt heute nicht mehr«, unterbrach er. Sarah sagte, das habe sie auch nicht vor, aber natürlich müsse die Website auch optisch die Identität ihrer jungen Firma widerspiegeln. »Schon klar«, sagte Jakob. »Trotzdem, das ist alles zweitrangig. Am meisten kommt es auf Usability und Browser-Kompatibilität an.« Am nächsten Morgen steht Sarahs Entscheidung fest: Jakob mochte ein guter Webdesigner sein. Aber sie hatte keine Lust, mit einem so unsympathischen Typen zusammenzuarbeiten.
Ob Jakob unsympathisch ist, sei dahingestellt. *Unempathisch* war sein Verhalten gewiss. Dass sich zwei Menschen gut verstehen, setzt nun einmal voraus, dass sich der eine vom anderen verstanden fühlt.

Die Kunst, empathisch zu sein

Empathie, definiert der Duden, ist die Bereitschaft und Fähigkeit, sich in die Einstellungen anderer Menschen einzufühlen. Eine Weile lang von den eigenen Vorstellungen abzurücken und in die Welt des anderen einzutauchen. Ohne deshalb gleich zu denken, was er denkt, oder zu fühlen, was sie fühlt. Anders als die Sympathie setzt Empathie also nicht unbedingt Zuneigung oder Zustimmung voraus. Sie ist immer und überall möglich, sogar dort, wo die Sympathie sich in Grenzen hält.

Gegner glauben uns zu widerlegen, wenn sie ihre Meinung wiederholen und auf die unsrige nicht achten.
Johann Wolfgang von Goethe

Man muss es als Berater nicht richtig finden, dass die Kundin mehr Wert auf die ästhetische Wirkung ihrer Website legt als auf deren Bedienbarkeit. Aber man kann sich ihre Sicht der Dinge anhören und sie respektvoll kommentieren. Jakob hätte zum Beispiel paraphrasieren können: »Am wichtigsten ist für Sie also die ästhetische Gestaltung, vor allem, die Schriftenauswahl und eine reduzierte Optik. Habe ich das richtig verstanden?« Mit dieser Reaktion hätte er eine Brücke des Verstehens gebaut. Danach wäre es ein Leichtes gewesen, seine eigenen Vorstellungen einzubringen und eine gemeinsame Basis zwischen Kundin und Berater herzustellen: »Darüber hinaus sollten wir auf einfache Bedienbarkeit und Kompatibilität zu allen großen Browsern achten.«

Empathie hat viele Feinde

Empathisch zuzuhören ist eigentlich nicht schwer. Neben den Werkzeugen des aktiven Zuhörens braucht es dafür die richtige Einstellung: eine Mischung aus Takt, ehrlichem Interesse, Akzeptanz und einem guten Schuss Nüchternheit. Den Willen dazu haben wir durchaus, käme uns nicht unser Temperament in die Quere, wären da nicht die guten Ratschläge, die vorschnellen Widerworte, die billigen Beschwichtigungen, die uns auf der Zunge brennen, während der andere noch spricht. Statt ruhig zuhörend Brücken zu bauen, errichten wir spontan reagierend Barrieren.

Wer lernen will, muss hören. Beim Selbstreden lernt man nichts.
Bernd Pischetsrieder

Hier sind ein paar typische Zuhörerreaktionen, die den empathischen Gesprächsverlauf gefährden.

Der Kritikermodus

»Haben Sie sich die Farbgestaltung auch wirklich gut überlegt?«

Das sitzt. Die Gesprächspartnerin müsste schon sehr naiv sein, um die verdeckte Kritik zu überhören. Die Folge: Sie zieht sich zurück, der Gesprächsfluss stockt, die Stimmung ist angespannt. Ruhiges, empathisches Zuhören hätte das Gegenteil bewirkt. Daher folgender Tipp: Halten Sie sich mit Wertungen aller Art zurück. Etwaige Bedenken können Sie später immer noch formulieren.

Die Ich-auch-Umarmung

»Die klassischen Farben finde ich super. Ich habe mich bei meinem eigenen Internet-Auftritt auch für eine betont zurückhaltende Optik entschieden. Damit die Seiten wirklich großzügig wirken, habe ich sogar Mondrian-Tabellen für die Flächenaufteilung verwendet ...«

Die Zustimmung tut gut, keine Frage. Aber plötzlich steht der Zuhörer, was er denkt, erlebt und macht im Mittelpunkt, und die Sprecherin ist in die Zuhörerrolle abgedrängt. Dahinter muss keine böse Absicht stecken. Aber Empathie äußert sich anders: Da hätte ein kurzes Wort der Anerkennung genügt: »Wow. Die klassischen Farben haben eine starke Wirkung.« Und anschließend hätte die Kundin weiter ihr Vorhaben schildern können.

Das Dominanzgehabe

»Keine Sorge, das kriegen wir hin. Das Ergebnis wird Ihren Kunden gefallen. Da können Sie ganz beruhigt sein.«

Drei kurze Sätze – und die Beziehungsbalance kippt. Einer profiliert sich als Macher, der mit gönnerhafter Geste die Probleme des anderen löst. Damit ist ein wesentliches Prinzip des empathischen Zuhörens verletzt: der unbedingte Respekt vor der Kompetenz des anderen. Denn selbst, wenn Sie einem Zuhörer fachlich überlegen sind: Seine Wünsche, Bedürfnisse und Möglichkeiten kennt er wie niemand sonst. Lassen Sie den anderen daher ausreden und vergewissern Sie sich durch Paraphrasieren, dass Sie sein Anliegen richtig verstanden haben. Erst danach steuern Sie behutsam Ihre eigenen Ansichten und Ideen bei. Empathie bedeutet auch, sich zurückzunehmen.

Die Abwehrstellung

»Also, bei Ihren Ansprüchen beauftragen Sie besser einen Gestalter. Allerdings bezweifle ich, ob der Ihre Wünsche technisch umsetzen kann …«

Manchmal gehen uns die Ansichten eines Gesprächspartners gegen den Strich, wir fühlen uns von seinen Ansprüchen überfordert, oder er überstrapaziert unsere Geduld. Statt den anderen ausreden zu lassen, platzt uns dann der Kragen. Leider schadet der schnelle Schlagabtausch nicht nur dem Gesprächsverlauf, sondern er beschädigt auch das eigene Image. Stress und Abwehr führen nämlich leicht dazu, dass man feindselig wirkt oder sich im Ton vergreift. Richten Sie daher Ihre Aufmerksamkeit weg von Ihren eigenen Gedanken und Ängsten. Konzentrieren Sie sich ganz genau darauf, wie der andere zu seiner Meinung kommt. Sagen Sie sich, dass der andere sicher gute Gründe für seine Sichtweise hat. Außerdem ist es wichtig, bewusst die Muskeln zu entspannen, gleichmäßig und bewusst zu atmen und die Hände ruhig zu halten.

»Bildung ist die Fähigkeit, sich alles anzuhören und dabei weder die Selbstbeherrschung zu verlieren noch das Selbstvertrauen.«
Robert Lee Frost

Die Psychologennummer

»Ich merke schon, Sie geben die Kontrolle nicht gern aus der Hand.«

Stopp! Empathie lebt zwar davon, zu verstehen, was den anderen bewegt, und zum aktiven Zuhören gehört es, unausgesprochene Gefühle zu verbalisieren. Das berechtigt einen Zuhörer aber nicht, sich zum Psychotherapeuten der Gesprächspartnerin zu erheben und ihr eine Diagnose überzustülpen, die ihr entschieden zu nahe tritt. Halten Sie sich vielmehr beim Verbalisieren eng an das Gehörte, vermeiden Sie Spekulationen und gewagte Schlussfolgerungen und formulieren Sie mit Gespür für die persönlichen Grenzen: »Das heißt also, Sie möchten in alle Phasen des Projekts eingebunden sein?«

Der Detaillierungswahn

> *»Ja, und welche Farbe wollen Sie dann als Mouseover-Farbe?«*

Es versteht sich von selbst: Einzelheiten müssen geklärt werden. Aber beim empathischen Zuhören geht es darum, sorgfältig zu reagieren und immer wieder zu signalisieren, dass man den Standpunkt der Gegenseite nachvollzieht. Wer Kleinigkeiten ins Spiel bringt, während die Gesprächspartnerin gerade die große Linie absteckt, redet über andere Inhalte, spricht eine andere Sprache und gibt ein anderes Tempo vor. Zwangsläufig entsteht beim Gegenüber der Eindruck, wir haben keinen Draht zueinander, zwischen uns liegen Welten. Psychologen würden sagen: Es fehlt am *Rapport*. Orientieren Sie sich daher ganz nah am Gesprächspartner und dessen Gedanken. Stellen Sie Ihre eigenen Überlegungen hintan. So verhindern Sie, dass Sie den dritten Schritt ansprechen, während sich der andere gerade erst warmredet.

Unvoreingenommen zuhören

Sie verliert sich mal wieder in ihrer Lieblingstheorie. Er hat ein Stückchen Petersilie zwischen den Zähnen. Sie trägt genau die Art von Reiterstiefeln, die auch auf der eigenen Einkaufsliste stehen. Er verheddert sich in Schachtelsätzen und wird nie lernen, dass es »größer als« heißt und nicht »größer wie«.

Jeder Zuhörer kennt das Problem: Persönliche Eindrücke wirken stärker als Inhalte. Wie jemand wirkt, schmälert oder überhöht das, was er sagt. Wie kaum etwas anderes hindern uns Ablenkung und Vorurteile, Informationen zu erfassen und Menschen zu verstehen. Ob jemand eine Frau ist oder ein Mann, deutsch oder türkisch, groß oder klein, dick oder dünn, schüchtern oder arrogant, eloquent oder um Worte verlegen – all das beeinflusst die Aufmerksamkeit, mit der wir zuhören, und die Bereitschaft, uns auf fremde Gedankenwelten einzulassen.

In der folgenden Checkliste finden Sie eine ausgewählte Kollektion von »Brillen«, die den Blick trüben können.

- Alter,
- Aussehen,
- Beruf,
- Bildungsgrad,
- Dialekt- oder Hochdeutschsprecher,
- Familienstand,
- Figur,
- Geschlecht,
- Humor,
- Kleidung,
- Körpergröße,
- Manieren,
- Nationalität,
- Selbstsicherheit,
- Sprachgewandtheit.

Filter wie diese vereinfachen die Welt. Sie ermöglichen es uns, mit einem Minimum an geistigem Aufwand den Überblick zu behalten. Dummerweise hindern sie uns gleichzeitig daran, den Dingen genauer auf den Grund zu gehen: Weiß ich schon, kenn ich längst, das bringt doch nichts. Fünf einfache Regeln helfen, sich mehr auf das Gesagte zu konzentrieren und weniger auf die Person:

1. Unterstellen Sie dem anderen positive Absichten.
2. Lassen Sie den Gesprächspartner ausreden und halten Sie sich mit kritischen Bemerkungen zurück.
3. Lenken Sie Ihre Gedanken auf die persönlichen und fachlichen Stärken Ihres Gegenübers.
4. Beobachten Sie (»Sie verspricht sich häufig«) statt zu bewerten (»Sie ist fachlich unsicher«).
5. Filtern Sie die Botschaft aus dem Gesagten heraus.

Sich darstellen können

Wie Ihr Auftritt für sich spricht und Ihre Wirkung Ihren Worten Gewicht verleiht

Der behandelnde Arzt, ein gewisser Doktor Coriolis, war ein kräftiger, gutaussehender Grieche in meinem Alter mit dichtem schwarzen Haar und weichem, etwas schläfrigem Blick. Er beruhigte mich, was den Zustand meines Vaters anging, ohne sich in irgendeiner Weise festzulegen.
Mir auf dem Stationskorridor gegenüberstehend, behauptete er, es seien noch keineswegs alle Möglichkeiten ausgeschöpft, die der Medizin zur Verfügung stünden. Seine zimmerlaute Art zu sprechen, war dabei angenehm rund und respektvoll. Ich war geneigt, ihm zu vertrauen, auch wenn ich nicht die geringste Möglichkeit hatte, seine Kompetenz zu überprüfen.

Ulrich Woelk, Die Einsamkeit des Astronomen

SELBST-CHECK:
Sich darstellen können

Menschen bilden sich ihre Meinung sekundenschnell und auch rational denkende Zuhörer erliegen den Vorurteilen, die ihr emotionales Gehirn aufgrund oberflächlicher Eindrücke liefert. Beim Nachdenken wird das unreflektierte Spontanurteil zwar verfeinert. Dennoch ist es erheblich schwerer, einen schlechten ersten Eindruck zu korrigieren als von vornherein einen guten ersten Eindruck zu machen.

Wie steuern Sie, was andere von Ihnen denken? Strahlen Sie Ruhe und Zuversicht aus? Können Sie andere anerkennen, Wünsche bestimmt äußern und eigene Erfolge auch mal hintanstellen? Halten Sie, was Sie versprechen? Verstehen Sie sich darauf, im Auge des Betrachters ein Bild entstehen zu lassen, das Ihrer Kommunikationsabsicht entspricht? Kreuzen Sie für jede Verhaltensweise die Antwort an, in der Sie sich wiedererkennen.

Was Eindruck macht		**Selbst-Check**		
Verhalten	Wirkung	Wie häufig verhalten Sie sich so?		
		Meistens	Manchmal	Selten/Nie
Sich so präsentieren, wie man wahrgenommen werden möchte	intelligent, situationsangemessen, souverän	■	■	■
Wünsche bestimmt äußern und für Überzeugungen gerade stehen	klar, geradlinig, überzeugend	■	■	■
Auch mal gegen den Strom schwimmen	eigenwillig, selbstbewusst, mutig, charakterfest	■	■	■
Andere anerkennen und sich für sie freuen	großzügig, kultiviert, wohlerzogen	■	■	■
Statusunterschiede überspielen	kooperativ, feinfühlig, entgegenkommend	■	■	■
Erfolge herunterspielen	diplomatisch, angenehm	■	■	■
Mehr halten als versprechen	glaubwürdig, verlässlich	■	■	■
Sich positiv äußern und (auch) das Gute am Schlechten betonen	kompetent, angenehm, lebensklug	■	■	■
Haltung zeigen und lächelnd Ruhe bewahren	selbstverständlich selbstbewusst	■	■	■

Unvorteilhafte Eindrücke vermeiden			Selbst-Check		
Verhalten	Gewünschte Wirkung	Möglicherweise erzielte Wirkung	Wie häufig verhalten Sie sich so?		
			Meistens	Manchmal	Selten/Nie
Sich geben, wie man sich fühlt	natürlich, geradeheraus, authentisch	unkultiviert, unangemessen	■	■	■
Sich aufspielen und ungeniert zeigen, was man kann	erfolgreich, beeindruckend, wichtig	aggressiv, wichtigtuerisch, anmaßend	■	■	■
Unsicherheit zeigen und sich herabsetzen	ehrlich, bescheiden, sympathisch	angreifbar, schwach, unterwürfig	■	■	■
Darauf vertrauen, dass Leistung und Kompetenz für sich sprechen	ehrlich, natürlich, fachkundig	ungewandt, unauffällig	■	■	■
Mehr versprechen als halten	bemüht, großzügig, optimistisch	unzuverlässig, unglaubwürdig, frustrierend	■	■	■
Kritisieren und jammern	kritisch, realistisch	freudlos, anstrengend, inkompetent	■	■	■
Überschwängliche Begeisterung kundtun	glücklich, gut gelaunt, erfolgreich	unkritisch, überspannt	■	■	■

»Wie kann ich Ihnen helfen?« Im vorweihnachtlichen Gewühle des Sporthauses taucht die Verkäuferin in dem tollen Norweger-Pulli auf, die Sie schon beim Hereinkommen so freundlich angelächelt hat. Sie kommt im richtigen Moment: nachdem Sie sich ausgiebig umgesehen haben und genau die Art von Skijacke in der Hand halten, die Sie seit langem suchen. Um 30 Prozent reduziert ist sie obendrein. »Haben Sie auch passende Jethosen dazu? Und farblich abgestimmte Handschuhe?« fragen Sie. Dabei hatten Sie gar keinen größeren Einkauf geplant. Aber wann kommt man schon einmal in den Genuss einer so aufmerksamen Beratung?
Wenige Eindrücke nur – ein Lächeln, ein schöner Pulli, das richtige Timing – und ein erster Eindruck steht fest. Sekundenschnell schließen wir aus äußeren Signalen auf die inneren Werte. Dieser reflexhafte Beurteilungsprozess ist tief in unserem genetischen Programm verankert. Kein Beobachter kann sich ihm entziehen, jedenfalls nicht ganz.
Kommunikationsprofis tragen dieser Oberflächlichkeit des Wahrnehmungsprozesses Rechnung. Sie überlassen es nicht dem Zufall und der Tagesform, welcher Eindruck im Auge des Betrachters entsteht, sondern sorgen dafür, dass ihr Auftritt ihren nachfolgenden Worten Gewicht verleiht.

TALK-TOOL 11:
Regie führen

So seltsam es klingt: Wer ehrlich ist, wirkt nicht unbedingt glaubwürdig. Ehrlich ist die Kandidatin, die ihre Aufgeregtheit vor dem Assessment-Center zeigt. Glaubwürdig wirkt die Bewerberin, die ihre Nervosität überspielt. Der irritierende Unterschied erklärt sich daraus, dass Selbstwahrnehmung und Fremdwahrnehmung so verschieden sind wie ein Ölporträt und eine Bleistiftskizze. Selber wissen wir um die reiche Palette unseres Könnens, unserer Ängste und unserer Leidenschaften. Die meisten Menschen um uns herum bekommen dagegen nur Momentaufnahmen von uns zu sehen. Unwillkürlich glauben sie, dass wir immer so sind, wie sie uns in diesen kurzen Augenblicken erleben.

Halo-Effekt (engl. halo = Heiligenschein) nennen Psychologen diese Hochrechnung, die bewirkt, dass ein positiver erster Eindruck auch alle weiteren Einschätzungen in ein rosiges Licht taucht. Umgekehrt und noch viel stärker greift der gleiche Mechanismus, der *Horns-Effekt* (engl. devil's horn = Teufelshorn): Ein negativer erster Eindruck trübt auch alle nachfolgenden Einschätzungen.
Wer die eigenen Stärken und Ziele erfolgreich kommunizieren will, ist deshalb gut beraten, sie wirkungsvoll in Szene zu setzen. Wie am Filmset muss alles stimmen, von den richtigen Requisiten bis zum stärkenden Catering. Jeder Moment muss abgestimmt sein auf ein Publikum, das nicht den ganzen Film zu sehen bekommt, sondern nur einen kurzen Zusammenschnitt der eindrucksvollsten Szenen.

Wir alle spielen Theater

Der Gedanke, Eindruckssteuerung aus der Perspektive des Theaters zu beschreiben, geht auf den amerikanischen Soziologen Erving Goffman zurück. In seinem 1959 erschienenen Klassiker *Wir alle spielen Theater* ging er der Selbstdarstellung im Alltag nach und entlehnte das Begriffssystem dafür der Theaterwelt. Seine These lautet: Der Darsteller ist im typischen Fall »eine gute Figur, deren Geist, Stärke und andere positiven Eigenschaften durch die Darstellung offenbart werden soll«.

Der Star

Wir können nicht nicht kommunizieren. Und wir können uns auch nicht nicht selbstdarstellen. Allerdings sind wir dabei unterschiedlich spielfreudig. Starke Selbstdarsteller leben den *Spin*, das flexible Spiel mit den Rollen, lustvoll aus, schwache Selbstdarsteller wollen dagegen lieber um ihrer selbst willen wertgeschätzt werden. Das ist zwar ehrenwert, kommunikationspsychologisch aber eher ungeschickt. Denn Eindrucksbildung gehört einfach dazu,

Die ganze Welt ist Bühne. Und alle Frau'n und Männer bloße Spieler.
Shakespeare, Wie es euch gefällt

- **wenn man gut mit anderen auskommen will:** Höflichkeit und Rücksichtnahme erfordern es, Interesse an den langatmigen Erklärungen des Bauherrn zu zeigen, Gelassenheit angesichts der zerbrochenen Vase zu mimen oder den Zigarettenqualm des rauchenden Geschäftspartners unkommentiert hinzunehmen.
- **wenn man glaubwürdig wirken soll:** Bestimmte Rollen sind mit bestimmten Erwartungen verbunden. Eine Notarin soll seriös wirken und ein Kinderarzt gesundheitsbewusst. Dass man privat Bauchtanz macht oder am Wochenende am liebsten deftig kocht, ist eine andere Geschichte.

- **wenn man Erfolg haben möchte:** Im Mitarbeitergespräch oder bei der Auftragsakquisition hängt alles davon ab, beim Gegenüber den Eindruck zu erwecken: Die kann das, der schafft es. Auch wenn man sich selbst gar nicht so sicher ist.

Natürlich hat fast jeder von uns Paraderollen, die er im Schlaf beherrscht: die mitreißende Gastgeberin, die taktvolle Diplomatin, der analytische Experte, die fixe Organisatorin, der unkomplizierte Kumpel. Richtig gute Selbstdarsteller glänzen aber nicht nur in einer Rolle. Je nach Anlass und Gegenüber rücken sie unterschiedliche Facetten ihres Ichs ins Licht. Nicht um schlechte Inhalte gut zu verkaufen, sondern um sich von ihrer besten Seite zu zeigen und gut mit anderen auszukommen. Etwas anderes würde ein aufgeklärtes Publikum auf Dauer auch nicht akzeptieren.

Das Drehbuch schreiben

Sich auf genau die Weise zu präsentieren, wie die anderen einen wahrnehmen sollen – das ist professionelle Kommunikation. Sie setzt unter anderem voraus, dass Sie schon vor einem Meeting, einer Präsentation oder einer wichtigen Begegnung im Kopf durchspielen, wie Sie Ihre Rolle anlegen werden. Die folgenden Überlegungen helfen Ihnen dabei weiter:

- ☒ Was kennzeichnet Ihr Publikum? Welche Erwartungen stellt es an Sie? Was davon können und möchten Sie erfüllen? Was eher nicht?
- ☒ Welche Rolle spielen Sie? Ist es eine Hauptrolle, zum Beispiel als Hauptredner bei der 25-Jahr-Feier? Oder wirken Sie eher als Statistin mit, zum Beispiel als Gast bei der Hochzeit eines Kollegen?
- ☒ Wie wollen Sie wirken, welche Eindrücke möchten Sie hervorrufen? Was möchten Sie von sich preisgeben, was lieber für sich behalten?
- ☒ Wie können Sie Ihr Kommunikationsziel durch die geschickte Wahl von Ort, Zeit und Aufmachung am besten erreichen?
- ☒ Wie soll das Gespräch im Idealfall verlaufen? Was muss passieren, damit ein Happy End gelingt?

Maske und Kostüm

Gepflegte, gut aussehende Menschen haben es im Leben leichter. Das Publikum schließt aus einer einzelnen positiven Eigenschaft, dem Aussehen, dass sie auch in anderen Berei-

chen besser sind als der Durchschnitt – intelligenter zum Beispiel, interessanter, fairer, entspannter. Die Zeit vor dem Spiegel und unter der Dusche, beim Zahnarzt und auf dem Laufband erhöht somit nicht nur das persönliche Wohlbefinden, sie stärkt auch die Außenwirkung.
Darüber hinaus sprechen Kleidung und Styling eine deutliche Sprache. »Man setzt eine Sonnenbrille auf – und schon gibt man ein Statement ab«, sagt der Designer Helmut Lang. Es ist deshalb durchaus von Bedeutung, ob Sie das entscheidende Gespräch mit der Mathelehrerin Ihres Sohnes im Business-Anzug, in Twinset und Perlenkette oder in Jeans und Regenjacke führen. Die folgenden Überlegungen spielen dabei eine Rolle:

- Wie möchten Sie gesehen werden? Dient es Ihrem Ziel mehr, in Ihrer Rolle als besorgte Mutter aufzutreten oder in Ihrer Rolle als promovierte Politikwissenschaftlerin?
- Wie könnte die Lehrerin Ihr Erscheinungsbild interpretieren?
- Wie müssten Sie sich kleiden, um Gemeinsamkeiten zu betonen?
- Welches Outfit gibt Ihnen am meisten Sicherheit?
- Welche Atmosphäre wollen Sie dem Gespräch geben: Möchten Sie es lieber professionell, Hilfe suchend oder beiläufig locker führen. freundschaftlich oder distanziert, kooperativ oder frontal?

Requisiten

Requisiten geben Filmen Atmosphäre und charakterisieren die Figuren. Wie jemand wohnt, was er trinkt, welche Bücher er liest, offenbart wortlos, wer er ist. Im wahren Leben verhält es sich genauso: Die Accessoires, mit denen wir uns umgeben, lassen Rückschlüsse auf unsere Person zu. Ein Gesprächspartner, der literweise Kaffee trinkt und Termine in einen abgegriffenen Filofax einträgt, vermittelt ein anderes Bild von sich als ein Kollege, der eine Porsche-Uhr trägt und immer eine Flasche Evian dabei hat.
Im Gegensatz zu den meisten Kleidungsstücken begleiten uns Accessoires täglich – und dies oft jahrelang. Überlegen Sie,

was Ihre Brille, Ihre Uhr, Ihr Schmuck, Ihre Aktenmappe oder die Zeitung unter dem Arm über Sie aussagen. Entsprechen Sie der Rolle, die Sie spielen möchten? Unterstreichen Sie Ihre Botschaft und Ihre Stärken? Passen Sie zu Ihrem Image? Achten Sie besonders darauf, Ihre Selbstaussage nicht durch hässliche Alltagsgegenstände vom zerkratzten Plastikkugelschreiber bis zum billig wirkenden Regenschirm zu beschädigen.

Die Mitspieler

Bei Solo-Auftritten können wir die gewählte Rolle relativ einfach durchhalten. Anders sieht es aus, wenn wir uns im Kreis der Familie, gemeinsam mit Kollegen oder zusammen mit einem Geschäftspartner präsentieren. Dann tragen Mitarbeiter und Kollegen, Familie und Freunde mit zu unserer Außenwirkung bei.
Loyale Kollegen, ein großzügig lobender Chef, hochmotivierte Mitarbeiter, begeisterte Kunden, die Small-Talk-gewandte Partnerin, der humorvolle Lebensgefährte, die witzigen Kinder, der verspielte Golden Retriever – sie alle werfen ein vorteilhaftes Licht auf Sie. Umgeben Sie sich deshalb nach Möglichkeit mit Mitspielern, die an einem Strang mit Ihnen ziehen und verstehen, worum es Ihnen geht. Können Sie sich Ihrer Mannschaft nicht sicher sein, nehmen Sie von allzu ehrgeizigen Kommunikationszielen besser Abstand. (Fast) unvermeidlichen Pannen begegnen Sie mit einer Extraportion Gelassenheit und Humor.

Timung und Location

Zeit und Ort sind für den Gesprächsverlauf so wichtig wie der erste Zug im Schach. Es wirkt sich auf Ihr Ansehen aus, ob man Sie in dem Restaurant, in das Sie zum Geschäftsessen laden, als gern gesehenen Gast oder No-Name begrüßt. Es beeinflusst einen Abend mit Freunden, ob Sie festlich im Esszimmer decken oder gemütlich am Küchentisch. Es verändert die Vorzeichen einer Begegnung, ob das erste Date beim

Frühstück im Coffee-Shop seinen Anfang nimmt oder beim Abendessen im Edelrestaurant. Auf die folgenden Punkte sollten Sie achten:

- **Die Location:** Bei ihm oder bei mir? Setzt man sich bei einem Milchkaffee im Szenetreff zusammen, oder geht man gemeinsam ein paar Schritte durch den Park? Lernt man die neuen Bekannten erst einmal bei einem gemeinsamen Restaurantbesuch kennen, oder lädt man sie gleich zu sich nach Hause ein?
- **Das Timing:** Trifft man sich zufällig, wenn es sich gerade mal ergibt, oder Tage im Voraus geplant? Setzt man die Besprechung morgens an, wenn alle wach und ausgeruht sind, oder kurz vor Büroschluss, wenn die Aufmerksamkeit nachgelassen hat und Strittiges leichter abgenickt wird? Wer wartet auf wen? Wer eröffnet das Gespräch? Wer gibt das Zeichen zum Aufbruch?
- **Die Platzwahl:** Platziert man sich strategisch günstig im Zentrum der Macht oder abwartend an der Peripherie, frontal an gegenüberliegenden Tischseiten oder kooperativ über Eck, abweisend hinter dem Schreibtisch oder entgegenkommend in der Sitzecke? Wer sitzt auf dem angenehmsten Platz (wirkt je nach Situation durchsetzungsstark oder egoistisch) oder dort, wo niemand gern sitzt (wirkt je nach Situation großzügig oder ungeschickt)?

Das Catering

Eine ansprechende Ausstrahlung setzt voraus, dass Sie gut für sich sorgen. Essen Sie regelmäßig ausgewogene Mahlzeiten, trinken Sie ausreichend Wasser, halten Sie Müsliriegel gegen plötzliche Unterzuckerung, Lippenbalsam, Augentropfen, Feuchtigkeitscreme, vielleicht sogar einen MP3-Player mit beruhigender Musik bereit. Das klingt zwar banal, aber mit dem körperlichen Wohlbefinden steigt auch die Ausdruckskraft. Sie werden es merken: Je wohler Sie sich in Ihrer Haut fühlen, desto wacher, konzentrierter und überzeugender wirken Sie.

TALK-TOOL 12:
Sich Respekt verschaffen

Sie bekommen den letzten freien Tisch beim Italiener. Sie warten beim Zahnarzt nie mehr als 10 Minuten. Ihre Anliegen finden Gehör, Ihr Wunsch ist Befehl, Ihr Wort hat Gewicht. Dabei treten Sie keineswegs laut auf oder arrogant. Aber Sie wissen, wie man sich Respekt verschafft, ruhig und zuversichtlich. Sie haben keine falsche Scheu vor Chefs, Türstehern, Schwiegermüttern, Clubpräsidenten und sonstigen Respektspersonen. Eine schöne Vorstellung. Hier sind vier Wege, wie Sie Ihre Autorität steigern können.

Gratwanderung

Im besten Fall bedeutet mehr Respekt mehr Aufmerksamkeit und Einfluss. Wir kommen unseren Zielen näher und fühlen uns wohler in unserer Haut. Im schlechtesten Fall führt das Bemühen um mehr Respekt dazu, dass die anderen uns als großspurig und überheblich wahrnehmen. Die folgende Übersicht zeigt Ihnen die feinen Unterschiede zwischen Unsicherheit, Bestimmtheit und Arroganz.

Unsicher	**Bestimmt**	**Arrogant**
Sie sind: Unsicher in der Sache und besorgt, Sie könnten sich blamieren oder den Kürzeren ziehen	Sie sind: Sicher in der Sache und zuversichtlich, dass das Gespräch gut verlaufen wird	Sie sind: Überzeugt davon, im Recht zu sein
Sie fühlen sich: Ängstlich, nervös, dem Gesprächspartner unterlegen	Sie fühlen sich: Selbstsicher, entspannt, wohl in Ihrer Haut	Sie fühlen sich: Energiegeladen, angespannt, aufgedreht
Sie wirken: Unscheinbar, unerfahren, angreifbar, schwach	Sie wirken: Unaufdringlich, überzeugend, souverän, sympathisch	Sie wirken: Selbstherrlich, aggressiv, wichtigtuerisch, anmaßend

Sicherheit ausstrahlen

Matthias und Nina haben wie immer ein Nichtraucherzimmer gebucht, so viel ist sicher. Sicher ist auch, dass der Superior Room, in den ihr Gepäck gebracht wird, nach Rauch riecht, nur leicht zwar, aber immerhin. Dazu passt, dass Aschenbecher auf dem Schreibtisch, neben den Betten und sogar auf dem Waschbecken stehen. Für Nina und Matthias ist der Fall klar: Sie bestehen auf dem gebuchten Nichtraucherzimmer. Zwar wissen sie nicht, ob überhaupt noch ein entsprechender Raum frei ist, jetzt, mitten in der Hochsaison. Und offen ist auch, ob an der Rezeption gerade jemand sitzt, der Verständnis hat für ihr Bedürfnis nach reiner Luft. Aber von diesen Unwägbarkeiten lassen sie sich nicht beirren. Es wird sich eine Lösung finden, davon gehen sie aus.
Diese innere Sicherheit sieht man ihnen an, als sie an die Rezeption herantreten. »Wir möchten gern in ein Nichtraucherzimmer umziehen«, eröffnet Nina das Gespräch. »Würden Sie das bitte für uns arrangieren.« Und nicht etwa: »Leider sind wir in einem Raucherzimmer gelandet, obwohl wir ein Nichtraucherzimmer gebucht haben. Wäre es vielleicht möglich, dass Sie uns ein anderes Zimmer geben?«
Wer trotz aller Unsicherheitsfaktoren weiß, was er will, lässt beim Gegenüber keine Zweifel aufkommen: Hier steht jemand, der mit einem positiven Ausgang rechnet und sich mit einem zweitbesten Ergebnis nicht abfinden wird. Dem bietet man besser gleich ein kostenloses Upgrade an (»Lassen Sie mich nachsehen ... Ich kann Ihnen eine Junior Suite anbieten, Nichtraucher, 3. Stock, sind Sie damit einverstanden?«) statt auf Zeit zu spielen (»Das kann doch gar nicht sein ... Die Aschenbecher? Ach so, ja, die stehen für die Gäste der Gäste da.«)

Für seine Überzeugungen geradestehen

Wer sich Respekt zu verschaffen weiß, ist durchaus an Harmonie und guten Beziehungen interessiert – nur nicht um jeden Preis. Es gibt Situationen, in denen etwas anderes wichtiger ist: zum Beispiel den Neunjährigen davon abzubringen,

mit dem Fahrrad zum Eismann an der Hauptstraße zu fahren, auch wenn die Freunde das angeblich dürfen und man dafür als die gemeinste Mutter der Welt beschimpft wird.
Respekt flößt ein, wer für die eigenen Werte und Überzeugungen geradesteht. Diese innere Haltung drückt sich auch körperlich aus: Der Körper ist gestreckt, Sie tragen den Kopf hoch, Ihre Stimme klingt bestimmt, Ihr Blick ist ruhig und fest, die Hände agieren kraftvoll und energiegeladen. Man sieht: Sie meinen es ernst. Und deshalb werden Sie auch ernst genommen.

Die Blicke auf sich ziehen

»Wer den höchsten Rang in einer Gruppe von Tieren oder Menschen hat, ist leicht zu erkennen«, schreibt der Verhaltensforscher und Ethnologe Irenäus Eibl-Eibesfeldt. »Er ist immer derjenige, der am meisten angeschaut wird. Davon kommt auch das Wort Ansehen.« Angesehen zu werden, dafür können Sie einiges tun. Hier sind ein paar Vorschläge, wie Sie auf sympathische Weise den Blick auf sich lenken:

- Stehen Sie auf, wenn jemand den Raum betritt – auch dann, wenn andere sitzen bleiben.
- Bieten Sie Ihren Sitznachbarn Kaffee an, reichen Sie die Schale mit den Keksen herum, ehe Sie sich selbst bedienen.
- Hören Sie mit ungeteilter Aufmerksamkeit zu.
- Ziehen Sie neu hinzukommende Personen ins Gespräch: »Wir unterhalten uns gerade über …«
- Fassen Sie Gesprächsinhalte zusammen: »Mir scheint, wir reden im Wesentlichen über drei Optionen: erstens …«
- Geben Sie einer Diskussion eine neue Wendung durch überraschende Gesichtspunkte: »Ich habe mir die neueste Rechtsprechung zur Kündigung in Kleinbetrieben angesehen. Demnach ist auch in Betrieben mit höchstens fünf Mitarbeitern die unternehmerische Freiheit eingeschränkt: Nach Artikel 12 Grundgesetz …«

- Bringen Sie Ihre Erfahrungen ein: »Ich mache bei meinen Kunden die Erfahrung, dass es wichtig ist, die Aufbruchsstimmung zu erhalten, die mit der Erstellung einer Balanced Scorecard verbunden ist. Deshalb empfehle ich vierteljährliche Review-Meetings.«

Aus der Rolle fallen

Wir mögen Menschen, die uns ähnlich sind, und bewundern Leute, die wir als außergewöhnlich betrachten. Im Umkehrschluss heißt das: Ansehen genießt, wer aus der Masse herausragt. Respekt gewinnen Menschen, die Ungewöhnliches leisten, Risiken eingehen, eigenständige Wege einschlagen und das Unaussprechliche zu sagen wagen. Annika und Tom fand man nett, Pippilotta Viktualia Rollgardina Pfefferminz Efraimstocher Langstrumpf vergisst man nie.
Zwar hat nicht jeder das Zeug zum Rebellen. Aber man kann auch mit kleiner Geste aus dem Rahmen fallen. Tun Sie einfach das Unerwartete oder das Gegenteil dessen, was alle tun:

- Spielen Sie eine andere Rolle als die, die man von Ihnen erwartet, zum Beispiel, indem Sie als Chef der Runde den Espresso servieren, stilecht mit Amaretti oder Schokobohnen.
- Bleiben Sie ruhig – besonders im Durcheinander.
- Zeigen Sie sich offen und warmherzig, wo andere auf coole Professionalität setzen.
- Stellen Sie nach einem Vortrag die erste Frage, eröffnen Sie nach der Rede des Brautvaters den Applaus.
- Stehen Sie freimütig zu Ihren persönlichen Eigenheiten, zum Beispiel, dass Sie Rosamunde Pilcher lieben und es hassen, ungefragt fotografiert zu werden.
- Pflegen Sie Markenzeichen: die ausgefallene Brille zum klassischen Kostüm, die gestreifte Krawatte, die nie ganz korrekt gebunden ist, die riesige Schale mit Gummibärchen, aus der sich jeder bedienen darf.

Natürlich erfordern Eigenwilligkeit und Gegen-den-Strom-Schwimmen Sensibilität. Aber wer sich darauf versteht, anders zu sein, ohne sich auszugrenzen, verlangt den anderen Respekt ab. Und dies nicht nur, weil er den Mut zum Selberdenken hat, sondern auch, weil er sich das Ausscheren aus dem Mainstream leisten kann.

TALK-TOOL 13:
Sich auf gleicher Augenhöhe positionieren

Wir gestehen es uns ungern ein, aber viele Gespräche sind ein heimliches Machtgerangel. Wer ist was, kann was, kennt was? Wer gibt an, wer gibt nach? Wer ist Hero, wer Zero? Je nachdem, mit wem wir gerade reden, ändert sich der relative Status, den wir innehaben. Als ein und derselbe Mensch begegnen wir dem Chef auf Augenhöhe, dem Golflehrer leicht eingeschüchtert und der Kollegin, die ständig unseren Rat einholt, ein ganz klein wenig von oben herab. »Im Leben ist jeder mal ein Somebody und dann wieder ein Nobody, manchmal beides sogar gleichzeitig«, schreibt der US-Soziologe Robert W. Fuller.
Es gibt drei Möglichkeiten, wie Sie sich anderen gegenüber präsentieren können: als überlegen, unterlegen oder als gleichgestellt. Am besten kommen Sie an, wenn Sie anderen auf gleicher Augenhöhe begegnen. Respekt verschaffen Sie sich durch eine winzige Prise Abgehobenheit. Wollen Sie sich dagegen Freunde machen, empfiehlt es sich, ein bisschen tiefzustapeln.

Statusverhalten 1: Sich aufspielen

»Alle Tiere sind gleich, aber einige Tiere sind gleicher«, so brachte George Orwell vor über 60 Jahren das, was heute *Rankism* heißt, in seinem weltberühmten Roman *Farm der Tiere* auf den Punkt. Rankism – Rangrangelei – spielt sich zwischen Geschwistern, Freunden, Kollegen und Nachbarn ab, zwischen Arzt und Patient, Chef und Mitarbeiterin, Lehrer und Schüler, Türsteher und Nachtclubbesucher, Kundin und Verkäufer. Vordergründig sind zwar alle gleich, aber heimlich geht es darum, sich innerhalb einer Gruppe oder auch nur unter zweien als der überlegene Gesprächspartner zu etablieren.

Wie man sich in Szene setzt

- Name-Dropping: »Die neue Stadträtin? Die kenne ich gut. Wir spielen zusammen Volleyball.«
- Wort-Geklingel »Wir wohnen am Starnberger See«, wenn man auch schlicht »Wir wohnen in Seeshaupt« sagen könnte.
- Lob-Kundgaben: »Die Leute von ... sähen es am liebsten, wenn ich die Buchhaltung wieder übernehmen würde.«
- Lifestyle-Getue: »Meine Eltern besuchen uns am Wochenende. Ich denke, ich werde meine Dorade in der Salzkruste machen. Die bekommt mein Fischhändler freitags immer ganz frisch herein.«
- High-Potential-Töne: »Als Pharma-Regionalleiter verantworte ich unser umsatzstärkstes Vertriebsgebiet .«
- Alleskönner-Attitüde: »Sie müssen unbedingt ...«,«Ich an Ihrer Stelle hätte längst ...«, »Wenn ich Sie wäre ...«

Die Mittel der Selbstaufwertung sind vielfältig und mehr oder weniger subtil. Sie machen Eindruck – und doch auch wieder nicht. Denn allzu Selbstbewusste wirken schnell gönnerhaft, eitel und wenig sympathisch. Schlimmer noch: Ihr Bedürfnis nach Anerkennung lässt Unsicherheit und Minderwertigkeitsgefühle durchschimmern.

Sich als überlegen zu präsentieren, erfordert also Fingerspitzengefühl. Am besten setzen Sie Status erhöhende Verhaltensweisen nur in homöopathischen Dosen ein. Achten Sie dabei genau auf die Reaktionen Ihrer Gesprächspartner: Wenn die anderen verhalten reagieren, das Thema wechseln oder Ihre Erfolge zu toppen versuchen, sind das klare Zeichen, dass Ihre Selbstdarstellung wenig Gegenliebe findet. Spätestens jetzt sollten Sie dem anderen Gelegenheit zum Glänzen geben: »Genug von mir. Wie läuft es denn bei dir? Frank war ganz begeistert von deinem Konzept ...«

Statusverhalten 2: Sich herabsetzen

Wir neigen zwar nicht zur kritiklosen Bewunderung und verstehen uns meistens ganz gut darauf, mangelndes Selbstbewusstsein zu verbergen. Trotzdem passiert es immer wieder, dass man sich anderen unterlegen fühlt. Zum Beispiel wenn man auf das Wohlwollen der Kreditsachbearbeiterin oder den Goodwill des Installateurs angewiesen ist. Wenn ein Gesprächspartner von Erlebnissen und Erfolgen schwärmt, mit denen man nicht mithalten kann. Oder wenn jemand mehr verdient, ein tolleres Leben führt oder mehr von Kunst versteht als man selbst. Und dabei auch noch nett und bescheiden wirkt.

Es ist schwer, souverän zu reagieren, wenn man sich eingeschüchtert oder überschattet fühlt. Instinktiv greifen wir in solchen Situationen zu den Kampf-Flucht-Routinen in unserem genetischen Programm:

- Desinteresse mimen: »Ach ja?«
- Unwissenheit einräumen: »Ich verstehe leider gar nichts von Kunst.«
- Die Erfolge des anderen toppen: »Ach, Sie waren auf Madeira. Wir haben ja in der Zwischenzeit die Insel La Réunion entdeckt …«
- Die Erfolge anderer kleinreden: »Ach, Sie waren auf Madeira. Wirklich schön, die Insel. Aber inzwischen leider auch schon sehr verbaut.«

Die Retourkutschen sind verständlich, doch Neid und Engherzigkeit machen erst recht klein. Es bleibt nicht aus, dass Ihnen ab und zu ein Gesprächpartner fachlich, finanziell oder sozial überlegen ist. Gerade in solchen Situationen können Sie sich als souveräne Zuhörerin auszeichnen, die sich für andere freuen kann: »Ja, Madeira ist wunderschön. In welchem Teil der Insel haben Sie denn gewohnt?« Gute Manieren adeln. Großzügigkeit auch.

Ebenfalls hilfreich: Betonen Sie Ihre eingebildeten oder tatsächlich vorhandenen Mängel nicht auch noch sprachlich.

Statt sich also selbst kleinzureden, beeindrucken Sie Ihr Gegenüber mit klugen Fragen und souverän formulierten Komplimenten.

Statt:	Sagen Sie:
»Ich habe keine Ahnung von …«	»Welche Lösung schlagen Sie vor?«
»Das sagt mir gar nichts, das müssen Sie mir erklären.«	»Das interessiert mich, erzählen Sie mehr.«
»Wie schaffen Sie das bloß – die Praxis und drei kleine Kinder?«	»Die Praxis und drei kleine Kinder – das will sicher gut organisiert sein.«
»Das klingt jetzt vielleicht naiv, aber wie kommt man nur auf eine so ungewöhnliche Geschäftsidee?«	»Ihre Kreativität beeindruckt mich. Wie sind Sie auf die Idee mit dem Biografie-Service gekommen?«
»Tut mir leid, das sagt mir gar nichts.«	»Faszinierend, das ist für mich ganz neu! Bitte erzählen Sie noch mehr.«

Statusverhalten 3: Gleichziehen

»Ich bin der Bestimmer«, tönt es aus dem Kinderzimmer und nach kurzem Hin und Her ist klar, wer das Sagen hat und wer den Schaden. Im Erwachsenenleben sieht erfolgreiche Kommunikation anders aus. Ob beim Bier mit den Lagerarbeitern oder bei der Präsentation vor dem Vorstand – gefragt ist ein partnerschaftliches Miteinander. Ranghöhere leben Statusunterschiede nur sehr subtil aus, Rangniedrigere erkennen sie nur mit kleinen, unauffälligen Gesten an. Im Idealfall begegnen beide Seiten einander mit Respekt, weder hochnäsig noch unterwürfig.

Kommunikationsprofis durchschauen das eigene Statusverhalten und justieren es je nach Situation, Gegenüber und Kommunikationsabsicht. Ziel ist dabei in der Regel ein Kopf-an-Kopf-Rennen: Trotz aller Unterschiede können sich beide Gesprächspartner als sympathisch und erfolgreich etablieren – jeder auf seine Art.

	Status herunterspielen	Status unterstreichen
Warum?	Um sympathisch, freundlich und umgänglich zu wirken	Um ernst genommen zu werden und sich zu profilieren
Wann?	Wenn jemand besonders unsicher ist	Wenn jemand Grenzen überschreitet oder Gefahr droht
	Um eine offene, vertrauensvolle Atmosphäre zu schaffen, zum Beispiel, wenn man als Journalistin ein Interview führt	Um sich als Experte, als Expertin auszuweisen, zum Beispiel im Meeting oder als externer Berater
	Um die Aufmerksamkeit weg von sich auf andere zu lenken, zum Beispiel auf den Jubilar oder die Teamkollegen	Um sich Aufmerksamkeit zu verschaffen, zum Beispiel in einer durcheinander redenden Gruppe
	Um skeptischen oder unterlegenen Gesprächspartnern die Angst zu nehmen, überfahren zu werden	Um mit überlegenen oder sich überlegen gebenden Gesprächspartnern gleichzuziehen
Wie?	Weniger Redezeit beanspruchen, Unterbrechungen akzeptieren (»Bitte, Sie zuerst …«)	Sich nicht unterbrechen lassen (»Wenn ich den Gedanken zu Ende führen darf …«)
	Eigene Leistungen herunterspielen und den glücklichen Zufall, den Beitrag des Teams hervorheben (»Wir« statt »ich«)	Zu den eigenen Leistungen stehen (»Ich« statt »Wir«)
	Themen anschneiden, bei denen andere glänzen können	Themen anschneiden, bei denen man selbst glänzen kann
	Kurze, selbstironische Einwürfe formulieren	Getragen und in ganzen Sätzen sprechen
	Komplimente machen, Meinungen einholen, kleine Schwächen äußern	Erfolge, angesehene Verbindungen und Status erhöhende Details einfließen lassen. Braucht Fingerspitzengefühl!
	Ungeschönte Selbstäußerungen (»Wir fahren Ende Oktober nach Südtirol.«)	Aufpolierte Selbstäußerungen (»Wir genießen die letzten Herbsttage in Südtirol.«)
	Bestätigen (»Ja, genau.«)	Ergänzen (»Ja, und darüber hinaus …«)
Was schief gehen kann	Man nimmt Sie weniger ernst, Sie werden unterschätzt	Man nimmt Sie als arrogant, gönnerhaft oder sogar unsicher wahr
Was man besser vermeidet	Fremde und eigene Erfolge kleinreden	Höflichkeitsformen missachten
	Ranghöhere umschmeicheln	Hierarchien ignorieren

TALK-TOOL 14:
Glaubwürdig wirken

g = k + v. Glaubwürdigkeit setzt sich aus zwei Faktoren zusammen: Erstens aus Kompetenz: der Fähigkeit, sachkundig zu reden und zu handeln. Und zweitens aus Vertrauenswürdigkeit: der Fähigkeit, andere glauben zu lassen, dass wir halten, was sie sich von uns versprechen. Kompetenz und Vertrauenswürdigkeit – das eine lässt sich so wenig vortäuschen wie das andere. Glaubwürdigkeit kommt aus der inneren Haltung. Alles andere wirkt aufgesetzt und wird über kurz oder lang durchschaut.

Wahr ist allerdings: Um glaubwürdig zu sein, müssen Sie auch glaubwürdig wirken. Die Bewerberin, die unablässig ihren Armreif dreht, im schlecht sitzenden Anzug erscheint und jeden zweiten Satz mit »Ja, also …« beginnt, mag fachlich brillant sein. Aber man nimmt es ihr trotz Einser-Diplom nicht ab – weil sie nicht der Vorstellung entspricht, die man von einer Top-Kandidatin hat.

Taten sprechen lassen

Integrität, Fairness und Verlässlichkeit kommuniziert man wirksamer durch Taten als durch Worte. »Every person, every idea counts«, steht im Leitbild des Technologiekonzern General Electrics. Das hört sich gut an. Wirklich überzeugend aber sind die Investitionen des Unternehmens in die Aus- und Weiterbildung seiner Mitarbeiter: Über 1 Milliarde US-Dollar waren es im Jahr 2003.

Um glaubwürdig zu sein, müssen wir also tun, was wir sagen. Leben Sie deshalb die Werte, die Sie vertreten. Behandeln Sie andere so fair, wie Sie behandelt werden möchten. Erweisen Sie sich jederzeit als höflich, interessiert, berechenbar und loyal. Nicht nur in Kundenverhandlungen, im Gespräch mit dem Chef oder am Hochzeitstag. Sondern auch im ganz normalen Alltag, wenn die Termine einander jagen, die Zeit drängt und der neue Praktikant im unpassenden Moment eine seiner naiven Fragen stellt. Kommunikationsprofis setzen ihre Glaubwürdigkeit weder aufs Spiel, indem sie sich

am Lift vordrängeln noch indem sie lautstark das lausige Kantinenessen bemängeln.
Gute Kommunikation basiert auf ethischen Werten, *people skills*, die gelebt werden müssen, wenn sie Wirkung zeigen sollen. Hier sind einige Anregungen, wie Sie Ihre Glaubwürdigkeit pflegen können:

- Behandeln Sie alle Menschen gleichermaßen freundlich – den Fahrradkurier genauso wie den stets pünktlich zahlenden Großkunden.
- Seien Sie loyal: Sprechen Sie in positiven Worten über Ihre Familie, Ihre Firma, Ihre Putzhilfe, Ihren Sportverein. Auch dann, wenn es einmal Probleme gibt.
- Regeln Sie Unstimmigkeiten mit Kollegen, dem Partner, den Kindern prinzipiell unter vier Augen.
- Gehen Sie auf Neulinge im Team, in der Nachbarschaft, im Sportverein zu und geben Sie Ihnen das Gefühl, willkommen zu sein.
- Halten Sie Versprechen und Zusagen zuverlässig ein. Falls Sie doch einmal in Verzug geraten, sagen Sie rechtzeitig Bescheid.

Mit Fakten aufwarten

Mehr Kompetenz bedeutet mehr Glaubwürdigkeit. Zwar lassen sich Fachwissen, Können und Abschlüsse nicht von heute auf morgen herbeizaubern, aber konkrete Sachinformationen zum Thema kann man mit wenig Aufwand recherchieren. Um die Fakten parat zu haben, mit denen Sie den unsportlichen Partner zu einer gesünderen Lebensweise bewegen wollen, genügt ein Blick ins Internet oder in einen Medizinratgeber. So gewappnet argumentieren Sie aus einer Position der Stärke: Sehr wahrscheinlich wissen Sie mehr als Ihr Gegenüber.
Als weitere Möglichkeit holen Sie sich Verstärkung, wenn das eigene Know-how nicht reicht. Ein wissenschaftlicher Fachartikel über körperliche Aktivität und koronares Risiko beeindruckt den Partner vielleicht mehr als gesunder Menschenverstand.

Ruhe ausstrahlen

Wer ruhig wirkt, hat den Überblick und alles im Griff. Wer ruhig wirkt, ist gut organisiert. Wer ruhig wirkt, sieht dem Kommenden gelassen entgegen und notfalls auch dem Feind ins Auge. Wie gesagt: Eindrucksbildung basiert auf wenigen Hinweisreizen. Wenn jemand souverän und gelassen wirkt, folgern die Gesprächspartner sekundenschnell, dann wird er auch gelassen sein, denn er ist intelligent, kompetent und gut vorbereitet. Diesen Effekt können Sie sehr einfach für sich nutzen: Tun Sie, wenn Sie beobachtet werden, in aller Ruhe eins nach dem anderen – vor allem dann, wenn der Stress am größten ist:

- Nehmen Sie einen Schluck Wasser, ehe Sie zur Widerrede ansetzen.
- Atmen Sie tief durch, ehe Sie im Meeting das Wort ergreifen – Stimmtrainer bezeichnen dies als Einstiegspause.
- Führen Sie alle Bewegungen leicht verlangsamt aus: Im Pantomimentheater kennzeichnet Zeitlupe den Spieler, der den höheren Status innehat.
- Zelebrieren Sie jede Handlung Schritt für Schritt, so gesammelt wie bei der japanischen Teezeremonie: Beim Betreten eines Raums zum Beispiel atmen Sie vor der Tür tief ein. Dann drücken Sie die Türklinke nieder. Danach treten Sie ein. Als Nächstes gehen Sie in den Raum hinein – ruhig und entschlossen. Nun lassen Sie den Blick durch den Raum gleiten …
- Formulieren Sie eindeutig und konkret, sprechen Sie ruhig und bestimmt: »Jakob, bring bitte deine Schulsachen nach oben und häng deinen Anorak an die Garderobe.« Und nicht: »Wieso liegt schon wieder dein Schulzeug herum, das sieht ja fürchterlich aus.«

Die selbst auferlegte Langsamkeit und Genauigkeit kommt übrigens nicht nur Ihrer Außenwirkung zugute. Sie verbessert auch Ihr seelisches Befinden: Wer sich gelassen bewegt, wird sich über kurz oder lang gelassener fühlen.

Ehrlich sein

Am glaubwürdigsten wirken wir, wenn uns ein Thema begeistert. Dann strahlen die Augen, der Körper strafft sich, die Stimme wird tiefer, die Gestik ausdrucksstärker, die Sprache beredter. Durch diese körperlichen Veränderungen ziehen wir den Zuhörer ganz von selbst in den Bann unserer Stimmungen.
Äußern wir eine Meinung dagegen nur aus Vernunft, bleibt uns dieser subtile Einflusskanal verschlossen. Der Projektleiter ist so ein Fall, der seinem Team gegenüber die Filialschließung vertreten muss, die er selbst für einen Fehler hält. Weitere Beispiele sind der Masseur, der dem Arthrose-Patienten dringend rät abzunehmen, obwohl auch er gut zehn Kilo zu viel auf die Waage bringt, oder die Grafikerin, die einen Kunden für ein Logo zu gewinnen sucht, das sie selbst nicht als großen Wurf empfindet.
Glaubwürdigkeit gewinnen Sie in solchen Situationen durch Aufrichtigkeit, ergänzt durch Kompetenz und schlüssige Argumente:

- »Es fällt mir nicht leicht, euch die Entscheidung der Firmenleitung mitzuteilen …«
- »Wie Sie sehen, lebe ich selbst gern gut. Trotzdem …«
- »Ich kann mir vorstellen, dass Sie das Logo ungewohnt finden …«

TALK-TOOL 15:
Den Fokus auf die schönen Seiten richten

»Und wie war Ihre Anreise?«, fragt die Personalberaterin. Die Frage ist ein Klassiker im Bewerbungsinterview.
»Anstrengend«, sagt Friedrich, der Kandidat mit der beeindruckenden Papierform. »Die A8 war wieder einmal zum Bersten voll. Erst das Nadelöhr Aichelberg, dann die Baustelle zwischen Burgau und Zusmarshausen und dann auch noch ein Unfall kurz vor Dachau. Ich bin gespannt, wann es endlich mal gelingt, die Strecke durchgängig sechsspurig auszubauen …«

»Kein Problem«, sagt Alicia, die Kandidatin mit den vielen Praktika. »Die Strecke Stuttgart-München zieht sich natürlich. Aber ich habe mir ein Hörbuch angehört, da vergeht die Zeit schnell.«
Der banale Warm-up erweist sich als erster Wellenlängen-Test: Wie jemand die Welt sieht, sagt viel über ihn aus, und das nicht nur im Bewerbungsgespräch.

Blickwinkel 1: Unverhüllter Pessimismus

Die Raupe nennt es das Ende der Welt, der Rest der Welt Schmetterling.
Lao Tse

Das Wetter ist lausig, der Chef egozentrisch, die Benzinpreise spielen verrückt und das Glas ist halb leer und nicht halb voll. Die Deutschen sind Weltmeister in Sachen Pessimismus, schreibt die *Rheinische Post* am 28. Januar 2005. Jammern und Klagen, so scheint es, ist das einzige, was Konjunktur hat in unserem Land, und die meisten von uns tragen ihren Teil dazu bei. Kein Wunder, wenn die Stimmung gegen Null sinkt, sowohl privat wie auch im Büro …
Stopp: Die meisten Situationen haben zwei Seiten: die gute und die schlechte, die schöne und die hässliche, die erfreuliche und die lästige. Der neue Lidl zerfranst das Ortsbild, aber dafür braucht man jetzt nicht mehr wegen jeder Tüte Mehl ins Nachbardorf zu fahren. Ein bisher verlässlicher Kunde zahlt neuerdings erst nach der dritten Mahnung, aber insgesamt ist die Auftragslage so gut wie lange nicht mehr. Nein, ein neuer Job ist noch nicht in Sicht, aber Fenster und Wintergarten hat man diesmal selbst gestrichen und dabei einen vierstelligen Betrag für den Maler gespart.
Worauf Sie im Gespräch mit anderen das Scheinwerferlicht richten, bestimmt, wie Sie wahrgenommen werden. Wer vornehmlich Negatives vermeldet, erweckt den Anschein, freudlos zu sein, anstrengend und überfordert.

Blickwinkel 2: Blauäugige Überspanntheit

Die meisten Menschen mögen Optimisten lieber als Pessimisten. Allerdings dürfen Schönseher nicht geistlos wirken:
»Ist das nicht ein herrlicher Abend? Es ist wirklich entzü-

ckend von Peter und Johanna, uns so spontan zu ihrem Sommerfest einzuladen. Wir wohnen erst kurz hier, fühlen uns aber schon ganz zuhause. Die Gegend ist ja wunderschön, und unsere Kinder sind von ihren neuen Schulen ganz begeistert …«

Der herrliche Abend, die reizenden Gastgeber, die wunderschöne Gegend, der überaus spannende Job, die geradezu unheimlich pflegeleichten Kinder – wenn Sie alles in den höchsten Tönen loben, verströmen Sie zwar gute Laune, doch eine glaubwürdige Gesprächspartnerin, ein anregender Sparring-Partner sind Sie nicht. Wie soll ein Gesprächspartner so viel überspannte Begeisterung schon kommentieren? Widersprechen wird er nicht wollen, zu ergänzen gibt es nichts, wenn jemand das Leben als ideal erklärt.

Blinkwinkel 3: Realistischer Optimismus

Wie schaffen wir es also, gut gelaunt und trotzdem realistisch zu wirken? Ganz einfach: Indem wir, vor allem am Anfang eines Gesprächs, einen positiven, aber nicht überschwänglichen Grundton anschlagen. Später werden die positiven Kommentare um neutrale und durchaus auch mal kritische Töne ergänzt. Wie die richtige Mischung klingen kann, verdeutlicht die Antwort Alicias. »Kein Problem«, erwidert sie auf die Frage nach der Anreise. »Die Strecke Stuttgart-München zieht sich natürlich. Aber ich habe mir ein Hörbuch angehört, da vergeht die Zeit schnell.«

Die Antwort ist gleich in dreierlei Hinsicht geschickt formuliert:

- Sie wirkt höflich: Welcher Gastgeber hört schon gern, die Anreise sei mühsam verlaufen?
- Sie spinnt den Gesprächsfaden weiter: »Ja, das mache ich auch gern bei längeren Autofahrten«, könnte die Personalberaterin anknüpfen. »Zurzeit höre ich gerade den Zauberberg.«
- Sie kommuniziert: Hier ist jemand, der aus einer unangenehmen Situation das Beste zu machen versteht. Ganz so, wie man es von einer pflegeleichten Mitarbeiterin erwartet.

TALK-TOOL 16:

Mit dem Körper sprechen

Noch ehe jemand dazu kommt, den Mund aufzumachen, hat der Körper schon alles gesagt. Nun ja, vielleicht nicht alles, aber doch sehr Wesentliches. Denn mal ehrlich: Was leiten Sie ab, wenn ein Kollege grußlos hereinstürmt und hektisch in seinen Unterlagen kramt, wenn der Flirtpartner an der Bar sich dauernd am Ohr kratzt, wenn der Radiologe nicht einmal aufschaut, wenn Sie den Untersuchungsraum betreten? Natürlich ist das Thema Körpersprache ein weites Feld. Aber um ein selbstsicheres Bild abzugeben, genügen oft schon kleine Veränderungen.

60 Prozent aller menschlichen Kommunikation ist nonverbal. Körpersprache. 30 Prozent macht der Tonfall aus. Das bedeutet also, dass 90 Prozent dessen, was du sagst, nicht aus deinem Mund kommt.
Will Smith in »Hitch, Der Date-Doktor«

Haltung zeigen

Mit etwas Glück verfügen Sie bereits von Natur aus oder dank hartnäckiger Eltern über eine gute Haltung. Hier sind die vier wichtigsten Grundregeln:

- **Körperhaltung:** Sie stehen ruhig und aufrecht, aber nicht steif, gut geerdet mit beiden Füßen auf dem Boden. Tipp: Machen Sie sich groß, indem Sie sich vorstellen, Sie werden wie eine Marionette behutsam an Fäden nach oben gezogen. Spüren Sie, wie Ihr Rückgrat sich streckt.
- **Gang:** Sie bewegen sich zügig, aber ohne Eile, zielbewusst, mit festen Schritten. Wichtig: Verharren Sie beim Betreten eines Raums nicht zögernd in der Tür. Gehen Sie entschlossen mindestens ein, zwei Meter in den Raum hinein und orientieren Sie sich dort. Im Restaurant, Konferenzsaal oder einem Geschäft können Sie sogar bis in die Raummitte vordringen, ehe Sie sich umsehen.
- **Kopfhaltung:** Halten Sie den Kopf hoch, frei und gerade, so als würden Sie ein Buch darauf balancieren. Sie wirken dadurch freimütig und selbstbewusst, Ihre Stimme klingt tragfähig und Raum füllend. Ungünstig: Wer den Kopf in den Nacken legt, wirkt hochnäsig, wer ihn hängen lässt, deprimiert, unsicher oder sogar schuldbewusst. Eine schräge Kopfhaltung zeugt von Interesse, kann aber auch als schüchtern und unbeholfen interpretiert werden.

- **Sitzhaltung:** Eine gerade, offene, leicht nach vorn gelehnte Sitzhaltung kommuniziert Interesse und Aufmerksamkeit. Die Beine stehen locker nebeneinander oder sind leicht übereinander geschlagen. Schlecht: Um den Stuhl geschlungene Füße verraten Unsicherheit, lang ausgestreckte Beine wirken gönnerhaft, breit auseinanderklaffende Beine unangenehm und rücksichtslos.

Ein objektives Feedback zu Haltung und Gang geben Schnappschüsse und Camcorder-Aufnahmen. Sie zeigen schonungslos, in welchen Punkten man vielleicht noch Nachholbedarf hat. Am sichersten erzielen Sie Haltungsverbesserungen durch Sportarten, die den Rücken stärken und das Körperbewusstsein: Tai Chi, Qui Gong, Kraft-Aufbau-Training, Reiten, Fechten, Jazz Dance.
Aber auch Selbstkontrolle bringt viel: Gewöhnen Sie sich zum Beispiel an, sich jedes Mal zu voller Höhe aufzurichten, wenn Sie zu Hause oder am Arbeitsplatz durch eine Tür gehen oder trainieren Sie vor dem Fernseher, wie man korrekt und trotzdem entspannt sitzt. Nach und nach erreichen Sie so, dass eine angemessene Haltung zur Gewohnheit wird.
Wichtig: An der Haltung arbeitet man am besten zwischen den Gesprächen. Beim Small Talk oder während einer Präsentation konzentrieren Sie sich besser darauf, aktiv zuzuhören, klug zu formulieren oder überzeugend zu argumentieren.

Ticks ablegen

Gegen Erröten, einen auffällig häufigen Lidschlag und nervöse Zuckungen lässt sich wenig ausrichten. Alle anderen Unsicherheits- und Stressgesten lassen sich dagegen wegtrainieren. Das Gute dabei: Mit jedem Signal der Unsicherheit legen Sie auch ein kleines Stück Menschenscheu ab. Überlegen Sie, welche der folgenden unbewussten Gesten typisch für Sie sind – fast niemand ist ganz frei davon.

- Die Brille zurechtrücken
- Häufig räuspern
- Mit den Fingern trommeln

- Mit der Hand am Mund oder vor dem Mund sprechen
- Sich durch die Haare fahren, an den Haaren nesteln
- Den Kragen lockern
- Mit Schmuck oder Schreibgeräten spielen
- Mit den Händen spielen
- Die Hände in die Hosentasche stopfen
- Das Redemanuskript rollen
- Nase anfassen
- An den Ohren zupfen
- Über den Hinterkopf streichen
- An der Kleidung nesteln: Flusen abzupfen, die Krawatte gerade richten, den Rock glatt streichen
- Im Raum herumschauen
- Auf dem Stuhl hin- und herrutschen
- Mit den Füßen wippen

Wer imponieren will, muss leiden

Es lohnt sich, Ticks und Macken konsequent auszumerzen. Denn es gibt zwar gute Gründe, den Kragen zu lockern oder die Sitzposition häufig zu wechseln: Vielleicht ist die Klimaanlage ausgefallen, vielleicht schmerzt nach der langen Autofahrt der Rücken. Aber das weiß Ihr Gegenüber nicht. Er registriert nur, dass Sie sich nicht wohl fühlen in Ihrer Haut, und schließt daraus, dass Sie unsicher sind oder etwas zu verbergen haben. Kommunikationsprofis nehmen deshalb lieber einmal ein unangenehmes Körpergefühl in Kauf, als einen falschen Eindruck zu erwecken. Falls Sie körperlich sehr beeinträchtigt sind – der Sturz beim Schneeschippen, die deutlich sichtbare Bindehautentzündung –, weisen Sie beiläufig auf das Handicap hin.

Lächeln

Haltung und Ruhe kennzeichnen Sie wortlos als Sieger. Ein dritter starker Verbündeter der nonverbalen Kommunikation ist das Lächeln. Als Ausweis von Herzlichkeit, Zustimmung,

Selbstsicherheit und Wärme halten Kommuwnikationsexperten es für das wichtigste positive Signal überhaupt – sofern es sich um ein echtes, spontanes Lächeln der Freude oder Zufriedenheit handelt. Weitaus weniger gut kommt ein gestelltes Mona-Lisa-Lächeln oder ein maskierendes Lächeln an, das negative Gefühle übertünchen soll.

So schön und ansteckend ein ehrliches Lächeln auch wirkt, zum Dauerlächler, zur Strahlefrau brauchen Sie deshalb nicht zu werden. Im Gegenteil, in den meisten Situationen ist eine stimmige Balance zwischen Ernsthaftigkeit und Enthusiasmus gefragt. Setzen Sie also im Kundengespräch oder beim Kaffeeklatsch ruhig eine eher nachdenkliche Miene auf, nur ab und zu erhellt ein spontanes Lächeln ihr Gesicht.

Lächeln ist nicht gleich lächeln

Als raffinierte Variante des strahlenden Instant-Lächelns empfiehlt die amerikanische Kommunikationsberaterin Leil Lowndes das »geflutete Lächeln«: Schauen Sie Ihrem Gegenüber eine Sekunde lang ins Gesicht und lassen Sie seine Worte auf sich wirken. Erst dann zieht langsam ein Lächeln in Ihrem Gesicht auf. Das leicht verzögerte Lächeln erscheint dem anderen als etwas Kostbares, Einmaliges, etwas Besonderes, das nur ihm oder ihr vorbehalten ist.

Formulieren können

■ ***Wie man Komplexes einfach sagt, warum Füllwörter besser sind als ihr Ruf und was es bringt, die gleiche Sprache zu sprechen***

Noch fehlte eine klare, allgemeinverständliche Botschaft, auf die seine Programmphilosophie aufbaute. Ohne Message brauchte er gar nicht erst anzufangen. Doch er vertraute auf sein außerordentliches Talent, das wenige, das er wusste, so darzustellen, dass es überzeugend und glaubwürdig klang. Er war kein Mann tiefgründiger Gedanken und empfand dies weder als Mangel noch als Verlust, denn er erlebte es täglich: Man konnte noch so viel wissen, geglaubt wurde dem, der seine Gedanken gut rüberbrachte. Der richtige Begriff zum richtigen Zeitpunkt am richtigen Ort gut vorgetragen – und die Wirkung war perfekt.

Renate Feyl, Die langen Stunden des Augenblicks

SELBST-CHECK: Formulieren können

Worte besitzen eine seltsame Macht. Sie lösen Vorstellungen in den Köpfen der Gesprächspartner aus, sie werten ein und dieselbe Sache auf oder ab, lassen sie interessant erscheinen oder langweilig, verleihen ihr einen modernen Touch oder eine konservative Anmutung. »Worte sind die mächtigste Droge, welche die Menschheit benutzt«, schrieb der englische Erzähler Rudyard Kipling. Je gezielter Sie Ihre Worte wählen, je sorgsamer Sie sie artikulieren, desto sicherer steuern Sie, ob und wie Ihre Botschaft wahrgenommen wird.
Wie reichhaltig ist Ihr Vokabular? Wie gut gelingt es Ihnen, Ihr Denken und Fühlen in Worte zu fassen? Haben Sie den Eindruck, man hört Ihnen gern zu? Wie selbstbewusst fühlen Sie sich beim Reden und Erzählen? Wie rasch finden Sie mit Fremden eine gemeinsame Sprache? Ist Ihre Ausdrucksweise dazu angetan, Probleme zu lösen? Kreuzen Sie für jedes Verhalten die Antwort an, die Ihre Gewohnheiten am besten beschreibt.

Was Gedanken Form und Format gibt		**Selbst-Check**		
Verhalten	Wirkung	Wie häufig verhalten Sie sich so?		
		Meistens	Manchmal	Selten/Nie
Den Wortschatz laufend erweitern, pflegen und aktualisieren	wortgewandt, gut informiert, souverän	▫	▫	▫
Wertschätzend formulieren	angenehm, sachlich, überlegt	▫	▫	▫
Einen gehobenen Sprachstil beherrschen	formgewandt, abstraktionsfähig, analytisch	▫	▫	▫
Umgangssprache sprechen, wo es passt	zugänglich, bodenständig, wie Du und Ich	▫	▫	▫
Deutlich artikulieren	klar, sicher, präsent	▫	▫	▫
Verlegenheitslaute und -floskeln vermeiden	konzentriert, gewandt, sicher	▫	▫	▫
Weichmacher gezielt nutzen	versöhnlich, sensibel, dezent	▫	▫	▫
Schlüsselworte des Gesprächspartners aufgreifen	einfühlsam, verständnisvoll, vertraut, sozial kompetent	▫	▫	▫

Was Gedanken Form und Format gibt		**Selbst-Check**		
Verhalten	Wirkung	Wie häufig verhalten Sie sich so?		
		Meistens	Manchmal	Selten/Nie
Bilder und Vergleiche aus der Erlebniswelt des Gesprächspartners nutzen	einleuchtend, überzeugend	■	■	■
Betonen, was geht	hilfsbereit, organisiert, verlässlich	■	■	■
Unerfreuliches beim Namen nennen	glaubwürdig	■	■	■

Unvorteilhafte Eindrücke vermeiden			**Selbst-Check**		
Verhalten	Gewünschte Wirkung	Möglicherweise erzielte Wirkung	Wie häufig verhalten Sie sich so?		
			Meistens	Manchmal	Selten/Nie
Der Wortwahl wenig Beachtung schenken	locker, echt, natürlich	ungewandt, ungenau, unangemessen	■	■	■
Viele Fachbegriffe, Fremdwörter und Anglizismen verwenden	gebildet, kompetent	eingebildet, einschüchternd, unverständlich	■	■	■
In langen, gewundenen Sätzen sprechen	komplex, sprachgewandt	anstrengend, schwer verständlich, schwammig	■	■	■
Denkfüller und Anhängsel gedankenlos verwenden	nett, höflich, liebenswürdig	schwach, nervös, verunsichert	■	■	■
Füllwörter konsequent vermeiden	selbstbewusst, entschieden, »Powertalking«	hart, schroff, kompromisslos	■	■	■
Eigene Schlüsselwörter platzieren	zielorientiert, überzeugend	aufdringlich, drängend	■	■	■
Wenige Bilder und Vergleiche nutzen	seriös, genau, wissenschaftlich	abstrakt, blass, schwer verständlich	■	■	■
Sagen, was nicht geht	klar, direkt, geradeheraus	überfordert, inkompetent, passiv	■	■	■
Auffälliges schönfärben	liebenswürdig, taktvoll, gewandt	unangenehm, glatt, unglaubwürdig	■	■	■

»Nach dem Diplom habe ich mich erstmal ein paar Jahre im Ausland herumgetrieben«, stellt sich der Gastredner vor, »und an diversen internationalen Projekten mitgearbeitet. Danach bin ich bei einem großen Konsumgüter-Unternehmen untergekommen.«

Die *Humilatio*, der bescheidene, bewusst unprofessionell gehaltene Auftritt, gehört zwar zu den Grundformen der klassischen Rhetorik, aber man kann den Bogen auch überspannen: *herumgetrieben, untergekommen* – das klingt fast schon befremdlich. Erst recht, wenn der Moderator den Referenten eben erst als ausgewiesenen Experten des chinesischen Beschaffungsmarkts vorgestellt hat.

»Worte schaffen Wirklichkeit«, schreibt Ernest Hemingway. Sie beschreiben nicht nur Sachverhalte, sie wecken auch wertende Begleitvorstellungen: Jemand, der in ein Unternehmen *eingestiegen* ist, wirkt aktiver und leistungsfähiger, als einer, der bei einer Firma *untergekommen* ist.

Beim Reden kommt es eben nicht nur darauf an, Inhalte korrekt zu übermitteln. Es gilt auch, sie in eine sprachlich passende, vorteilhafte Form zu kleiden. Tools dafür enthält dieses Kapitel. Lesen Sie, wie Sie einfach, souverän und konstruktiv formulieren.

TALK-TOOL 17:
Kompliziertes einfach sagen

Wer so spricht, dass er verstanden wird, spricht gut.
Molière

In dem Film *Philadelphia* pflegt Denzel Washington als Anwalt Joe Miller Menschen mitten im Satz mit der Bitte zu unterbrechen: »Erklären Sie es mir, als wäre ich acht Jahre alt«. Die Frage ist Joe Millers Markenzeichen: Ganz gleich, ob es um die Einzelheiten eines Verkehrsunfalls geht oder um die Einkaufsliste fürs Wochenende, Joe Miller bringt seine Gesprächspartner dazu, ohne Umschweife zu sagen, was sie meinen.

Auf den Punkt zu kommen, ist nicht einfach. Aber es bewirkt, dass die anderen uns mühelos verstehen, auch wenn sie nur halb bei der Sache sind.

Erst denken, dann sprechen: Der Anrufbeantwortertrick

Die Präsentation vor internationalem Publikum oder die Rede bei der Hochzeit des besten Freundes bereiten wir gründlich vor. Im normalen Alltag verfertigen wir die Gedanken dagegen erst beim Sprechen. Das hört man den Formulierungen an: Worthülsen, Füllwörter, Phrasen, Fachjargon oder unfertige Sätze ziehen das Gesagte in die Länge, es bleibt dem Zuhörer überlassen, den Gedankenwust zu filtern und das Wichtige herauszusortieren.

Vergleichsweise geschliffen klingen dagegen die Botschaften, die wir auf Mailboxen oder Anrufbeantwortern hinterlassen. Das hat einen einfachen Grund: Während wir die Ansage hören, sortieren wir unsere Gedanken schon einmal vor. Den Effekt des kleinen Aufschubs können Sie auch im Vier-Augen-Gespräch nutzen: Warten Sie nach dem letzten Wort Ihres Gesprächspartners drei Sekunden, erst dann setzen Sie zu Ihrer Antwort an. Zugegeben, die Mini-Pause erfordert Disziplin, doch sie führt automatisch dazu, dass Sie gewandter und strukturierter formulieren.

Einen Punkt machen: Die Hauptsatzregel

Wer redet, wie er schreibt, überfordert die Zuhörer. Einen geschriebenen Text kann man zweimal lesen, man kann zurückblättern und Pausen einlegen. Im Gespräch geht das nicht. Wenn Sie möchten, dass die Zuhörer Ihren Ausführungen bis zuletzt folgen, müssen Sie es Ihnen deshalb so leicht wie möglich machen. Das bedeutet unter anderem:

- Reden Sie in kurzen Sätzen von 12 bis 15 Wörtern,
- bevorzugen Sie Hauptsätze,
- vermeiden Sie Schachtelsätze,
- senken Sie die Stimme am Ende eines Gedankens ab.

Genau wie der Anrufbeantwortertrick zwingt auch die Hauptsatzregel zur Disziplin. Aber sie lässt Sie konzentriert wirken, klar und kompetent. Ein Ausschnitt aus der Rede

Bill Clintons anlässlich der Verleihung des Internationalen Karlspreises in Aachen im Juni 2000 verdeutlicht die Kraft der Hauptsätze.

> *»Die Vereinigten Staaten haben ein dauerhaftes Interesse an einem dauerhaften Bündnis mit Europa. Unsere gemeinsame Zukunft ist tief in unserer gemeinsamen Geschichte verwurzelt. Der amerikanische Unabhängigkeitskrieg ging zum Teil aus dem Siebenjährigen Krieg hervor.*
> *Vor einigen Tagen stand ich an der Mündung des Flusses Tajo in Lissabon. Von diesem Ort aus begannen mutige Europäer vor 500 Jahren die entfernten Winkel unserer Erde zu erforschen. Sie legten unvorstellbare Entfernungen zurück und überwanden unbeschreibliche Widerstände bei ihrer Suche nach Asien, Afrika und dem gesamtamerikanischen Kontinent. Ihnen folgten die Söhne und Töchter dieses Kontinents über den Atlantik und besiedelten Orte, die sie Neu-Spanien, Neu-England, Neu-Frankreich, Neu-Niederlande, Nova Scotia und Neu-Schweden nannten – kurz gesagt, ein neues Europa. Ohne die Sehnsucht nach einem neuen Europa hätte es überhaupt kein Amerika gegeben.«*

Sieben Hauptsätze, ein Relativsatz – zusammen fügen sie sich zu einer einprägsamen Botschaft. Probieren Sie es aus: Nehmen Sie sich mit der Digitalkamera auf, während Sie ein Erlebnis oder einen Sachverhalt wie gewohnt schildern. Danach formulieren Sie das Gleiche in Hauptsätzen. Bei den meisten Rednern ist der Unterschied verblüffend.

Auf den Punkt kommen

> *»... und als wir dann am frühen Abend in Las Vegas ankamen, für uns war es da natürlich schon vier Uhr morgens, die Anreise dauert ja fast 20 Stunden, stellt euch vor, über drei Stunden mussten wir in Atlanta auf den Weiterflug warten, (allein die Einreise-Kontrollen nehmen ja eine gute Stunde in Anspruch, so ähnlich muss es früher auf Ellis Island zugegangen sein) ... ja also, als wir dann ...«*

Wer zu viel redet oder zu lang, verliert das Interesse der Zuhörer. Schlimmer noch, er setzt ihre Sympathie aufs Spiel.

Beides passiert uns bevorzugt dann, wenn uns ein Thema begeistert oder ein Anliegen berührt.
Wenn Sie möchten, dass man Ihnen zuhört, spitzen Sie Ihre Ausführungen zu. Lassen Sie alles weg, was nicht unmittelbar zur Sache gehört: Einschübe, Ergänzungen, Hintergrundinfos, Meinungen. Entscheidend ist, was sich bei der Ankunft am Zielort ereignet hat: »... als wir nach 20 Stunden Reise am frühen Abend in Las Vegas ankamen, sind doch tatsächlich zwei unserer Gepäckstücke nicht angekommen.« Die lange Anreise ist eine andere, eigene Geschichte, die mühsame Passkontrolle auch.

Fremdwörter sparsam einsetzen

> *»ECR? Ach so, ja, das steht für Efficient Consumer Response.«*

Fremdwörter, Abkürzungen, Modewörter, Anglizismen und branchen- und firmeninterne Bezeichnungen gehören zum Alltag. Doch was Ihnen locker über die Lippen geht, muss keineswegs Allgemeingut sein. Rechnen Sie lieber damit, dass Ihre Zuhörer aus einem ganz anderen Pool von Fremdwörtern und Spezialbegriffen schöpfen als Sie.
Deshalb ist es wenig erhellend, eine Abkürzung durch deren Langform zu erklären. Liefern Sie besser eine eingängige Erklärung: »ECR-Maßnahmen zielen darauf ab, das richtige Produkt zur richtigen Zeit am richtigen Ort zum richtigen Preis anzubieten.« Noch besser ist es, wenn Sie den Begriff zusätzlich durch ein Beispiel verdeutlichen: »Unser System sorgt zum Beispiel dafür, dass die Schokoweihnachtsmänner Anfang November im Laden liegen. Das ist ECR – Efficient Consumer Response.«
In abgemilderter Form gilt die Regel sogar beim kollegialen Fachgespräch. Dort erfüllen Fachbegriffe zwar die Funktion von Passwörtern, mit denen man Zugehörigkeit, Expertise und »Stallgeruch« zeigt. Aber bei einer Arbeitsteilung mit tiefgehender Spezialisierung verstehen oft schon der Vorgesetzte oder die Mitglieder der Firmenleitung nicht mehr alle Spezialbegriffe.

TALK-TOOL 18:
Mit Worten wirken

Die Worte, die wir wählen, haben einen hohen Symbolcharakter. Sie spiegeln unsere aktuellen Gedanken und momentanen Gefühle, lassen Rückschlusse auf Sozialstatus und Bildungsgrad zu und sagen eine Menge über die Beziehung zum Gegenüber aus. Es lohnt sich also, Sprache bewusst zu gestalten.

Die Grenzen meiner Sprache bedeuten die Grenzen meiner Welt.
Ludwig Wittgenstein

Die Sprache reinigen

Es gibt Firmen, da bezeichnet man Kollegen grundsätzlich als »der Meier« oder »die Müller-Schmidt«. Die Wortwahl bringt nicht nur eine niedrige Bewertung der so bezeichneten Kollegen zum Ausdruck, sie lässt auch die Sprecher wenig kultiviert und wohlwollend erscheinen. »Herrn Dr. Meier« oder »Lena Müller-Schmidt« klänge ansprechender. Wichtiger noch: Die wertschätzende Ausdrucksweise käme automatisch auch der inneren Einstellung zugute.

Das Beispiel zeigt: Wie jemand denkt, so redet er, und wie jemand redet, so denkt er. Mit einer *absurden* Entscheidung findet man sich schwerer ab als mit einer *unerfreulichen*. Schlecht erzogen wirkt man außerdem. Verwenden Sie deshalb bevorzugt Worte, die eine Sache oder ein Verhalten zwar beim Namen nennen, aber nicht unnötig aufbauschen oder herabwürdigen. Der Umgang mit anderen bleibt dadurch fair und sachlich, selber wirken Sie nobel und überlegt.

Wahrhaftig, auch Du bist einer von ihnen; denn deine Sprache verrät dich.
Matthäus 26, Vers 73

Den Wortschatz anreichern

Gewählt ausdrücken kann sich, wer die Wahl hat, weil er sich aus einem reichen, differenzierten Wortschatz bedient wie aus einem prall gefüllten Kleiderschrank, in dem das Polar-Fleece-Shirt ebenso wenig fehlt wie die Abendrobe aus Chiffon und Spitze. Das sprachliche Angebot stellt die deutsche Sprache bereit: Im großen *DUDEN* Wörterbuch in zehn Bänden sind gut 200 000 Stichwörter von *Aal* bis *Zytozentrum* nachzuschlagen. Ein durchschnittlicher Sprecher,

Die Sprache ist die Kleidung der Gedanken.
Samuel Johnson

so die freie Enzyklopädie *WIKIPEDIA*, benutzt davon aktiv etwa 8 000 bis 10 000 Wörter, für Alltagsgespräche reichen 400 bis 800 Wörter. Boulevardzeitungen nutzen einen Wortschatz von etwa 400, Tageszeitungen wie *SZ* oder *FAZ* ein Vokabular von etwa 5 000 Wörtern. Zum Vergleich: Ein ganz normales Karstadt- oder Hertie-Kaufhaus hat etwa 60 000 unterschiedliche Markennamen im Angebot.

Je größer Ihr aktiver Wortschatz, desto schärfer wird Ihre Wahrnehmung, desto facettenreicher formulieren Sie Ihre Gedanken und desto komplexer können Ihre Ideen sein. Die Bielefelder Psychologen Ingeborg Nütten und Peter Sauermann haben festgestellt, dass ein reicher Wortschatz und eine passende Ausdrucksweise zu den 10 wichtigsten Fähigkeiten zählen, die man braucht, um als kreativ und innovativ wahrgenommen zu werden.

Le style c'est l'homme: Die Aussagen eines Menschen mögen verlogen sein – im Stil seiner Sprache liegt sein Wesen hüllenlos offen.
Victor Klemperer

Hochstapeln mit dem Thesaurus

Die amerikanische Kommunikationstrainerin Leil Lowndes ermutigt: Wer nur 50 Allerweltswörter gegen ausgesuchte Begriffe austauscht, spielt sich sprachlich in eine höhere Liga.

So bauen Sie Ihren Wortschatz Schritt für Schritt aus:

- Notieren Sie in einem Heft unbekannte Wörter, interessante Wendungen und neue Wortschöpfungen, und bauen Sie sie so oft wie möglich in Gespräche ein. Das Material hierfür finden Sie nicht nur in Feuilleton und Fachzeitschriften, sondern auch im Leitartikel (»ubiquitär«), im Gespräch mit dem Schreinermeister (»Setzstufen«) oder in der Late-Night-Show (»Ethik-Etepeteten«).
- Nennen Sie die Dinge beim Wort, fahnden Sie in jeder Situation nach dem Wort, das einen Sachverhalt oder ein Gefühl am präzisesten beschreibt. Sagen Sie »Regenbogenforelle« statt »Fisch«, »unangenehm berührt« statt »genervt«, »Tube«, wenn Sie von der Londoner und »Subway«, wenn Sie von der New Yorker U-Bahn sprechen.
- Spielen Sie mit verschiedenen Sprachebenen: »verstimmt« klingt gewählter als »angefressen«, »fabelhaft« macht mehr her als »super«, »Gemeinschaftserlebnis« weckt andere Vorstellungen als »Event«, »Verkehrsunglück« betont den emotionalen Aspekt eines Unfalls, »Frontalkollision« hebt auf den technischen Schaden ab. Die passende Formulierung hängt von Thema, Situation, Zuhörer und Ihrer eigenen Persönlichkeit ab.

Lowndes empfiehlt deshalb, nach Alternativen für die überstrapazierten Allerweltswörter zu suchen, die einen Großteil unserer Sprache ausmachen. Bescheinigen Sie Ihren Mitarbeitern nicht einfach »eine gute Idee«, sondern würdigen Sie »die reizvolle Überlegung«, »den spannenden Ansatz«, »den ausschlaggebenden Einfall«, »den bemerkenswerten Beitrag«. Der Lohn der Mühe ist es, sensibel und ausdrucksstark zu wirken, Ihr Gegenüber fühlt sich erkannt und anerkannt. Alles was Sie dazu brauchen, ist ein Synonymwörterbuch. Schlagen Sie darin jede Woche ein paar Wörter nach, die Sie ständig im Mund führen. Für das Allerweltswort »super«

Elaborierter und restringierter Code

Die meisten von uns verwenden beim Sprechen verschiedene Register: einen gehobenen Stil für die Präsentation vor dem Führungsteam, eine Gebrauchssprache in der Familie oder im Supermarkt und einen fachsprachlichen Stil für Berufliches und Theoretisches. Dabei gilt grundsätzlich, dass ein umfangreicher, differenzierter Wortschatz, eine gute Aussprache, eine korrekte Hochsprache und ein hohes Sprechtempo allgemein mit Kompetenz und hohem sozialem Status in Verbindung gebracht werden.

Je höher unsere Sprache entwickelt ist, desto besser können wir unsere Worte an unterschiedliche Gesprächspartner und -situationen anpassen. Voraussetzung dafür ist ein elaborierter Code, die abstrakte, nuancierte Ausdrucksweise einer sprachbewussten Mittel- und Oberschicht. Im Gegensatz dazu steht der einfachere restringierte Code, der als Sprachform der weniger gebildeten Schichten gilt. Tatsächlich gehört der restringierte Code zum Alltag fast aller Bevölkerungsgruppen: beim Chat im Internet, beim Simsen, beim Blick in die Boulevardzeitungen und in der Werbung (»Geiz ist geil«, »Ich bin doch nicht blöd«, »Da werden Sie geholfen«).

Der Unterschied zwischen elaboriertem und restringiertem Code drückt sich unter anderem in Wortwahl, grammatikalischer Komplexität, Abstraktionsniveau und Formgewandtheit aus: »Ich denke, damit haben wir alle wesentlichen Punkte geklärt«, heißt es zuvorkommend im elaborierten Code, wo es im restringierten Code ein handfestes »Basta« tut. Die Wirkung ist so verschieden wie Tag und Nacht: Der elaborierte Code erlaubt es, Themen ausgewogen und wertfrei zu erörtern. Der restringierte Code wirkt emotionaler, zupackender und direkter.

Tipp: Bewusst umgangssprachlich oder drastisch gewählte Worte sind eine wirksame Möglichkeit, Akzente zu setzen. Denn bei allen Vorzügen des elaborierten Codes: Manchmal wirken die Kurzformen des restringierten Codes praller und farbiger als die kühl-distanzierte Hochsprache. Allerdings erfordert der Einsatz des restringierten Codes Fingerspitzengefühl. Nutzen Sie seine Mittel sparsam – und nur dann, wenn Sie den elaborierten Code souverän beherrschen und in einem Gespräch einen hohen Status innehaben.

zum Beispiel finden sich in Textors *Sag es treffender* unter anderem die folgenden Alternativen:
fantastisch, fabelhaft, nicht zu glauben, unvorstellbar, brillant, unwahrscheinlich, unglaublich, sagenhaft, wunderbar, toll, geil, ultimativ.
Probieren Sie im nächsten Gespräch verschiedene Varianten davon an – wie Sie Kleider bei Zara oder H&M probieren. Danach ersetzen Sie die überstrapazierten Vokabeln durch die neu ausgesuchten Alternativen.

TALK-TOOL 19:
Stimmlich punkten

Sie können Ihre Worte noch so geschickt wählen. Ihre volle Wirkung entfalten sie erst durch eine klare, sorgfältige Aussprache. Leider lässt sich der Weg zu einer klangvollen, tragfähigen Stimme nicht auf eine einfache Formel bringen: Eine phonetisch einwandfreie Aussprache, eine angenehme Tonhöhe und einen langen Atem entwickelt man am besten unter Anleitung eines Profis, zum Beispiel einer Stimmtrainerin oder eines Logopäden. Trotzdem gibt es Möglichkeiten, auf ganz einfache Weise der Stimme mehr Ausdruck zu verleihen.

Geerdet stehen

Gutes Sprechen fängt mit einer geerdeten, aufrechten Körperhaltung an. Wer verspannt ist, klingt gepresst, wer sich hängen lässt, verhuscht. Um mit kräftiger, voller Stimme sprechen zu können, stehen Sie am besten mit beiden Füßen fest auf dem Boden, Füße etwa hüftbreit, Knie gestreckt, aber nicht durchgedrückt. Becken und Schultern befinden sich auf einer gedachten Linie. In dieser Haltung können Sie frei atmen und unverkrampft sprechen.

Die natürliche Stimmlage finden

Am tragfähigsten und entspanntesten klingt Ihre Stimme in ihrer natürlichen Stimmlage, der *Indifferenzlage*, in der Sie weder zu hoch noch zu tief sprechen. Am leichtesten erreichen Sie diese ganz persönliche Stimmlage über das Summen. Räkeln Sie sich, gähnen Sie laut und ausdauernd und summen Sie zum Beispiel unter der Dusche, beim Autofahren, beim Bügeln: ».....mmm ...mmm ... mnjom ... mnjam ... mnjem ... mnjim ... mnjum.« Legen Sie die Lippen dabei locker aufeinander. Wenn Sie ein Summen und Brummen wie in einem Bienenhaus spüren, klingen Sie genau richtig.

Die Stimme pflegen

Die Stimme wird vom Körper hervorgebracht. Unter anderem sind die Nasenhöhle, der Nasenrachen, der Mundrachen, der Kehlkopf, die Luftröhre, das Zwerchfell und die Rippenmuskulatur an der Klangerzeugung beteiligt. Je besser wir körperlich für uns sorgen, desto besser klingt unsere Stimme. Hier sind die wichtigsten Regeln:

- Machen Sie ausreichende Sprechpausen und wählen Sie ein Sprechtempo, das die Stimme nicht überanstrengt.
- Reden Sie nicht gegen Lärmquellen an, fordern Sie Ruhe, während Sie sprechen.
- Trinken Sie täglich 3 bis 4 Liter Flüssigkeit, um die Bereiche rund um den Kehlkopf geschmeidig zu halten. Bevorzugen Sie dabei reizarme Getränke wie Wasser, Kräutertees und milde Säfte.
- Trinken Sie wenig Alkohol, Kaffee und schwarzen Tee.
- Rauchen Sie nicht, meiden Sie verrauchte Räume.
- Lutschen Sie vor einer Präsentation Bonbons oder Pastillen mit pflegenden Wirkstoffen, zum Beispiel Emser Salz oder Salbei. Meiden Sie dagegen Menthol, es trocknet die Schleimhäute aus.
- Achten Sie auf gut befeuchtete Räume. Notfalls stellen Sie eine Schale mit Wasser in der Nähe der Heizung auf.
- Vermeiden Sie es, sich zu räuspern und zu flüstern. Die Stimmbänder reiben dabei aneinander wie eine Hose, die am Bein scheuert. Gegen eine belegte Stimme oder einen Kloß im Hals helfen Husten, Gähnen, Schlucken und Summen.

Klar artikulieren

Je klarer Sie artikulieren, desto besser werden Sie verstanden, desto sicherer und gepflegter wirken Sie. Besonders effektiv trainieren Sie die Artikulation und die Lippen- und Zungenmuskulatur mit Schnellsprechsprüchen.

So gehen Sie vor: Sprechen Sie die Übungstexte laut, dramatisch und übertrieben deutlich. »Machs Maul auf«, empfiehlt Luther unzart, aber einprägsam. Skeptiker beobachten sich dabei im Spiegel. Sie werden feststellen: Deutliche Mundbewegungen kommen Ihnen größer vor, als sie eigentlich sind. Vorteilhafter als schmallippige Leblosigkeit wirken sie allemal.

Verschlucken Sie keine Silben und achten Sie darauf, am Ende des Satzes die Stimme zu senken. Wenn Sie einen Zungenbrecher ohne Versprecher beherrschen, steigern Sie das Tempo. Am besten lernen Sie die Schnellsprechsprüche auswendig und üben täglich fünf bis zehn Minuten.

- Die Boxer aus der Meisterklasse boxten sich zu Kleistermasse. Und aus dem ganzen Massenkleister erhebt sich stolz der Klassenmeister.
- Hierher, Hofhund, horch. Hurtig huscht Hassan zur Hütte.
- Der Leutnant von Leuten befahl seinen Leuten, nicht eher zu läuten, bis der Leutnant von Leuten seinen Leuten das Läuten befahl.
- Wenn mancher Mann wüsste, wer mancher Mann wär, tät mancher Mann manchem manchmal mehr Ehr.
- Plastische Chirurgen plitschen und platschen im Pool und plaudern vom Tanz der Pirouetten mit Pinzetten in Form von Rosetten auf Shakespeares Sonetten und Bachs Motetten.
- Der Postkutscher putzt den Cottbuser Postkutschkasten.
- Specht, Spatz, Storch und Sperling rannten spornstreichs schrillen Schreis den steilen Steg hinunter.
- Wenige wissen, wie viel man wissen muss, um zu wissen, wie wenig man weiß.

- Wir Wiener Waschweiber würden weiße Wäsche waschen, wenn wir wüssten, wo wirklich warmes weiches Wasser wäre.
- Zwanzig Zwerge zeigen Handstand, zehn am Sandstrand, zehn im Wandschrank.

Klang und Emotion der Sprache werden vor allem über die Vokale geprägt. Achten Sie bei den folgenden Vokalübungen auf die Stellung von Lippen und Kiefer.

- **A: weit geöffneter Mund, lockerer Unterkiefer**
  Antike Rahmen haben Haken und Kanten
- **E: Mund leicht offen, nicht in die Breite gezogen**
  Eben erlebte ein Egoist eine herbe Revanche
- **I: Mund wie beim E, Unterkiefer leicht anheben**
  Im Kinderzimmer liegen ziemlich viele lustige Spiele in den Kisten.
- **O: Lippen als Kussmund**
  Vom Mond konnte Onkel Oskar romantische Poeme vortragen.
- **U: Lippen als halb geschlossener Kussmund**
  Nur unten am Ufer unter uralten Ulmen wurde Uwe ungestörte Ruhe zuteil.

TALK-TOOL 20:
Füllwörter überlegt einsetzen

Sie gelten als verpönt, die *Ähms, Irgendwies, Ehrlich-gesagts, Alsos* und *Eventuells*, die Sätze wie Mehltau überziehen und Aussagen weichspülen und verwässern. Manchmal allerdings leisten Füll- und Pufferwörter mehr, als Sprachpuristen zugestehen.

Mit Verlegenheitsfloskeln geizen

Beim Redeclub Toastmasters protokolliert ein Äh-Zähler jedes Füllwort, das einem Redner entschlüpft. Was kleinlich wirkt, macht durchaus Sinn, denn die meisten Füllwörter sind Verlegenheitsfloskeln und damit der hilflose Versuch, die Denkpausen zwischen den sinntragenden Worten zu überbrücken. So werden Sie die lästigen Füllsel, Doppler und Anhängsel los:

- **Denkfüller:** äh, hm, ahm, ja, also. Haben Sie Mut zur Pause, sagen Sie nichts. Während Sie nachdenken, haben Ihre Zuhörer Zeit, das Gehörte zu verarbeiten.
- **Unsicherheitsfloskeln:** eigentlich, echt, also, oder so. Weichmacher mögen nett klingen, aber sie lassen uns irgendwie unglaubwürdig wirken. So stellen Sie sie ab: Bitten Sie doch einfach eine Person Ihres Vertrauens, Ihnen ein Zeichen zu geben, wenn Sie einen Weichmacher benutzen.
- **Doppler:** »Er erinnert mich an den jungen Robert Redford … er sieht einfach gut aus«: Der zweite Satz ist eine schwächere Variante des ersten. Stärker wirkt: »Er erinnert mich an den jungen Robert Redford.« Punkt. Ende der Ansage. Wenn Sie nach jeder Aussage die Stimme absenken, lässt automatisch das Gefühl nach, noch etwas hinzufügen zu müssen.
- **Frageanhängsel:** oder? Nicht wahr? Okay? Ja? Finden Sie nicht? Stimmt's? Oder wie sehen Sie das? Einverstanden? Die Zustimmung heischenden Anhängsel wirken schwach und unschlüssig – als wären Sie unfähig, sich Ihre Meinung selbst zu bilden. Beim Abgewöhnen hilft am besten eine sprachliche Null-Diät. Bestes Gegenmittel auch in diesem Fall ist das bewusste Absenken der Stimme am Satzende.

Unsicher in der Sache, sicher im Ton

Wenn wir Unsicherheitsfloskeln verwenden, so hat das einen guten Grund: Wir wissen nicht, ob etwas möglich sein wird oder machbar, haben einen Gedanken noch nicht zu Ende gedacht oder können beim besten Willen nicht absehen, wie sich das Quartal entwickeln wird. Sprachlich klingt das häufig so: »Also, ich würde sagen, …« – »Ich denke mal …« Wir wollen kommunizieren: *Die Sache* ist nicht sicher. Doch ankommt: *Wir* sind nicht sicher. Diese Wirkung können

Sie verhindern, wenn Sie den unsicheren Charakter einer Mitteilung präzise in der Sache und selbstbewusst im Ton formulieren:

Statt:	**Sagen Sie:**
»Doch, das müsste möglich sein …«	«Eine mögliche Lösung ist …«
»Vielleicht könnten wir es so machen, dass …«	«Ich schlage vor, wir konzentrieren uns als Erstes …«
»Ich denke mal, wir werden ein gutes Quartal haben.«	«Die Zahlen sprechen dafür, dass wir ein gutes Quartal haben werden.«

Tipp: Unsicherheit in der Sache macht nervös, deshalb greifen wir in solchen Situationen instinktiv zu den eingeschliffenen Phrasen. Ärgern Sie sich nicht darüber, sondern notieren Sie einfach die Unsicherheitsfloskeln, die Sie an sich bemerken, und formulieren Sie Alternativen dazu. So gewappnet werden Sie auch in unsicheren Situationen bald sicher formulieren.

Mit Weichspülern begütigen

Natürlich haben die Sprachpuristen Recht. Füllwörter und Unsicherheitsfloskeln gehören ausgemerzt – aber nur, wenn sie uns gedankenlos entschlüpfen. Unklug wäre es dagegen, auf die besänftigende Wirkung abschwächender Formulierungen zu verzichten. Wenn Sie zum Beispiel eine schwer erfüllbare Bitte an den anderen richten, signalisieren sorgsam platzierte Füllwörter Ihre Diskussionsbereitschaft und einen versöhnlich stimmenden Hauch von schlechtem Gewissen:

- »Also, ehrlich gesagt, ich würde das Manuskript gern erst Ende März liefern …«
- »Ich brauche dringend noch heute einen Termin. Können Sie das irgendwie einrichten?«
- »Ich glaube, wir finden im Moment keine gute Lösung. Lass uns heute Abend noch mal drüber reden, okay?«

Frauen haben die diplomatische Wirkung der »weiblichen« Beziehungssprache von klein auf gelernt. Aber auch Männer erreichen mehr, wenn sie bittere Pillen oder schwer zu schluckende Kröten wenigstens in eine kompromissbereite Sprache kleiden.

Füllwörter als Coaching-Tool

Ob als Führungskraft oder als Eltern – wir würden unser Wissen und unsere Erfahrungen gern weitergeben. Leider begrüßt unsere Umwelt unsere Vor- und Ratschläge selten so euphorisch, wie wir es gern sähen. Kommunikationsexperten leiten deshalb Gedankenanstöße so behutsam ein, dass man sie als kreativen Input empfindet, nicht als kategorischen Imperativ:

- »Ich bin nicht ganz sicher, aber vielleicht …«
- »Denkbar wäre …«
- »Ich frage mich, ob …«
- »Mir fällt dazu ein …«
- »Ich könnte mir denken …«
- »Eine ganz andere Idee wäre …«
- »Vielleicht könnte es günstig sein, wenn …«
- »Eine weitere Möglichkeit wäre vielleicht …«

Die vage Ausdrucksweise ist Programm. Die Füllwörter werden nicht aus Unsicherheit oder Nachlässigkeit verwendet, sie signalisieren dem Gegenüber vielmehr: Ich steuere Anregungen bei, du entscheidest, ob du sie aufgreifst oder nicht. Tipp: Setzen Sie das Tool erst ein, wenn Sie gelernt haben, frei von Füllwörtern zu formulieren.
Als Faustregel gilt: Anweisungen und Vorgaben kommunizieren Sie klar und direkt, Anregungen und Ideen formulieren Sie vorsichtig und durch die Blume.

TALK-TOOL 21:

Sich in sein Gegenüber hineinversetzen

When people are like each other they tend to like each other.
Tony Robbins

Kinder schließen Freundschaften verhältnismäßig leicht. Sie wohnen in derselben Straße, gehen in den gleichen Kindergarten, sitzen zusammen in einer Klasse, tanzen gemeinsam im Ballet oder beschließen zur gleichen Zeit, nichts mehr zu essen, was Augen hat. Uns Erwachsenen fällt es erheblich schwerer, rasch eine gemeinsame Wellenlänge zu finden. Die meisten Menschen, die wir neu kennen lernen, sind anders geprägt, denken anders, leben anders, schätzen andere Dinge als wir es tun. Außer vielleicht der Erfahrung, Eltern zu sein, gibt es wenig, was auf Anhieb verbindet. Es sei denn, wir sprechen die gleiche Sprache.

Schlüsselwörter aufgreifen

Wir sprechen zwar alle Deutsch, aber längst nicht alle die gleiche Sprache: Der eine geht zum *Fitnessstudio*, die andere trainiert im *Gym*, ein Dritter bezeichnet das eine wie das andere als *Muckibude*. Müllers essen mittags *Nudeln*, bei Eisenharts gibt's abends *Pasta*. Annette wohnt *unterm Dach*, Peter lebt im *Penthouse*, Regina hat sich eine *Maisonette* gekauft. Hier zeigt sich: Unterschiedliche Begriffe bezeichnen unterschiedliche Welten. Einigkeit schafft dagegen, wenn alle in der Familie als *Hühnerpfote* bezeichnen, was der Rest der Welt *Keule* nennt. So viel Gleichklang findet sich normalerweise nur, wo man sich kennt und versteht: in der Familie, unter Freunden, in Firmen, Clubs und Vereinen.
Ein Anflug davon lässt sich auch im Gespräch mit weniger vertrauten Menschen herstellen, indem Sie anstelle Ihrer eigenen gewohnten Worte einfach die Ihres Gegenübers verwenden.

> *»Die Franzi ist in letzter Zeit so unkonzentriert«, sorgt sich eine Mutter in der Elternsprechstunde.*
> *»Ja, die Leistungen Ihrer Tochter haben leider nachgelassen«, antwortet die Klassenleiterin. »Gut, dass wir darüber sprechen.«*

»Ihre Tochter« sagt die Klassenleiterin, und als Reaktion auf das familiäre Franzi wirkt die Wortwahl so ernüchternd wie ein kalter Wasserguss. Im Gespräch mit Luisas Vater (»Die Interessen meiner Tochter sind sehr vielfältig gestreut«) hätte die Lehrerin dagegen genau den richtigen Ton getroffen. Feinfühlige stülpen anderen nicht ihre eigenen Wortvorlieben über. Um die anfängliche Fremdheit zu überbrücken, greifen sie zumindest teilweise die Sprechweise des Gegenübers auf: »Ja, leider hat Franzi diesmal nur eine Drei in Deutsch geschrieben.«

Bilder aufgreifen

Was uns nahe geht, drücken wir oft in Bildern aus:

> *»Seit dem Personalwechsel ist die Zusammenarbeit mit den e-net-Leuten schwierig geworden«, berichtet ein Mitarbeiter. »Die zittern alle vor ihrem neuen Projektleiter. Und wenn ich ganz ehrlich bin, mir ist der Typ auch ein Dorn im Auge.«*

Die metaphorische Formulierung ist mehr als eine sprachliche Floskel. Sie ist ein Schlüsselwort, ein Ausdruck des individuellen Erlebens. Wer solche Bilder wahrnimmt und aufgreift, wird unweigerlich als jemand wahrgenommen, der sein Gegenüber ohne große Worte versteht. Um diese Wirkung zu erzielen, genügt eine schlichte Echo-Frage: »Ein Dorn im Auge?«

Bilder entwickeln

Metaphern erlauben aber noch mehr. Zum Beispiel können Sie sie nutzen, um beim anderen einen kreativen Prozess in Gang zu setzen: »Ein Dorn, das klingt aber unangenehm. Ich weiß, die Frage klingt ungewöhnlich: Aber um im Bild zu bleiben, was macht der Dorn denn mit Ihnen? Verletzt er sie?« Gut möglich, dass der andere über die unerwartete Frage lacht und antwortet, der Projektleiter kratze sein Ego an, aber größere Blessuren habe es bisher keine gegeben.
An diesem Punkt angelangt können Sie Ihr Gegenüber anregen, den Gedanken weiterzuspinnen: »Dornen haben ja so etwas Stachliges an sich. Inwiefern könnte Ihnen das dienlich

sein?« Vielleicht eröffnet die Frage dem anderen eine neue Vorstellungswelt: Der Dorn schmerzt und irritiert. Aber er spornt auch an. Vielleicht zu mehr Vorsicht. Oder zu mehr Qualität. Oder dazu, die eigenen Denkgewohnheiten einmal infrage zu stellen.

Ganz gleich, wohin die Metaphern-Reise führt: Sie kommen dabei einander näher, weil Sie dem anderen Gelegenheit geben, sich in seinen ureigenen Worten und Bildern mitzuteilen.

Wichtig: Falls der Gesprächspartner mit solchen Gedankenspielen nichts anfangen kann, dann bedrängen Sie ihn nicht. Bilder sind zwar eine gute Möglichkeit, Blickwinkel zu verschieben. Aber nur wenn der andere sich freiwillig darauf einlässt!

Bilderwelten

Leider fallen uns die Bilder, die dem Gegenüber etwas bedeuten könnten, nicht immer spontan ein. Nehmen Sie sich daher die Muße und sammeln Sie in ruhigen Minuten Redewendungen und Sprachbilder aus den Lebensbereichen von Familienmitgliedern, Freunden oder Kollegen.

Auto: am Steuer sitzen, Gas geben, ins Steuer greifen, auf die Bremse treten, Crash, in der Spur bleiben, auf der Überholspur sein, die Ampel steht auf Rot, das Rad neu erfinden, der Motor des Unternehmens, die Vorfahrt nehmen

Fitness: Knochenarbeit, stemmen, die Muskeln spielen lassen, ungeahnte Kräfte entwickeln, die treibende Kraft sein, den Rücken stärken, schweißtreibend, Gewicht haben

Garten: den Boden bereiten, quer durch den Gemüsegarten, dünn gesät sein, ins Wespennest stechen, über den Winter bringen, im Keim ersticken, düngen, blühen, zum Blühen bringen, neue Pfade beschreiten, Gießkannenprinzip, stutzen, Rasenmähermethode, Äpfel und Birnen addieren

Kochen: Filetstück, Sahnestück, warm halten, Erfolgsrezept, mixen, auf Eis legen, hochkochen, abkühlen, reinen Wein einschenken, aufdressieren, Küchenpsychologie, nichts anbrennen lassen, kleinere Brötchen backen müssen ...

Mit zielgruppengerechten Vergleichen ins Schwarze treffen

Der Kölner Erzbischof Joachim Kardinal Meißner nennt ihn »den Mozart der Theologie«, der fußballbegeisterte Erzbischof von Genua, Tarcisio Bertone, den »Beckenbauer der Kirche«. Beide Analogien drücken das Gleiche aus: Papst Benedikt XVI ist eine Ausnahmeerscheinung. Welcher der beiden Vergleiche mehr Wirkung zeigt, hängt vom Publikum ab: Musikliebhaber und Kulturbeflissene fühlen sich von der Mozart-Analogie angesprochen, Fußballfans und Sportbegeisterten dürfte eher der Beckenbauer-Vergleich zusagen. Vergleiche regen die Vorstellungskraft an. Vor das geistige Auge wird ein Bild gezaubert. Das allein ist schon gut. Noch besser ist es, wenn Sie dem Gesprächspartner ein Bild suggerieren, das ihn auf einer ganz persönlichen Ebene anspricht.

- Baut Ihr Gegenüber gerade ein Haus? Dann sagen Sie ihm, es käme darauf an, das Projekt so schnell wie möglich unter Dach und Fach zu bringen.
- Geht Ihre Gesprächspartnerin am Wochenende gern segeln? Dann spornen Sie sie mit der Formulierung an, es gälte, das Projekt noch vor den Herbstferien sicher festzuzurren.
- Fährt der andere begeistert Rennrad? Dann weiß er, wie es sich anfühlt, wenn einem ein scharfer Wind ins Gesicht bläst.

TALK-TOOL 22: *Produktiv formulieren*

Die Erwartungen und Wünsche an uns sind grenzenlos, und Probleme gibt es überall. Die Projektleiterin hätte die Kalkulation am liebsten schon gestern, die Partnerin wünscht sich mehr Zeit zu zweit, der Lebensgefährte mehr Muße für sich, Freunde laden zum Brunch, die Große will zum neuen Schuljahr mehr Taschengeld und der Kleine kurz vor dem Abendessen ein Eis.
Wie immer Ihre Reaktion im Einzelfall lauten mag, eine Regel gilt immer: Sagen Sie, *was geht*; sagen Sie nicht, was *nicht* geht. »Ich kann die Kinder unmöglich jeden Abend ins Bett bringen«, rückt eine Lösung in weite Ferne. »Ich kann die Kinder zweimal in der Woche ins Bett bringen«, darüber lässt sich diskutieren. Hier sind Anregungen, wie Sie durch eine konstruktive Sprechweise die Wünsche Ihrer Umwelt managen – auch wenn Sie sie nicht hundertprozentig erfüllen können.

Direkt in der Sache, konstruktiv im Ton

Ehrlich währt am längsten, auch wenn wir eine Meinung nicht teilen oder eine Erwartung nicht erfüllen können. Die Alternativen hießen hinhalten, abwimmeln, vertrösten, verschweigen, schönreden oder antäuschen, und das dicke Ende kommt meistens nach. Ehrlich zu kommunizieren bedeutet, direkt in der Sache zu sein und konstruktiv im

Ton, weder zuckrig noch zickig, weder schonungslos noch schöngefärbt.
Eine positive Sprache bringt also sehr wohl Probleme zur Sprache und Unangenehmes auf den Tisch. Die folgenden Gegensatzpaare erhellen, was es bedeutet, positiv zu formulieren.

Richtig	**Falsch**	**Kommentar**
Direkt:	**Herabsetzend:**	**Direkt zu sein bedeutet:**
»Der Text entspricht an einigen Stellen nicht der Sprache unserer Zielgruppe. Hier zum Beispiel …«	»Unsere Kunden mögen keine Anglizismen. Schon einmal was von Zielgruppenansprache gehört?«	ohne Aggression zu sagen, was zu sagen ist.
Konstruktiv:	**Destruktiv:**	**Konstruktiv zu formulieren bedeutet:**
»Wir haben dein Taschengeld vor, lass mich rechnen, acht Monaten erhöht. Ich schlage vor, wir reden in vier Monaten wieder darüber.«	»Schon wieder mehr Taschengeld? Kommt nicht infrage.«	ein Problem objektiv zu benennen und eine Lösung aufzuzeigen.
Höflich:	**Zuckrig:**	**Höflich zu formulieren bedeutet:**
»Auch wenn sich unsere Pfade nicht mehr kreuzen – vielen Dank für das schöne Essen. «	»So kurz vor dem Examen möchte ich eigentlich keine neue Beziehung eingehen … das verstehst du doch?«	ein klares Nein freundlich zu verpacken, aber keinen Zweifel zu lassen: Nein heißt Nein.
Neutral-realistisch:	**Schöngefärbt:**	**Neutral zu formulieren bedeutet:**
»Wir können den Wagen im Juli nächsten Jahres liefern. Die lange Lieferzeit liegt daran, dass das Segment zurzeit boomt.«	»Ein Jahr Lieferzeit – das ist ganz normal, damit müssen Sie bei einem SUV rechnen. Dafür fahren Sie einen Wagen, der keine Wünsche offen lässt.«	Unerfreuliches zu benennen, es weder zu kritisieren noch schönzureden.

Sagen, was geht

»Ich weiß nicht« – »Ich kann nicht« – »Wir haben nicht« – »Das geht jetzt nicht«. Botschaften, die so beginnen, signalisieren den Zuhörern vor allem eins: Ihre Pläne gehen nicht auf, sie bekommen nicht, was sie wollen, und schuld daran sind Sie.

Zum Glück kommt es selten vor, dass wir gar nichts tun können: Was heute nicht geht, ist morgen möglich, was Sie nicht wissen, weiß vielleicht ein anderer, und was in Schwarz nicht zu kriegen ist, kommt eventuell in Anthrazit infrage. Die Einsicht ist die geistige Basis für Reaktionen, die den anderen, wenn schon nicht ans Ziel, so doch wenigstens einen Schritt voranbringen.

Statt:	Sagen Sie:
»Das geht heute auf keinen Fall.«	»Ich kümmere mich gleich morgen früh darum.«
»Nicht jetzt.«	»Ich denke darüber nach, lass uns heute Abend weiter reden.«
»Das ist nicht mein Ressort.«	»Ich verbinde Sie mit meiner Kollegin, sie bearbeitet das Ressort.«
»Ich kann Ihnen aber nur ein Kurzkonzept faxen.«	»Ich schicke Ihnen heute Nachmittag ein Kurzkonzept und Anfang nächster Woche einen ausführlichen Entwurf.«
»Ich weiß nicht, ob ...«	»Ich werde mich kundig machen und mich dann wieder melden ...«
»Nein, in Schwarz haben wir den Anzug nicht.«	»Ich habe den Anzug in Grau, ich habe ihn in Anthrazit, ich habe ihn in Beige, aber in Schwarz leider nicht.«

Tipp: Zu sagen was geht, hilft oft, aber nicht immer. Wenn Sie eine Bitte nicht einmal ansatzweise erfüllen können, dann sagen Sie dies auch. Eine knappe, einleuchtende Erklärung puffert das Nein verbindlich ab: »Es tut mir leid, unsere Preise sind Festpreise. Wir möchten alle Kunden gleich behandeln und geben deshalb grundsätzlich keinen Rabatt.«

Den Blick auf die Lösung lenken

»Wie konnte das bloß passieren?« – »Das hätte Ihnen doch auffallen müssen.«– »Was hast du dir nur dabei gedacht?« Natürlich wüsste man gern, warum etwas nicht funktioniert, und irgendwie würde man seinem Ärger gern Luft machen. Leider trägt das Herumreiten auf der Vergangenheit nicht das Geringste zu einer Lösung bei. Eine aggressive Sprache verschärft im Gegenteil das Problem und jagt den Gesprächspartner in die Defensive.

Viel besser ist es, das Problem als Signal zu nehmen und die Weichen in Richtung Lösung zu stellen. Eine positive, sachliche Wortwahl hilft dabei:

- Lassen Sie einfließen, dass das Problem alltäglich ist: »Ja, das höre ich öfter.« – »Mit solchen Anfangsschwierigkeiten war zu rechnen.« – »Das ging mir in deinem Alter ähnlich.« Kleine Bemerkungen wie diese normalisieren das Problem und lassen es als lösbar erscheinen.
- Beschreiben Sie das Problem in nüchternen Worten: »Ich sehe die Situation folgendermaßen: …« – »Mir ist aufgefallen dass, …« – »In meinen Augen stehen wir vor der Aufgabe, zu …« – Für mich kommt es jetzt darauf an …«
- Denken Sie nach vorn, nicht zurück: »Ich schlage vor, wir …« – »Ich empfehle …« – »In einer früheren, ähnlichen Situation habe ich …« – »Ich sehe folgende Möglichkeiten …«
- Holen Sie die Meinung Ihrer Gesprächspartner ein: »Wie beurteilen Sie die Situation?« – »Was schlagen Sie vor?« – »Wo sehen Sie einen Lösungsansatz?« – »Lassen Sie uns überlegen, wie wir den Schaden so klein wie möglich halten.« Wichtig: Wischen Sie ungeeignete Vorschläge nicht mit einem lapidaren »Das funktioniert so nicht« vom Tisch. Begründen Sie Ihre Bedenken und nennen Sie Alternativen.

Frauen reden anders, Männer auch

Über Probleme zu reden bedeutet für Frauen Nähe und Vertrauen. Männer werten Problemgespräche dagegen eher als Jammern und Zeitvergeudung. Statt erst einmal in Ruhe zuzuhören, präsentieren sie im Handumdrehen eine Lösung.

Das Beste aus beiden Welten verbinden Sie, wenn Sie im ersten Schritt dem Gesprächspartner Gelegenheit geben, sein Problem auszusprechen und Verständnis für ihn zeigen: »Das verstehe ich gut, dass dich das beschäftigt.« Im zweiten Schritt ergründen Sie mögliche Lösungen. Lenken Sie dabei den Blick auch auf das, was trotz aller Probleme gut läuft: Nick tut zwar für die Schule so gut wie nichts, aber immerhin steht er in Englisch auf zwei. Überlegen Sie, was in diesem Fach anders ist: Seit dem Sommercamp in Schottland macht ihm Englisch auch in der Klasse wieder Spaß. Im dritten Schritt arbeiten Sie gemeinsam den Schlachtplan aus.

Sich behaupten können

Wie Sie Einfluss nehmen, Grenzen setzen und Angriffe gelassen abwehren

Im Gegensatz zu manchen Kollegen – dem cholerischen Chirurgentyp – hat Henry für persönliche Konfrontationen nur wenig übrig. Er gehört nicht zu denen, die gern die Machete schwingen. Doch ist der Klinikalltag nicht zuletzt auch ein aggressiver, stählender Prozess, der Empfindlichkeiten notgedrungen abschleift. Patienten, Untergebene, Hinterbliebene, die Verwaltung natürlich – in zwei Jahrzehnten tauchen unweigerlich Momente auf, in denen er um seinen Platz kämpfen, sich rechtfertigen oder heftig aufwallende Emotionen abwiegeln musste. Meist steht eine Menge auf dem Spiel – zwischen Kollegen geht es um Fragen der Hierarchie, des beruflichen Stolzes oder der Verschwendung von Krankenhausmaterial, Patienten gegenüber um den Verlust von Körperfunktionen, Verwandten gegenüber um eine plötzlich verstorbene Gattin, ein Kind – wichtigere Vorfälle als ein Kratzer am Auto.

Ian McEwan, Saturday

SELBST-CHECK:
Sich behaupten können

Kommunizieren bedeutet auch, die eigenen Interessen zu verteidigen. Angriffslust und Brachialgewalt helfen dabei nur bedingt weiter. Am besten fährt, wer kooperiert. Nur wenn der Gesprächspartner die Regeln der Fairness missachtet, ist eine härtere Gangart erforderlich. Dann allerdings müssen wir Grenzen ziehen – sofort, unmissverständlich und ohne Porzellan zu zerschlagen. Andernfalls würden wir die eigene Position schwächen und alles weitere unnötig verkomplizieren.

Denken Sie beim Lesen der folgenden Checklisten darüber nach, wie souverän, gelassen und erfolgreich Sie sich behaupten. Kreuzen Sie für jede Verhaltensweise die Antwort an, die am ehesten auf Sie zutrifft.

Wie man Interessen wahrt		**Selbst-Check**		
Verhalten	Wirkung	Wie häufig verhalten Sie sich so?		
		Meistens	Manchmal	Selten/Nie
Nach dem Tit-for-tat-Prinzip handeln	kooperativ, fair, berechenbar	☐	☐	☐
Meinungen, Wünsche und Einwände freundlich und bestimmt formulieren	überlegt, respektvoll, beherrscht	☐	☐	☐
Nein sagen, verbunden mit nur einer Erklärung, nicht mehr	höflich, glaubwürdig, berechenbar	☐	☐	☐
Taktlose Fragen bündig beantworten, unerwünschte Diskussionen zügig beenden	diskret, entschieden, souverän	☐	☐	☐
Überlappungen zulassen	offen, kreativ, entspannt	☐	☐	☐
Unterbrechungen höflich stoppen	entschieden, durchsetzungsstark	☐	☐	☐
Sachlich kritisieren	beherrscht, fair, gerecht	☐	☐	☐
Angriffe ins Leere laufen lassen, Verbalaikido betreiben	entspannt, ruhig, überlegen	☐	☐	☐
Weiche Taktiken der Einflussnahme wie begründen, fragen oder inspirieren bevorzugen	entgegenkommend, verhandlungsbereit, überzeugend	☐	☐	☐

Unvorteilhafte Eindrücke vermeiden			Selbst-Check		
Verhalten	Gewünschte Wirkung	Möglicherweise erzielte Wirkung	Wie häufig verhalten Sie sich so?		
			Meistens	Manchmal	Selten/Nie
Kein Blatt vor den Mund nehmen	direkt, eindringlich, tonangebend	unbeherrscht, beleidigend, kränkend	■	■	■
Missfallen durch Seitenhiebe und Sarkasmus ausdrücken	ironisch, intelligent, undurchdringlich	bissig, unangenehm, verletzend	■	■	■
Beweggründe ausführlich erklären	freundlich, ehrlich, offen,	wankelmütig, unentschieden, indiskret	■	■	■
Keine Unterbrechung dulden	durchsetzungsstark, entschieden	selbstherrlich, unsympathisch	■	■	■
Störende Unterbrechungen tolerieren	nett, freundlich	schwach, inkompetent	■	■	■
Kritisieren, um dem eigenen Ärger Luft zu machen	konsequent, glaubwürdig, energisch	launisch, unerzogen	■	■	■
Angriffe schlagfertig zurückweisen	witzig, einfallsreich, geistesgegenwärtig	kampflustig, unkooperativ, konfliktverschärfend	■	■	■
Auf Macht pochen	stark, erfolgreich, direkt	uninspiriert, demotivierend, rückständig	■	■	■
Vorwiegend rational argumentieren	durchdacht, sachlich, analytisch	trocken, uninspiriert	■	■	■

Den einen ist jedes Mittel recht, die anderen tun es lieber freundlich und fair. Am Ende aber wollen alle das Eine: die eigenen Interessen wahren, Einfluss nehmen, dem Gegenüber Grenzen setzen und dabei auf keinen Fall den Kürzeren ziehen.

Ganz gleich, ob es darum geht, die überfällige Gehaltserhöhung durchzukämpfen, der ungnädigen Zugbegleiterin Paroli zu bieten, die Partnerin davon zu überzeugen, dass niemand außer einem selbst das Amt des Clubpräsidenten angemessen ausfüllen kann oder dem Partner die Unsinnigkeit genau dieses Gedankengangs vor Augen zu führen – wer Ziele erreichen und Menschen für seine Sicht der Dinge gewinnen will, braucht eine überzeugende Mischung aus Feingefühl und Angriffslust.

In diesem Kapitel erfahren Sie, wie Sie Ihre Ansichten erfolgreich vertreten, Angriffe gelassen kontern und mit sicherem Gefühl die richtige Mitte finden zwischen knallhartem Egoismus und kuschelweicher Harmonie.

Wenn zwei Menschen immer die gleiche Meinung haben, ist einer von ihnen überflüssig.
Winston Churchill

TALK-TOOL 23:
Mit kühlem Kopf kooperieren

Auch wenn manche Managementtrainer einer neuen Aggression das Wort reden: Auf Dauer kommt am weitesten, wer sich kooperativ zeigt und nicht von sich aus zum ersten Schlag ausholt. Das gilt im Team genauso wie in der Familie, unter Nachbarn, mit Kunden und in der Weltpolitik. Den Beweis dafür liefert die Spieltheorie, die mathematisch und statistisch die besten Strategien zur Gewinnmaximierung erforscht.

Das Schwarzmarkt-Szenario

Stellen Sie sich folgende Situation vor: Die Zeiten sind schwer, alles steht und fällt mit dem Handel am Schwarzmarkt. Sie haben mit einem Ihnen unbekannten Tauschpartner vereinbart, dass Sie beide bis auf weiteres jede Woche zur gleichen Zeit an unterschiedlichen Orten Warenpakete füreinander hinterlegen werden. Aufgrund dieser Konstellation können weder Sie noch Ihr Partner mit Gewissheit sagen, ob der andere die Vereinbarung einhalten wird. Vier Szenarien sind denkbar:

- **Die Loser-Variante:** Sie halten die Vereinbarung ein, Ihr Partner hinterlegt nichts. Sie haben auf der ganzen Linie verloren.
- **Die unfaire Variante:** Sie holen die hinterlegte Ware ab, halten aber Ihren Teil der Vereinbarung nicht ein. Damit erzielen Sie für das Erste den größten Gewinn.
- **Die faire Variante:** Beide Partner halten die Vereinbarung ein, beide gewinnen gleich viel.
- **Die doppelt unfaire Variante:** Beide hinterlegen nichts, keiner hat etwas verloren.

Welches Verhalten verspricht vom Ende her gedacht den größten Erfolg?

Die Tit-for-Tat-Strategie

Genau dieser Frage ging der amerikanische Politologe Robert Axelrod vor 25 Jahren auf den Grund. Er lud Spieltheoretiker und Programmierer ein, mögliche Strategien für das Schwarzmarkt-Szenario zu entwerfen und ihren Erfolg am Computer zu testen. Vierzehn Programme wurden entwickelt und traten gegeneinander an, jedes Programm spielte ungefähr 200 Runden.

Am Ende siegte das Programm des kanadischen Psychologen und Philosophen Anatol Rapoport, ein schlichter Vierzeiler, der eine geradezu lächerlich einfache Strategie beschreibt: Beim ersten Durchgang verhält sich das Programm kooperativ, in allen weiteren Runden kopiert es das Verhalten des Spielpartners in der Vorrunde. *Tit for Tat* – wie du mir, so ich dir – nannte Rapoport seine Strategie.

Bis heute erweist sich Rapoports Strategie als nahezu unschlagbar. Darüber hinaus überzeugt die Taktik durch einen gelungenen Mix aus Alltagstauglichkeit und ethischer Vertretbarkeit:

- **Sie ist freundlich:** Von sich aus handelt man nie anders als kooperativ.
- **Sie ist realistisch:** Fairness hin, Kooperation her – man lässt sich nicht ausbeuten.
- **Sie ist nachsichtig:** Lenkt der andere ein, zeigt man sich erneut kooperationsbereit.
- **Sie ist einfach:** Das Verhalten des Gesprächspartners bestimmt die eigene Reaktion.
- **Sie ist berechenbar:** Der Gesprächspartner weiß, womit er rechnen kann und muss.

Damit ist wissenschaftlich untermauert, dass Freundlichkeit und Fairness auf lange Sicht mehr bewirken als Coolness und Schärfe. Nicht nur privat, sondern auch geschäftlich. Allerdings hat die Kooperationsbereitschaft ihre Grenzen: Um glaubwürdig zu sein, müssen wir Nicht-Kooperation schnell und unmissverständlich abwehren.

TALK-TOOL 24:
Standpunkte vertreten

Grundsätzlich gibt es vier Möglichkeiten, den eigenen Standpunkt in Worte zu fassen:

- aggressiv,
- zögerlich,
- passiv-aggressiv,
- freundlich-entschieden.

Wahrscheinlich nutzen Sie, wie die meisten Menschen, alle vier Kommunikationsmuster, einige mehr, andere weniger. Und sehr wahrscheinlich verfallen Sie in eine aggressive, zögerliche oder passiv-aggressive Sprechweise vornehmlich dann, wenn Sie einen Gesprächspartner als schwierig oder ein Thema als heikel empfinden. Leider wird eine ohnehin komplizierte Ausgangslage dadurch noch komplizierter. Weil

die meisten Menschen uns so begegnen, wie wir ihnen entgegenkommen, steuert eine unproduktive Sprechweise die Diskussion fast immer in die Abwärtsspirale.
Freundliche Entschiedenheit bewirkt das Gegenteil: Sie verschärft den Konflikt nicht und erhöht die Chance, dass die Stimmung sich stabilisiert.

Brutale Härte: Die aggressive Art

> *»Frau Schwarz, Schluss jetzt mit den Privatgesprächen. Hier sind die Unterlagen für das Immobilienprojekt, ich brauche die fertigen Entwürfe bis 15 Uhr … wie, zu kurz angesetzt? Das ist doch Käse, notfalls müssen Sie eben auf Ihre Mittagspause verzichten. Haben wir uns verstanden?«*

Befehlen, beschuldigen, herabsetzen – das sind die Stilmittel einer aggressiven Sprechweise. Ein drohender Ton, eine erhobene Stimme, die Faust auf dem Tisch oder der stechende Zeigefinger tun ein Übriges, den Gesprächspartner unter Druck zu setzen. Freundlichkeit und Respekt erwartet man vergebens, Einwände und Gegenmeinungen sind unerwünscht. Typische Redewendungen hierfür sind: »Sie müssen« – »Weil ich es sage« – »Jetzt rede ich!«
Das können Sie tun: Eine aggressive Sprechweise lässt an Deutlichkeit nichts zu wünschen übrig. Ihre Gesprächspartnerin weiß haargenau, was Sie von ihr erwarten. Trotzdem bleibt der Gesprächserfolg oft aus: Aggression wirkt nämlich nicht nur unsympathisch, sie zeigt allenfalls bei Gesprächspartnern Wirkung, die von Ihnen abhängig oder Ihnen eindeutig unterlegen sind. Alle anderen sind wenig geneigt, jemanden ernst zu nehmen, der sich selbst nicht im Griff hat. Gegen ein unbeherrschtes Naturell hilft nur ein gutes Selbstmanagement.

Bist du wütend, zähl bis vier, hilft das nicht, dann explodier.
Wilhelm Busch

- Ersetzen Sie abwertende Wörter (»Wer hat denn diesen Mist veranlasst?«) durch weniger Verletzendes (»Wer hat denn diese missliche Bestellung veranlasst?«). Am besten erstellen Sie in einer ruhigen Stunde eine »Vokabelliste« mit Alternativbegriffen, die Ihr Missfallen angemessen beschreiben.

- Stecken Sie Ihre Energie in die schnelle, gründliche Lösung des Problems, statt den Ärger darüber am Gegenüber auszulassen.
- Bewahren Sie einen kühlen Kopf, auch wenn Ihnen ein Gesprächspartner nicht sympathisch ist.
- Falls Sie merken, dass Sie entgegen aller Vorsätze doch heftig geworden sind, entschuldigen Sie sich (»Verzeihung, das war unangebracht«) und schlagen Sie einen versöhnlicheren Ton an.

Kuschelweiche Harmonie: Die zögerliche Art

»Frau Schwarz, dürfte ich Sie wohl ganz kurz unterbrechen? Leider habe ich gerade erfahren, dass wir die Entwürfe für das Immobilienprojekt schon heute Nachmittag abliefern sollen. Es ist mir wirklich unangenehm, dass ich Sie gleich an Ihrem ersten Arbeitstag nach dem Urlaub damit behelligen muss. Denken Sie, wir kriegen das irgendwie hin?«

Der zögerliche Ansatz ist die weichste der vier Sprechweisen: Er ist nett, entschuldigend und ausweichend. Wer so redet, will sich keine Feinde machen und tut niemandem weh. Zielführend ist diese Sprechweise nicht: klare Aufträge werden vermieden, harte Fakten bleiben unausgesprochen, statt um Ergebnisse geht es um Emotionen. Typischer Formulierungen sind: »Es wäre günstig, wenn …« – »Könnten Sie vielleicht …?« – »Ich habe nur eine Frage …?« – »Wenn es nicht anders geht …« – »Ja, da kann man nichts machen …« – »Es tut mir leid«. Dazu kommen Füllwörter und Unsicherheitsfloskeln, wie *vielleicht, hoffentlich, leider, irgendwie.*
Das können Sie tun: Wer zögerlich formuliert, drückt sich höflich aus, aber nicht klar. Dabei schließt beides einander nicht aus. Es gibt sogar ein erprobtes Sprachmuster dafür: »Bitte« gefolgt von einem Tätigkeitswort im Imperativ:

- »Bitte räum die Spülmaschine aus.«
- »Bitte übernehmen Sie diese Aufgabe.«
- »Bitte stellen Sie die Entwürfe bis 15 Uhr fertig.«
- »Bitte sagen Sie mir, wo ich einen Dübelzieher finde.«

Wenn Sie alle »Wäre es wohl möglich …?« und »Ich wollte nur mal fragen …« durch Bitte-plus-Imperativ-Aussagen ersetzen, klingen Sie nicht nur entschiedener, Sie kommen auch öfter und schneller ans Ziel Ihrer Wünsche.
Im nächsten Schritt gewöhnen Sie sich Einleitungen an, die Ihre Vorschläge ins rechte Licht rücken. Statt man »Man könnte ja vielleicht« sagen Sie von nun an:

- »Ich habe mir überlegt …«
- »Ich schlage vor …«
- »Ich empfehle …«
- »Was haltet ihr von der Idee, dass wir …?«
- »Nach meiner Erfahrung lohnt es sich …«
- »In ähnlichen Fällen hat es sich bewährt …«

Sich in Meetings Gehör verschaffen

Wenn Sie zu einer zögerlichen Ausdrucksweise neigen, kommen Sie in Meetings schwer zu Wort und daher kaum zur Geltung. Abhilfe schaffen die folgenden fünf Taktiken:

1. **Ergreifen Sie frühzeitig das Wort.** Wer zu lange mit dem ersten Beitrag wartet, wird zur Randfigur und fühlt sich zunehmend unwohl. Die einfachste Möglichkeit, sich konstruktiv einzuschalten: Vervollständigen Sie einen Kommentar des Vorredners: »Dazu möchte ich ergänzen …« oder »Ein weiterer wichtiger Aspekt dazu ist …«

2. **Heben Sie die Hand,** wenn Sie das Wort ergreifen wollen, und suchen Sie den Blick des Moderators. So vermeiden Sie, dass Ihr Beitrag von forscheren Kollegen übertönt wird.

3. **Halten Sie Widerspruch aus, und lassen Sie sich nicht unterbrechen.** Halten Sie zu dem Kritiker Blickkontakt und bleiben Sie bei Ihrem Standpunkt: »Danke für den Hinweis, Herr Schmidt, ich werde Ihre Anregung in meinem Entwurf berücksichtigen. Nun zur Gestaltung der Wertschöpfungskette …« – »Ich verstehe deinen Einwand, Annette. Aufgrund der neuen Trendreports wissen wir aber, dass …«

4. **Schauen Sie den Gesprächsteilnehmer an,** der gerade das Wort hat. Damit wird sichtbar, dass Sie gedanklich dabei sind, obwohl Sie zurzeit nicht am Zug sind.

5. **Ein Gesprächsbeitrag ist zu wenig.** Schalten Sie sich bei einem Meeting mehrmals mit Vorschlägen und Ideen ein. Mehrere kurze Beiträge wirken engagierter als ein langer.

Versteckte Nadelstiche: Die passiv-aggressive Art

> *»Frau Schwarz, na, auch mal wieder im Lande. Ich höre gerade von ganz oben, die Entwürfe für das Immobilienprojekt müssen heute noch raus. Tja, unser lieber Dr. Beck ist immer für eine Überraschung gut. Dann zeigen Sie mal, was Sie können, um 15 Uhr ist Deadline.«*

Eine passiv-aggressive Sprechweise greift nicht direkt an. Stattdessen ist sie durchsetzt von giftigen Anspielungen, stachligem Witz und verletzenden Seitenhieben. Keiner ist davor sicher, weder der Gesprächspartner noch abwesende Dritte: »Wie kommen Sie nur auf die Idee, dass …« – »Ich habe ja gleich gesagt …« – »Also ich wasche meine Hände in Unschuld.« – »Das musst du schon selbst wissen …« – »Wie Sie meinen.«

Wer sich im passiv-aggressiven Modus befindet, übernimmt weder Verantwortung für die Stimmung noch für die Lösung. Hilfe und Unterstützung sind nicht zu erwarten.

Das können Sie tun: Die passiv-aggressive Sprechweise ist am schwersten zu durchbrechen. Da sie weder liebenswürdig noch direkt ist, weicht sie gleich in doppelter Hinsicht vom Ideal eines freundlich-entschiedenen Auftretens ab. Ehe passiv-aggressive Sprecher erfolgreich mit anderen kommunizieren können, müssen sie erst einmal mit sich selbst ins Reine kommen. Fragen Sie sich gegebenenfalls:

- Wie schafft Ihr Gegenüber es, Sie so sarkastisch zu machen?
- In welchen Situationen verhalten Sie sich anders? Was ist dann anders?
- Angenommen, Sie würden Ihren Standpunkt freundlich-entschieden vertreten? Woran würde Ihr Gesprächspartner das als Erstes erkennen?
- Wie würde er darauf reagieren? Was wäre dann anders?

Auch gut: Sprechen Sie an, was Sie stört: »Hallo, Frau Schwarz, hatten Sie einen schönen Urlaub? Ich habe letzte Woche mehrmals versucht, Sie zu erreichen: Wir konnten das Exposé für das Projekt Althaus nicht finden …«

Feingefühl mit Biss: Die freundlich-entschiedene Art

»Frau Schwarz, ich habe gerade erfahren: Die Entwürfe für das Immobilienprojekt müssen spätestens um 15 Uhr fertig gestellt sein. Dr. Beck hat den Termin fest zugesagt, machen Sie sich also bitte gleich an die Arbeit. Tobias wird einstweilen die Präsentationsmappen vorbereiten und Sie auch ansonsten in jeder Hinsicht unterstützen. Ich weiß, der Termin ist denkbar knapp angesetzt. Bitte sagen Sie mir Bescheid, wenn Sie etwas von mir brauchen.«

Freundliche Entschiedenheit bringt Sie am weitesten. Das Erfolgsgeheimnis dabei ist, dass Sie Ihre Ansichten und Wünsche eindeutig und selbstsicher äußern und im Gegenzug Ihrem Gesprächspartner mit allen Anzeichen der Aufgeschlossenheit zuhören. Formulieren Sie direkt und konstruktiv, nachdrücklich und klar. Kehren Sie nichts unter den Tisch, dramatisieren Sie nichts. Wichtig: Räumen Sie ein, wenn sich eine Einschätzung als falsch oder unvollständig erweist – das wirkt mutiger und aufrichtiger, als wenn Sie darauf bestehen, im Recht zu sein. Typische Wendungen sind: »Du meinst also …« – »Lassen Sie mich erklären, warum …« – »Ich lege Wert darauf, dass …« – »Bitte veranlassen Sie umgehend …« – »Entschuldigen Sie, das war mein Fehler.« Wer so redet, kommt nicht nur vergleichsweise stressfrei ans Ziel, er kann auch abends noch in den Spiegel schauen.

Ein freundlich-entschiedener Auftritt ist kein Hexenwerk. Trotzdem bekommen wir ihn längst nicht immer hin. Das liegt daran, dass liebenswürdige Bestimmtheit mehr erfordert als eine überlegte Sprechweise. Sie entspringt einer inneren Haltung: dem unbedingten Willen, andere respektvoll zu behandeln.

So bewahren Sie einen kühlen Kopf

Bleiben Sie gelassen, auch wenn Sie am liebsten aus der Haut fahren oder sich in ein Mauseloch verkriechen möchten.

Misstrauen Sie Ihrer Komfortzone. Jeder hat mal den Impuls, Dampf abzulassen oder sarkastisch zu werden. Nichts ist leichter, als reflexartig dieser Stimmung zu folgen. Hinterher ist man klüger und erkennt, dass Wut, Frust und Angst schlechte Ratgeber sind.

Denken Sie, bevor Sie sprechen. Fragen Sie sich: »Inwiefern ist es hilfreich, wenn ich sage, was ich fühle?« Wenn Sarkasmus den anderen vergrault, ein Wutausbruch Ihre Position schwächt und Nettigkeit die Sache nicht wirklich voranbringt, dann ändern Sie Ihren Kurs. Mit freundlicher Entschiedenheit liegen Sie immer richtig.

Machen Sie Freundlichkeit nicht von der Person abhängig. Dass jemand Ihre Ansichten nicht teilt, macht ihn nicht zu Ihrem Feind. Dass Sie eine Gesprächspartnerin nicht besonders mögen, ist kein Grund, ihre Anregungen zu ignorieren. Je kooperativer Sie sich zeigen, desto leichter kommen Sie in der Sache voran. Es geht darum, ein Problem zu lösen, nicht darum, eine Schlacht zu schlagen.

Konzentrieren Sie sich auf die Lösung. Egal, wie sehr Ihnen jemand auf die Nerven geht oder eine Situation Sie einschüchtert – tun Sie, was der Lösung dient. In der Regel erweisen sich weder verletzende Anklagen noch watteweiches Herumeiern als produktiv.

TALK-TOOL 25:
Grenzen setzen

Bei aller Freundlichkeit gibt es Positionen, von denen man nicht abrücken will, Interna, die niemanden etwas angehen, und Situationen, in denen man sich ungern das Wort abschneiden lässt. In solchen Fällen gilt es, freundlich-bestimmt Nein zu sagen, unerwünschte Diskussionen zu beenden, lästige Fragen abzuwehren und Unterbrechungen zu unterbinden – gelassen, ohne einen Hauch von Feindseligkeit.

Die Fähigkeit, Nein zu sagen, ist die Geburt der Individualität.
René Arpad Spitz

Nein sagen

Wer weiß, wie man diplomatisch Nein sagt, behauptet sich leichter. Hier sind einige Möglichkeiten:

- **Die Sagen-was-geht-Taktik** verbrämt ein Nein am elegantesten. Sagen Sie nicht, dass Sie den Wunsch der Kundin, die Brille schnell noch am Samstagvormittag einzuschleifen, unmöglich erfüllen können. Versichern Sie stattdessen: »Ich nehme mir Ihre Brille Montagfrüh als Erstes vor. Sie können Sie ab zwölf Uhr abholen.« Vorsicht: Die Taktik setzt voraus, dass Sie zumindest eine Teillösung oder Alternative anbieten können.
- **Die Normalerweise-gern-Taktik:** »Normalerweise gern, allerdings muss ich heute pünktlich Schluss machen. Meine Mutter hat Geburtstag.« Voraussetzung: Man kennt Sie als jemanden, mit dem man rechnen kann. Wer die Taktik überstrapaziert, wirkt unglaubwürdig.
- **Die Distanzierungstaktik** schiebt das Nein auf die Umstände. Nicht Sie lehnen es ab, die Brillengläser noch vor dem Wochenende einzusetzen, oder verweigern den Abstecher zum Spielzeug-Discounter – die Sachzwänge verhindern, dass der andere bekommt, was er will: »Ihre Brille steht am Montag auf dem Plan.« – »Dafür fehlt heute die Zeit, tut mir leid.« Die sachlich-neutrale Darstellung verblüfft und nimmt dem Gegenüber wenigstens einen Moment lang den Wind aus den Segeln.

- **Die Das-verstehe-ich-Taktik:** Dass Sie eine Bitte ablehnen, bedeutet nicht, dass Sie sie abwegig finden: »Ich weiß, Ihr Team steht unter Druck. Leider gibt das Budget zurzeit keinen weiteren Praktikanten her.«
- **Die Grundsätzlich-nicht-Taktik:** »Tut mir leid, ich habe mir vorgenommen, weniger verfügbar zu sein. Davon möchte ich nicht abrücken.« So weiß der andere zumindest, dass sich Ihr Nein nicht gegen ihn persönlich richtet.
- **Die Nebeltaktik:** »Das kann ich nicht genau sagen. Möglicherweise muss ich am Samstag die Kinder zum Handballturnier fahren.« Die Taktik ist hilfreich, wenn ein Gesprächspartner ein klares Nein nicht hinnimmt. Klarer und kompetenter wirkt die Sagen-was-geht-Taktik: »Ich gebe dir am Montag Bescheid.«

Dabei belassen Sie es. Schieben Sie keine weiteren Erklärungen nach, jede Begründung bietet neuen Stoff für Diskussionen. Sollte Ihr Gegenüber protestieren, beharren Sie auf Ihrem Nein:

- »Ich verstehe Ihren Standpunkt. Trotzdem: Nein.«
- »Ich freue mich über Ihr Angebot. Dennoch muss ich Nein sagen.«
- »Es bleibt dabei: Nein.«
- »Unser Entschluss steht fest: Nein.«
- »Ich finde es ja beeindruckend, wie du dich einsetzt. Trotzdem: heute nicht.«

Fragen ins Leere laufen lassen

Es gibt Fragen, die sind so taktlos, dass Sie ihre Beantwortung mit Fug und Recht ablehnen können:

- »Darüber möchte ich nicht sprechen.«
- »Sie werden verstehen, dass ich dazu nichts sagen kann.«
- »Das gehört nicht hierher.«

Alternativ dazu speisen Sie indiskrete Frager mit einem kurzen Statement ab.

Ein Beispiel: Jeder in der Straße weiß, dass Bernd Susanne verlassen hat. Während sie bei den Modeschauen in Mailand fotografierte, zog er samt Tochter, Sohn und Hund aus. Bei ihrer Rückkehr fand Susanne die verwaiste Wohnung vor. Susanne schweigt sich über die Kränkung ebenso beharrlich aus wie über den Kampf um das Sorgerecht. »Wir haben uns getrennt, den Kindern geht es gut«, mehr ist ihr nicht zu entlocken.

»Was hat Bernd sich nur dabei gedacht?« – »Wir haben uns getrennt, den Kindern geht es gut.«

»Ja, haben Sie denn wenigstens einen guten Anwalt?« – »Wir haben uns getrennt, den Kindern geht es gut.«

»Aber das Sorgerecht kriegen Sie doch?« – »Wir haben uns getrennt, den Kindern geht es gut.«

Schallplatte mit Sprung heißt die Technik, taktlose Frager in die Schranken zu weisen. Der Trick dabei: Variieren Sie weder Wortwahl noch Tonfall. Nach der zweiten, spätestens nach der dritten Runde verstehen auch hartnäckige Frager den Wink mit dem Zaunpfahl.

Diskussionen beenden

»Kein Kommentar«, sagen erfahrene Politiker kurz und bündig, wenn sie keine Lust haben auf Reporter, Kameras und aufdringliche Mikrofone. Nie würden sie sich hinreißen lassen, sich zu rechtfertigen und zu ergänzen: »Verstehen Sie das bitte. Wir haben fünf Stunden in verrauchten Räumen getagt, ich brauche jetzt erst mal ein Aspirin, und danach wartet …«

Wer sich rechtfertigt und erklärt, erweckt den Eindruck von Unschlüssigkeit und bietet immer neue Angriffsflächen. Es gibt deshalb nur einen Weg, unerwünschte Diskussionen zügig zu beenden: Zügeln Sie den Drang, sich zu erklären. Halten Sie das Erstaunen oder Unverständnis des anderen aus. Sagen Sie, was zu sagen ist, nicht mehr! Ihre entschiedene Haltung signalisiert: Mehr ist im Moment nicht von Ihnen zu erfahren.

- **Das letzte Wort:** Die anderen finden nicht immer toll, was wir ihnen abverlangen. Das ist auch nicht nötig: Manchmal genügt es, wenn sie einfach tun, was wir für richtig halten. So beenden Sie fruchtlose Diskussionen: «In unserer Familie machen wir es aber so.« Punkt. »Wir hatten einen Höchstbetrag von 400 Euro vereinbart.« Aus. »Damit bin ich nicht einverstanden.« Ende. Wichtig: Senken Sie am Ende der Aussage die Stimme ab. Halten Sie die nachfolgende Pause aus und dem Blick des anderen stand. So signalisieren Sie auch durch die Körpersprache: Das war Ihr letztes Wort.
- **Die Flucht nach vorn:** Nicht alles klappt so, wie wir es uns wünschen: Wir haben eine Information nicht parat, oder die schlechte Laune des Partners, der Partnerin ist für alle unübersehbar. Souveränste Reaktion: Räumen Sie ein, was sich nicht wegdiskutieren lässt. Danach bringen Sie übergangslos einen neuen Aspekt ins Spiel: »Da erwischen Sie mich auf dem falschen Fuß, das weiß ich nicht auswendig. Das Wichtigste ist jetzt, dass wir umgehend …« Oder: »Tobias steht gerade beruflich unter Druck. Aber erzählt doch mal, wie war es denn an der Ostsee?«
- **Der Einspruch:** Stoppen Sie falsche Behauptungen ohne Umschweife: »Im Gegenteil«, »Das ist so nicht richtig« – »Das habe ich nicht gesagt!« – »Dazu ist zu ergänzen, dass …« – »Überhaupt nicht!« – »Nein!«. Stehen Sie zu Ihrem Wort, lassen Sie sich nicht auf Diskussionen ein.

Unterbrechungen unterbinden

Mit dem Unterbrechen und Unterbrechen lassen ist es so eine Sache. Erstens ist Unterbrechen laut Etikette verboten, und zweitens gilt: Wer das Sagen hat, hat die Macht. Um durchsetzungsstark zu wirken, müssten wir demnach darauf bestehen, dass man uns ausreden lässt.
Auf der anderen Seite wirkt ein Gesprächspartner wenig sympathisch, wenn er sich brüsk gegen jede Zwischenbemerkung verwahrt: »Unterbrechen Sie mich nicht, ich lasse Sie ja auch ausreden.«

Tatsächlich gibt es einen guten Grund, das Unterbrechungsverbot eher lässig auszulegen: Längst nicht jede Unterbrechung zielt ja darauf ab, dem Gegenüber das Wort abzuschneiden. Oft ist der unterbrechende Gesprächspartner einfach so vom Thema gefangen, dass die Gedanken aus ihm heraussprudeln. *Überlappungen* nennt die amerikanische Sprachwissenschaftlerin Deborah Tannen solche Unterbrechungen, die in das Gesagte einstimmen, es entwickeln, variieren und kontrastieren. Würden Sie solche Überlappungen verbieten, geriete der Ideenfluss ins Stocken, das Vertrauen würde beschädigt.

Der Umgang mit Unterbrechungen erfordert somit Fingerspitzengefühl: Steht in einem Gespräch die Beziehungspflege oder das Ideen-Ping-Pong im Vordergrund, dann nehmen Sie Unterbrechungen, Überlappungen und Durcheinander-

Dampf ablassen – aber fair!

Je besser wir uns darauf verstehen, Grenzen zu setzen, desto seltener fühlen wir uns in die Enge getrieben. Trotzdem sind Kräche und Wutausbrüche, seien wir realistisch, nicht ganz zu verhindern. Wenn Sie die folgenden drei Regeln beachten, stehen die Chancen gut, dass das Gewitter die Luft reinigt, ohne bleibende Schäden zu hinterlassen:

1. Was immer Sie dem anderen an den Kopf werfen: Vermeiden Sie Schläge unter die Gürtellinie wie Beschimpfungen, Drohungen, persönliche Angriffe, verächtliche Bemerkungen über Verwandte oder enge Mitarbeiter, beleidigende Äußerungen über Aussehen oder Intelligenz (»Das ist doch dumm.« – »Was verstehen Sie schon davon.« – »Du hast doch keine Ahnung.«) Fouls verschaffen zwar zunächst Erleichterung, aber die Gefahr ist groß, dass sie die Beziehung ernsthaft beschädigen.

2. Wenn Sie schon brüllen und grollen, dann in Ich-Botschaften. »Seit Wochen habe ich die Hausarbeit allein am Hals, dabei bin ich genauso im Stress wie du. Ich fühle mich wie der letzte Idiot.« Das stimmt zwar nicht versöhnlich, aber der Ausbruch beschreibt das eigene Empfinden und richtet erheblich weniger Schaden an als Anklagen, Vorwürfe und Beleidigungen: »Weißt du eigentlich, was für ein Egoist du bist? Ständig schiebst du die Hausarbeit auf mich ab. Du bist doch unfähig, dir mal für irgendetwas Zeit zu nehmen.«

3. Sehen Sie sich außerstande, diese beiden Regeln einzuhalten, dann vertagen Sie die Kampfhandlungen auf später. Teilen Sie mit, dass Sie den Streit jetzt nicht fortführen wollen, weil Sie zu wütend sind. Dann holen Sie sich einen Kaffee oder drehen eine Runde mit dem Rennrad. Wichtig: Machen Sie während der kurzen Auszeit beruflichem Ärger keinesfalls per E-Mail Luft, Sie würden das Problem im wahrsten Sinn des Wortes festschreiben.

Reden hin. Gilt es dagegen, Eindruck zu machen oder Macht zu demonstrieren, dann setzen Sie energisch, aber liebenswürdig Stoppsignale.

- »Einen Augenblick noch.«
- »Einen Moment bitte, ich möchte den Gedanken zu Ende führen.«
- »Sie gestatten mir sicher noch einen abschließenden Satz.«
- »Ich möchte darauf gern ausführlich antworten, die Sache ist wichtig.«

TALK-TOOL 26:
Fair kritisieren

Etwas ist schief gelaufen, eine Aufgabe hätte besser erledigt werden können, jemand hat die Erwartungen nicht erfüllt: Es gibt Dinge, die müssen gesagt werden. Der beste Rahmen dafür ist ein Kritikgespräch, das ein Verhalten oder Arbeitsergebnis *beurteilt*, aber nicht *aburteilt* – ganz so, wie es dem griechischen Ursprungsworts entspricht (*kritike:* die Kunst der Beurteilung). Eine Kritik, die ihren Namen verdient, wird demnach nie Ventil für eigenen Ärger sein. Sie ist von dem Bemühen geleitet, dem anderen einen Schubs in die richtige Richtung zu geben. Mit dem folgenden 5-Schritte-Programm finden Sie den richtigen Ton.

Ich liebe Kritik, aber ich muss damit einverstanden sein.
Mark Twain

1. Schritt: Das Thema nennen

Sich der Kritik stellen zu müssen, ist unangenehm genug. Vermeiden Sie deshalb alles, was das Kritikgespräch zusätzlich belastet: Zuhörer, Zeitmangel, Stress, Monologe sowie jede Art von Herabwürdigung. Vereinbaren Sie für die Aussprache einen gesonderten Termin, kommen Sie nach der Begrüßung sofort auf den Punkt, verzichten Sie auf den sonst üblichen Small Talk: »Frau Habermann, ich habe Sie hergebeten, weil ich mit Ihnen über den Umgang mit den Kunden sprechen möchte.«

2. Schritt: Formulieren nach der o.k.-Formel

Als Nächstes beschreiben Sie objektiv und konkret, was Ihnen aufgefallen ist. Die o.k.-Formel erhöht die Wahrscheinlichkeit, dass der andere sich mit der Sache auseinander setzt, statt sein Ego zu verteidigen. Sie kommen damit auf der Inhaltsebene voran, die Beziehungsebene bleibt intakt.

Objektiv sein heißt, sachlich und nüchtern zu benennen, was Ihnen aufgefallen ist und auf Angriffe oder Herabwürdigungen zu verzichten. Auch Anzeichen von Enttäuschung oder Verärgerung sind fehl am Platz und würden die Gesprächsatmosphäre unnötig belasten.

Falsch:	**Richtig:**
»Sie haben gestern zwei Kunden fast zehn Minuten warten lassen, bis Sie endlich geruht haben, sie zur Kenntnis zu nehmen.«	»Während Sie gestern Herrn Arnhold beraten haben, mussten zwei Laufkunden fast zehn Minuten warten.«

Tipp: Leiten Sie die Schilderung des Sachverhalts weder mit »Sie haben …« noch mit »Ich finde …« ein. Das eine klingt anklagend, das andere subjektiv.

Konkret sein bedeutet, dass Sie Anlass, Tag und Zeit benennen. Beschreiben Sie den beobachteten Sachverhalt so exakt wie möglich, ohne zu übertreiben oder zu verallgemeinern:

Falsch:	**Richtig:**
»Mir fällt auf, dass Sie die Kunden oft sehr lange warten lassen.«	»Während Sie gestern Herrn Arnhold beraten haben, mussten zwei Laufkunden fast zehn Minuten warten.«

Gestern und *fast zehn Minuten* ist konkret und wirft keine Diskussionen auf, *oft* und *sehr lang* ist allgemein und bewirkt wahrscheinlich, dass die Mitarbeiterin sich verteidigt: »Ich weiß, gestern in der Mittagszeit hat sich eine kleine Schlange gebildet, aber länger als fünf Minuten musste keiner warten.«

3. Schritt: Konsequenzen zeigen

Vielleicht findet die Mitarbeiterin, die Wartenden seien Laufkunden gewesen, und Herr Arnhold habe als Stammkunde ihre ganze Beachtung verdient. In diesem Fall zeigt die Kritik nur Wirkung, wenn Sie der Kollegin vor Augen führen, was sie bisher nicht bedacht hat: »Wenn mehrere Kunden gleichzeitig im Laden sind, erwarten sie, dass wir sie wahrnehmen. Anderenfalls besteht die Gefahr, dass sie gehen und nicht wiederkommen. Bei der momentanen Wirtschaftslage sind wir aber auf jeden einzelnen Kunden angewiesen.«

4. Schritt: Gefühle zeigen (optional)

Auch eine fair formulierte Kritik greift das Ego an. Zeigen Sie einem kooperativen Gesprächspartner deshalb, dass Sie ihn schätzen und seine Situation verstehen:

- »Ihre Produktkenntnis ist bei den Kunden sehr gefragt.«
- »Sie kennen das Sortiment wie keine Zweite.«
- »Ich schätze es, dass Sie für jeden Kunden nach der richtigen Lösung suchen.«
- »Ich weiß, dass es anstrengend ist, drei Kunden gleichzeitig gerecht zu werden.«

Wenn Sie möchten, können Sie auch Ihre eigenen Gefühle zur Sprache bringen:

- »Ich fürchte, dass wir unseren guten Ruf gefährden.«
- »Es ärgert mich, dass ich das Thema jetzt schon zum zweiten Mal ansprechen muss.«

5. Schritt: Suchen Sie gemeinsam nach einer Lösung

Einen einsichtigen Gesprächspartner laden Sie am besten dazu ein, selbst eine Lösung zu entwickeln. Das hat den Vorteil, dass der andere hinter der Vereinbarung steht und sie leichter einhält und umsetzt:

- »Haben Sie eine Idee, wie Sie solche Situationen in Zukunft geschickter handhaben können?«
- »Wie kann ich Sie dabei unterstützen, dass Sie Ihre Beratungsqualität aufrechterhalten und mehrere Kunden gleichzeitig im Blick haben?«

Anschließend fassen Sie das Gesprächsergebnis zusammen: »Dann sind wir uns also einig …« – »Ich rechne damit …« – »Halten wir also fest …« Den Abschluss bilden ein Dank für das konstruktive Gespräch verbunden mit einer Ermunterung: »Viel Erfolg bei der Umsetzung!« – »Sie schaffen das.« – »Das kriegen Sie hin, da bin ich sicher.«
Zeigt sich ein Gesprächspartner womöglich bereits zum wiederholten Mal uneinsichtig, ist eine härtere Gangart mit eindeutigen Anweisungen angebracht: »Ich erwarte, dass Sie in solchen Fällen die Kunden künftig mit einem Lächeln oder Nicken begrüßen. Falls es länger dauert, sagen Sie, mit welcher Wartezeit zu rechnen ist, und bieten gegebenenfalls einen Kaffee an.« In besonders harten Fällen können Sie darüber hinaus ein schriftliches Gesprächsprotokoll ankündigen.

Aufbauen statt Niedermachen

Selbsterkenntnis ist der erste Weg zur Besserung. Sie setzt jedoch voraus, dass Sie den anderen nicht in die Enge treiben. Formulieren Sie Kritik deshalb so, dass sie ihr Gegenüber einlädt, neue und geeignetere Verhaltensalternativen durchzuspielen.

So fordern Sie Widerspruch heraus	So laden Sie zur Zusammenarbeit ein
»Was haben Sie sich bloß dabei gedacht, ein so veraltetes System anzuschaffen?«	»Wie bewerten Sie Ihre Entscheidung aus heutiger Sicht?«
»Für die Verzögerung sind Ihre Leute verantwortlich, das wollen Sie ja wohl nicht leugnen.«	»Ihr Team hat uns die Teile mit drei Tagen Verzögerung geliefert. Welche Voraussetzungen müssen erfüllt sein, damit Ihre Abteilung den Zeitplan in Zukunft wieder zuverlässig einhalten kann?«
»Haben Sie nicht selbst das Gefühl, dass Sie die Kunden mit Ihrem Verhalten brüskieren?«	»Angenommen, wir könnten einen der wartenden Kunden fragen, welche Reaktion würde er sich wohl von uns wünschen?«
»Das begreife ich nicht. Wie konnte Ihnen das nur passieren?«	»Welche Schlüsse für die Zukunft ziehen Sie daraus?«

TALK-TOOL 27:
Angriffe abwehren

Der Smart Talk lebt von Kooperation. Würden sich alle von diesem Prinzip leiten lassen, gäbe es zwar Meinungsunterschiede und Interessenkonflikte, aber keine anmaßenden Bemerkungen und unverschämten Angriffe. Leider spielt das Leben anders: Ab und zu fliegt uns eine Verbalattacke um die Ohren, die uns die Sprache verschlägt. Wir geraten in Stress, die Synapsen blockieren, eine schlagfertige Retourkutsche will nicht gelingen. Sie ist auch nicht nötig, denn die asiatische Kampfkunst weist uns eine ebenso einfache wie elegante Alternative: Wie beim Aikido fängt man den Angriff ab und schaut leidenschaftslos zu, wie der verblüffte Provokateur ins Leere läuft.

Die Ein-Wort-Methode

»Das ist mal wieder typisch du.« – »Sie haben sich nicht eben zu Ihrem Vorteil verändert.« – »Sie können einem wirklich leid tun.« – »Hier blickt doch niemand mehr durch.«

Seien Sie ehrlich: Warum ärgern wir uns eigentlich, wenn uns eine geistreiche Gegenrede erst auf dem Heimweg einfällt? Beleidigungen verdienen Missachtung, keine klug ausgedachten Konter. Sparen Sie sich deshalb Gags und Geistesblitze für Wichtigeres auf, und parieren Sie Querschläger einfach mit einem lässig hingeworfenen Ein- oder Zweisilber:

- »Das ist mal wieder typisch du.« – »Findest du.«
- »Hier blickt doch niemand mehr durch.« – »Aha!«
- »Das ist doch Schwachsinn.« – »Wirklich?«
- Sie können einem wirklich leid tun.« – »Ach was.«

Das Geheimnis des Verbalaikido ist es, den anderen mit minimaler Kraft aus dem Sattel zu heben, statt zielsicher zurückzuschießen. Denn während eine schlagfertige Antwort genau die richtige Mischung aus Einfallsreichtum, Timing und Härte braucht, um ins Schwarze zu treffen, funktionieren die Techniken des Verbalaikido so verblüffend simpel, dass sie auch unter Druck gelingen.

Idée d'escalier

Die Franzosen sehen die Schwierigkeit, eine treffende Retourkutsche zu ersinnen, übrigens von Haus aus realistischer als wir. »Treppenhauseinfall« nennen sie die nach einem Angriff so schwer zu produzierende Schlagfertigkeit.

Die Zustimmungsstrategie

»Sie waren auch schon mal dünner.« –
»Euer Rasen müsste dringend gemäht werden.« –
»Ich warte schon seit einer halben Stunde.« –
»Du hast dich ja wieder in Schale geworfen.«

Bemerkungen wie diese sind kein direkter Angriff und vielleicht nicht einmal böse gemeint. Aber sie überschreiten Grenzen: Wie viel man wiegt, wie man seinen Garten pflegt und wie aufwändig man sich stylt, geht den Gesprächspartner nichts an. Und für die Wartezeit gibt es gute Gründe: Die Gesprächspartnerin weiß genau, dass man eigentlich keine Zeit hat und dem Treffen nur auf ihr Drängen hin zugestimmt hat.
Wieder gilt: Wo jemand Recht hat, hat er Recht. Und genau das räumen Sie ein – zur Verblüffung des Gesprächspartners, denn uneingeschränkte Zustimmung ist das Letzte, womit er rechnet.

- »Immer musst du alles besser wissen.« – »Stimmt.«
- »Euer Rasen müsste dringend gemäht werden.« – »Das hast du gut beobachtet.«
- »Ich warte schon seit einer halben Stunde.« – »Das ist richtig.«
- »Sie waren auch schon mal dünner.« – »Das habe ich bemerkt.«

Wichtig ist es, die nachfolgende Pause auszuhalten. Stehen Sie zu Ihren Eigenheiten, verteidigen Sie sich nicht, liefern Sie keine Erklärungen nach, entschuldigen Sie sich nicht. Lassen Sie den anderen nach einer Antwort ringen, *er* hat das Thema aufs Tablett gebracht, nicht Sie. »Sie ziehen dem Angreifer die Zielscheibe weg, und er schießt ins Leere«, beschreibt Schlagfertigkeitstrainer Matthias Pöhm den Effekt.

Die Offenheitsoffensive

»Was Sie da reden, ist doch dummes Zeug«, giftet ein Kollege in der Teambesprechung. Wer so angegriffen wird, reagiert reflexartig mit einer Verteidigungsrede oder verbittet sich den aggressiven Ton. Die Folge: Der Angreifer hat erreicht, was er wollte, die Rechtfertigung liefert Stoff für neue Attacken, Ärger kocht hoch, der Konflikt eskaliert.

Ersparen Sie sich diesen Stress. Drehen Sie in aller Ruhe den Spieß um und stellen Sie in neutralem Ton fest: »Sie meinen, ich bin schlecht vorbereitet.« Oder: »Sie halten mich für inkompetent.« Oder: »Mein Vorschlag ärgert Sie.« Sehr wahrscheinlich gerät der Angreifer ins Stottern und macht einen Rückzieher. Zumindest aber ist er in Erklärungsnot. Sind Mithörer im Raum, wird er erst recht nach Worten ringen.

Die Offenheitsoffensive erfordert Mut: Es ist nicht angenehm, ungeschminkt die Negativgefühle auszusprechen, die man offenbar erweckt. Umso mehr zwingt die Methode den Angreifer in die Defensive. Vermutlich relativiert er seine Aussage, vielleicht entschuldigt er sich sogar: »Verzeihung, das war unangemessen. Dennoch teile ich Ihre Meinung ganz und gar nicht, denn erstens …« Jetzt befindet sich das Gespräch wieder auf der Ebene der Sachinhalte und Begründungen. Darüber lässt sich reden.

Am besten probieren Sie die Offenheitsoffensive zunächst im vertrauten Kreis aus. Je öfter Sie die Taktik üben, desto überzeugender setzen Sie sie auch öffentlich ein.

Die Rückfragetechnik

Eine dumme Frage verdient eine dumme Antwort, hieß es früher. Heute gilt: Eine offensive Bemerkung verdient eine offensive Frage.

- »Würden Sie sich bitte kurz fassen.« – »Wie definieren Sie kurz?«
- »Das ist mir zu teuer.« – »Wie hoch ist Ihrer Ansicht nach ein angemessener Preis?«

- »Das ist doch kein Zustand.« – »Kein Zustand?«
- »Werde jetzt bitte nicht emotional.« – »Was verstehst du unter emotional?«
- »Du brauchst auch mal wieder ein neues Auto.« – »Aha, was meinst du damit?«

Ganz gleich, wie Sie die Frage formulieren, die Wirkung ist immer die gleiche: Sie gehen auf das Spiel des Angreifers nicht ein, sondern befördern den Ball energisch in dessen Spielhälfte zurück. Die Folge: Der andere ist beschäftigt, Sie selbst haben sich aus der Gefahrenzone begeben. Lenkt der andere bei der nächsten Replik ein, kehren Sie zu Ihrem gewohnt sachlich-freundlichen Ton zurück.

Wahrhaft siegt, wer nicht kämpft.
Sun Tzu

Die Klartextansage

Seitenhiebe und Sticheleien parieren Sie freundlich und lässig. Bei Schlägen unter die Gürtellinie und persönlichen Verletzungen greift das spielerische Verbalaikido allerdings zu kurz. In diesem Fall sind klare Worte gefragt:

- »Ihr Verhalten beleidigt mich. Bitte lassen Sie das.«
- »Deine Worte kränken mich. Bitte nimm das zurück.«
- »Das gehört nicht hierher, bitte mäßigen Sie sich.«
- »Ich halte es für besser, das Gespräch zu einem anderen Zeitpunkt fortzusetzen.«
- »Was du sagst, macht mich so ärgerlich, dass ich so nicht mehr weiterreden möchte.«

TALK-TOOL 28:
Einfluss nehmen

Früher war es leicht, sich zu behaupten: Klar geregelte Hierarchien bis in die Familie hinein gaben vor, wer führte und wer zu folgen hatte. Kontrolle, Sanktionen und Abhängigkeiten taten ihr Übriges. Heute gibt es noch immer Rangunterschiede, aber sie haben sich verwischt. Das Miteinander zwischen Managern und Spezialisten, Inhabern und Wissensarbeitern, Unternehmen und Kunden, Erwachsenen und Kindern, Männern und Frauen ist freier und gleicher geworden.

Wer sich behaupten will, muss deshalb überzeugen können. Er muss verstehen, dass jeder Mensch von anderen Beweggründen geleitet ist und seine Argumente entsprechend wählen. Die wichtigste Regel lautet deshalb: Stimmen Sie Ihre Beeinflussungsstrategie auf Persönlichkeit und Interessen des Gegenübers ab, lassen Sie sich nicht davon leiten, was Sie an seiner Stelle überzeugen würde.

Die folgenden Beeinflussungstaktiken geben Ihnen die Möglichkeit, maßgeschneidert und flexibel Überzeugungsarbeit zu leisten. Einzeln oder miteinander kombiniert sind sie universal einsetzbar, ganz gleich, ob Sie einen Kunden zum Abschluss eines neuen Leasing-Vertrags bewegen oder Ihrem übergewichtigen 11-Jährigen die regelmäßigen Besuche bei McDonald's & Co. ausreden möchten.

Befehle bellen ist out. Neugier, Initiative und Fantasie sind in.
Tom Peters

Die Kunst des Überzeugens

Der Mangement-Professor Charles J. Margerison hat festgestellt, dass vier Effekte auftreten können, wenn Einzelpersonen oder Gruppen aufeinander Einfluss nehmen:

+ Überzeugungseffekt: Der Beeinflusste lässt sich überzeugen und schließt sich der Meinung des Einflussnehmers an.

+ Verhandlungseffekt: Beide Parteien nähern sich einander durch Verhandeln an und schließen einen Kompromiss.

– Fixierungseffekt: Beide Parteien beharren auf ihrem Standpunkt, eine Annäherung wird nicht erzielt.

– Polarisierungseffekt: Beide Parteien wollen um jeden Preis gewinnen, die Kluft wird größer statt kleiner.

Unerwünschte Effekte vermeiden Sie, wenn Sie dem anderen nicht mehr abverlangen, als (gerade noch) innerhalb seiner persönlichen *Bandbreite des Akzeptablen* liegt.

Taktik 1: Begründen

»Das Leasing-Modell hat für Sie drei Vorteile. Erstens halten Sie Ihre Eigenmittel frei. Zweitens fahren Sie alle vier Jahre ein neues Auto mit aktueller Technik. Und drittens sparen Sie bares Geld. Wenn Sie einverstanden Sie, rechne ich Ihnen das gerne durch …«

Wer sich behaupten will, braucht gute Gründe. Daten, Fakten und logische Argumente bilden deshalb das Rückgrat der Einflussnahme. Sie wirken umso stärker, je präziser sie formuliert, je besser sie belegt und je genauer sie auf die Interessen des Zuhörers zugeschnitten sind:

Statt:	Sagen Sie:
Unpräzise:	**Präzise:**
»Mein Aufgabenbereich hat sich deutlich vergrößert.«	»Ich verantworte seit Jahresbeginn ein dreimal so hohes Budget wie bisher.«
Unbewiesen:	**Gut belegt:**
»Die Lebensmittelproduktion muss sich in den nächsten Jahren nahezu verdoppeln. Das ist hinlänglich bekannt.«	»Die Welternährungsorganisation erwartet, dass die Welt die Lebensmittelproduktion in den nächsten Jahren nahezu verdoppeln muss.«
Alllgemein:	**Auf den Zuhörer zugeschnitten:**
»Ein Big Mac enthält 23 Gramm Fett.«	»Ein Big Mac enthält 23 Gramm Fett – genauso viel wie acht Mohrenköpfe.«

Einschränkung: Begründen ist eine unverzichtbare Komponente der Einflussnahme. Allerdings sind gute Gründe allein zu wenig. Selbst ausgesprochen analytische Menschen treffen nämlich Entscheidungen nicht nur streng rational nach gründlichem Abwägen jedes Für und Wider. Computertomografien zeigen: Je komplexer eine Entscheidung, desto aktiver sind die Hirnbereiche, die Gefühlsinformationen verarbeiten, zum Beispiel der seitliche Cortex, die Basalganglien und die Amygdala.

Taktik 2: Inspirieren

»Meine Damen und Herren, das Grundgesetz, die soziale Markwirtschaft, die duale Berufsausbildung, all das waren Ideen, die die Menschen in der gesamten Welt inspirierten. In Deutschland wurde das erste Auto gebaut und der erste Computer, in Deutschland wurde das Aspirin entwickelt. Von diesen Innovationen zehren wir noch heute. Warum soll uns das, was uns früher und was uns zu Beginn dieser Bundesrepublik Deutschland, in den ersten Gründerjahren, gelungen ist, heute, in den – wie ich sage – zweiten Gründerjahren, nicht wieder gelingen? Lassen Sie uns also alle damit überraschen, was wir in diesem Lande können.«

Soweit Neukanzlerin Angela Merkel in ihrer ersten Regierungsrede. Der Redeausschnitt zeigt: Begründen und Inspirieren verhalten sich zueinander wie Wasser und Feuer. Wer begründet, spricht den Kopf an, wer inspiriert, berührt das Herz. Statt harter Zahlen und kalter Fakten gibt es diffuse Emotionen und schöne Aussichten.

- »Kopf hoch, das wird wieder.«
- »Stell dir vor, was das für eine tolle Erfahrung für dich wäre.«
- »Du bist Deutschland!«

Keiner dieser Appelle hält einer rationalen Betrachtung stand. Aber sie wecken die Vorstellungskraft und zeigen, was möglich ist, spornen an, machen Mut, rütteln auf. Inspiration ist das beste Mittel, jemanden zu großen Anstrengungen zu motivieren oder einen Gesprächspartner dauerhaft ins Boot zu holen.

Einschränkung: Um erfolgreich zu inspirieren, müssen Sie glauben, was Sie sagen. Nur wer selbst entflammt ist, kann auch in seinen Zuhörern Begeisterung entfachen. Außerdem wichtig: Ein Gesprächspartner, der einem Vorschlag ganz und gar ablehnend gegenübersteht, lässt sich nicht faszinieren. Nennen Sie in diesem Fall lieber gute Gründe, stellen Sie Fragen oder bieten Sie einen Handel an.

Wenn du ein Schiff bauen willst, so trommle nicht Männer zusammen, um Holz zu beschaffen, Werkzeuge vorzubereiten, Aufgaben zu vergeben und die Arbeit einzuteilen, sondern lehre die Männer die Sehnsucht nach dem weiten endlosen Meer.
Antoine de Saint-Exupéry

Taktik 3: Fragen

> *»Ich will Ihnen heute keine Zahlen und Fakten nennen. Die kennen Sie schon alle. Ich habe nur eine Frage: Warum zögern Sie, den Wagen zu leasen?«*

Fragen bringen den Gesprächspartner auf eigene Ideen und geben ihm das Gefühl, aktiv am Ergebnis beteiligt zu sein. Umso bereitwilliger wird er sich für die gefundene Lösung engagieren. Fragen eignen sich deshalb vor allem dort als Überzeugungstaktik, wo es darauf ankommt, dass der andere die gefundene Lösung mit trägt und lebt, zum Beispiel bei Beratungsgesprächen, im Coaching und beim Dialog zwischen Arzt und Patient: »Würden Sie gern wissen, wie Sie Ihr Darmkrebsrisiko um ein Drittel senken können?«
Darüber hinaus können Sie mit Fragen besonders gut auf Gesprächspartner Einfluss nehmen, die gefragt sein wollen und beim leisesten Druck empfindlich reagieren:

- »Sagen Sie mir, was Sie sich vorstellen. Ich überlege mir eine Lösung.«
- »Wann sollen wir dich von der Party abholen, was meinst du?«
- »Was halten Sie für einen realistischen Termin?«
- »Nur mal als Gedankenspiel: Welche Voraussetzungen müssten denn für dich erfüllt sein, damit du einen Umzug in Erwägung ziehst?«

Einschränkung: Beim Begründen und Inspirieren reden Sie auf die andere Person *ein*; damit geben Sie die Entwicklung des Gesprächs vor. Beim Fragen reden Sie dagegen *mit* dem Gesprächspartner, die Lösung entsteht gemeinsam. Das kann für Sie von Vorteil sein, eine Gewähr dafür gibt es allerdings nicht. Angenommen, Sie lassen im Gehaltsgespräch die Frage nach dem Geld souverän pokernd offen: »Sie kennen meine Umsätze. Was halten Sie für ein faires Angebot?« Zwei Ergebnisse sind möglich: Vielleicht nennt Ihr Chef so gefragt eine Zahl, die Ihre Erwartungen noch übertrifft. Vielleicht bietet er aber auch eine minimale Lohnerhöhung an, die Sie finanziell kaum weiterbringt und eher Groll als Freude weckt.

Taktik 4: Beifall spenden

»Die Entwürfe gefallen mir. Das haben Sie gut gemacht. Ausgezeichnete Arbeit, wirklich.«

Wir alle, so der Sozialforscher Robert B. Cialdini, lassen uns am leichtesten von Menschen beeinflussen, die wir mögen. Und wir mögen fast immer die Menschen, die uns gut tun – weil sie uns gut finden. Unseren Gesprächspartnern geht es nicht anders. Ein anerkennendes Wort oder ein aufrichtiges Kompliment sind deshalb ein fast sicherer Weg, andere zu gewinnen:

- »Schön wohnen Sie hier.«
- »Sie wirken so gut gelaunt, wie schaffen Sie das bei diesem Trubel nur?«
- »Ich höre, Sie haben den Zuschlag für das Projekt bekommen, herzlichen Glückwunsch.«

Streicheleinheiten für das Ego entwaffnen und erhöhen Ihren Einfluss, besonders bei Gesprächspartnern, denen an Ihrer guten Meinung liegt. Vorsicht ist gegenüber Ranghöheren geboten: Genießt jemand einen besonders herausgehobenen Status, fasst er womöglich auch ein ehrlich gemeintes Kompliment als anmaßend oder berechnend auf.
Einschränkung: Ein anerkennendes Wort verfehlt zwar selten seine Wirkung, doch darf der andere hinter dem positiven Feedback kein Kalkül vermuten. Loben und fordern Sie deshalb nicht in einem Atemzug. Im Idealfall lassen Sie sogar ein paar Tage dazwischen verstreichen. Außerdem wichtig: Nach dem Einflussnehmen ist vor dem Einflussnehmen. Schon deshalb sollten Sie im Nachhinein anerkennen, was der andere für Sie getan hat.

Taktik 5: Verweisen

»Übrigens: Elke Heidenreich hat den Roman kürzlich in »Lesen!« vorgestellt Sie hält ihn für ein wunderbares Buch, eines der schönsten, die sie kennt.«

Ihre Argumente mögen noch so gut sein – geglaubt werden sie manchmal nur, wenn sie aus berufenem Mund kommen oder dem, was der Gesprächspartner dafür hält. Verweisen können Sie wahlweise auf Experten, Prominente, zufriedene Kunden, die große Mehrheit (»Etwa 70 Prozent aller Fahrzeugneuzulassungen sind geleast oder kreditfinanziert«), die Nachbarn (»Meiers fahren seit Jahren ...«), den coolen Typen aus der 10a, die *Frankfurter Allgemeine* oder die *Berliner Morgenpost*, Figuren aus Filmen und TV-Serien, aktuelle Managementtrends oder zweitausend Jahre alte Kampfstrategien, Harald Schmidt oder Abraham Lincoln – also auf alles, womit Ihr Gegenüber sich identifiziert.
Einschränkung: Nicht jeder überzeugt jeden. Wählen Sie also genau aus, auf wen (oder was) Sie wem gegenüber verweisen. Sonst schadet die Taktik mehr als sie nützt.

Taktik 6: Handeln

»Wenn Sie unserer Agentur den Zuschlag erteilen, werden wir uns wie Ninja-Krieger für das Projekt ins Zeug legen, auch abends und an den Wochenenden, darauf haben Sie mein Wort.«

Beim Handeln bieten Sie dem anderen im Austausch für sein Entgegenkommen eine Gegenleistung an. Der Deal kann offen ausgesprochen werden: »Wenn du das Wohnzimmer streichst, übernehme ich im Gegenzug die Steuererklä--rung.«
Mindestens ebenso wirksam sind unausgesprochene Deals. Kleine Gesten wie ein kostenlos angebotener Espresso beim Jeanskauf oder eine unerwartete SMS zum Urlaubsbeginn bewirken, dass Kunden sorgloser kaufen und Kollegen uns bereitwilliger unterstützen. Dahinter steht die Reziprozitätsregel (*reziprok:* »wechselseitig, gegenseitig«): Wer eine Gefälligkeit angenommen hat, fühlt sich verpflichtet, sich in absehbarer Zeit zu revanchieren.
Einschränkung: Deals erfordern Fairness auf beiden Seiten. Bei Abzockern, die ungeniert nehmen und wenig geben, funktioniert die Taktik nicht.

Taktik 7: Einen Gefallen erbitten

> *»Kannst du mir einen großen Gefallen tun: Begleitest du mich zur Hochzeit von Caro und Emil?«*

Einen Gefallen zu erbitten heißt, offen etwas einzufordern, einfach nur, weil man es möchte, braucht oder haben will. Die Taktik funktioniert nur, wenn der »Retter in der Not« Sie persönlich schätzt oder an einer guten, andauernden Beziehung interessiert ist. So oder so sollten Sie die Strategie nicht überstrapazieren: Sie ist eine Abhebung vom Beziehungskonto, die man sich nur gelegentlich leisten kann.
Einschränkung: Hat Ihnen jemand einen Gefallen getan, greift die Reziprozitätsregel. Das heißt: Zahlen Sie Ihre »Schulden« bei nächster Gelegenheit zurück. In manchen Fällen werden Sie die Dankesschuld nie wirklich abtragen können. Hat ein Freund Sie für den gut dotierten Job empfohlen, ist die Partnerin Ihrer Karriere zuliebe von Freiburg nach Filderstadt gezogen, stehen Sie in der Schuld, solange Sie die Vorteile des Entgegenkommens genießen.

Taktik 8: Ein Machtwort sprechen

> *»Wir werden das machen – und damit basta.«*

Ein Machtwort zu sprechen ist die härteste Form der Einflussnahme. Wer sie nutzt, nimmt für sich in Anspruch, kraft der eigenen Fachkompetenz, finanziellen Potenz oder gesellschaftlichen Position am längeren Hebel zu sitzen. Der andere wird zum Bittsteller, Abhängigen oder Juniorpartner degradiert.
Wenn alles klappt, führt die klare Ansage schnell und unaufwändig zum Ergebnis. Allerdings müssen Sie damit rechnen, dass der Gesprächspartner sich Ihrem Bescheid mehr resigniert als enthusiastisch fügt. Rechnen Sie also nicht mit Engagement und Loyalität. Die wenigsten Gesprächspartner fühlen sich an ein Wort gebunden, das ihnen abgepresst wurde.
Einschränkung: Wenn Sie erfolglos auf Ihre Macht pochen, haben Sie verspielt. Alle weicheren Taktiken der Einflussnahme sind Ihnen ab diesem Punkt verschlossen – jedenfalls

meistens. Wählen Sie das Machtwort deshalb, wenn überhaupt, nur als letztes Mittel der Einflussnahme, nicht als Eröffnungsstrategie. Höchstens unter Zeitdruck setzen Sie gleich am Anfang alles auf eine Karte. Dann, aber wirklich nur dann, kann es sinnvoll sein, mit Befehl und Gehorsam zu führen.

Acht Taktiken, 255 Einflussmöglichkeiten

Manchmal genügt eine einzige Taktik der Einflussnahme, um den Gesprächspartner zu überzeugen. In den meisten Fällen wenden wir aber eine Kombination aus mehreren Taktiken an, um ans Ziel zu gelangen. Rechnerisch sind bei acht Taktiken bis zu 255 verschiedene Optionen möglich.

Rechnerisch – denn die Kunst der Einflussnahme besteht auch darin, weder das eigene Pulver frühzeitig zu verschießen noch dem anderen Daumenschrauben anzulegen. Deshalb ist es sinnvoll, mit weichen Taktiken wie Begründungen, Fragen und Komplimenten zu eröffnen. Einen Handel sparen Sie sich besser für Fälle auf, in denen andere Strategien wenig Erfolg versprechen. Die Bitte um einen Gefallen verpufft, wenn Sie die Taktik überstrapazieren. Inspirieren zündet nicht, wenn Sie selbst nicht wirklich hinter Ihrem Vorschlag stehen oder wenn der andere von Haus aus misstrauisch ist, aus Erfahrung klug oder aus Prinzip total dagegen. Das autoritäre Machtwort sollten Sie nur als letztes Mittel nutzen – von hier aus gibt es nur schwer ein Zurück.

Tipp: Beobachten Sie, welche Einflussstrategien Sie besonders erfolgreich einsetzen und bei welchen Sie noch zulegen können. Probieren Sie Taktiken, die Sie weniger gut beherrschen, zunächst in überschaubaren, unkritischen Situationen aus.

Versöhnen können

■ ***Wie Sie für gute Stimmung sorgen, Wogen glätten und Ärger im Keim ersticken***

Er, Henry, hatte sich verpflichtet und genötigt gefühlt, seine Macht zu missbrauchen – dabei hatte er sich selbst erst in diese Zwangslage gebracht. Von Anfang an hatte er die falsche Einstellung gehabt, war nicht defensiv genug gewesen und könnte einen aufgeblasenen oder herablassenden Eindruck gemacht haben. Vielleicht auch provokant. Er hätte freundlicher sein, sich überwinden, die Zigarette annehmen und sich lockerer geben können, hätte aus einer Position der Stärke heraus handeln sollen, stattdessen war er ungehalten und streitlustig gewesen.

Ian McEwan, Saturday

SELBST-CHECK:
Versöhnen können

Wenn Gespräche unerfreulich verlaufen, machen wir gern inhaltliche Gegensätze oder unvereinbare Charaktere dafür verantwortlich. Natürlich kann beides den Meinungsaustausch erschweren. Aber meistens sind an einem Krach mit den liebsten Menschen der Welt oder einem gereizten Ton im Team weder grundlegende Meinungsverschiedenheiten schuld noch mangelnde Sympathie. Sondern Kleinigkeiten: zum Beispiel wenn uns Kritik leichter über die Lippen kommt als Komplimente, wenn wir übersehen, was im anderen vorgeht oder wenn wir Ärgernisse unnötig hart ansprechen.
Den folgenden Checklisten können Sie entnehmen, welchen Beitrag Sie zum Gesprächsklima leisten. Kreuzen Sie für jede Verhaltensweise die Antwort an, die am ehesten auf Sie zutrifft.

Was dem Gesprächsklima gut tut		**Selbst-Check**		
Verhalten	Wirkung	Wie häufig verhalten Sie sich so?		
		Meistens	Manchmal	Selten/Nie
Themen behutsam ansprechen	sympathisch, kooperativ, gelassen	■	■	■
Voll bei der Sache sein	interessiert, höflich	■	■	■
Durch kleine Einwürfe Verständnis und Solidarität signalisieren	sympathisch, kooperativ, gewinnend	■	■	■
Unqualifizierte Angriffe ignorieren und das Gespräch auf die Sachebene zurückführen	überlegen, belastbar, selbstbeherrscht, diszipliniert	■	■	■
Die Motive hinter den Forderungen des Gesprächspartners ergründen	offen, flexibel, lösungsorientiert	■	■	■
Danke sagen	liebenswürdig, anerkennend, charmant	■	■	■
Absagen und schlechte Nachrichten mitfühlend überbringen	taktvoll, verständnisvoll, solidarisch	■	■	■
Sich ohne Wenn und Aber entschuldigen	einsichtig, freimütig, integer	■	■	■
Leistungen freigebig und nuanciert anerkennen	motivierend, großzügig	■	■	■

Unvorteilhafte Eindrücke vermeiden			**Selbst-Check**		
Verhalten	Gewünschte Wirkung	Möglicherweise erzielte Wirkung	Wie häufig verhalten Sie sich so?		
			Meistens	Manchmal	Selten/Nie
Mit der Tür ins Haus fallen	offen, energisch, unkompliziert	aggressiv, kritisch, irritierend	■	■	■
Sich auf den Inhalt konzentrieren, nicht auf das Klima	nüchtern, professionell, berechenbar	kalt, emotionslos, verunsichernd	■	■	■
Spannungen ignorieren	sachbezogen, professionell	unkooperativ, unsensibel, konfliktverschärfend	■	■	■
Angriffe energisch kontern	selbstbewusst, couragiert, durchsetzungsstark	konfliktverschärfend, unprofessionell, verletzt	■	■	■
Emotionen des Gesprächspartners ignorieren	nüchtern, realistisch, abgehärtet	gedankenlos, herablassend, gefühllos	■	■	■
Fehler herunterspielen	locker, selbstbewusst	uneinsichtig, provozierend, schwach	■	■	■
Lob und Komplimente sparsam verteilen	ernsthaft, kritisch, anspruchsvoll	unzufrieden, engherzig, missgünstig	■	■	■

Ein anstrengender Tag, ein genervter Satz, eine gereizte Antwort – ein Wort gibt das andere, die Stimmen werden lauter, die Blicke eisig, vielleicht knallen Türen. Sie kennen die Situation, jeder kennt sie. Sie ereignet sich täglich millionenfach – zu Hause, im Büro, am Reklamationsschalter. Eine kleine Meinungsverschiedenheit schaukelt sich zum Schlagabtausch hoch, eine winzige Stichelei vergiftet die Atmosphäre. Am Ende kann oft keiner der Beteiligten sagen, wie es zu dem Wortwechsel kam, den niemand plante und keiner wollte.

Fest steht allerdings, dass Gespräche nur *scheinbar* aus heiterem Himmel eskalieren. Jeder Entladung, jeder Eiszeit gehen kleine Irritationen voraus, haarfeine Risse in der Kommunikation, die entweder nicht bemerkt oder gedankenlos ignoriert werden. Dagegen gibt es ein einfaches Rezept: Wir müssen dem Gesprächsklima genauso viel Aufmerksamkeit schenken wie den Gesprächsthemen. Denn es leuchtet ein, dass Gespräche dann am besten gelingen, wenn wir uns und den Gesprächspartner sorgfältig beobachten, einander mit Beifall und Lachen bei Laune halten und kleine Kratzer auf der Seele sofort verarzten. Selbst wenn wir finden, der andere sei überempfindlich und die winzige Missstimmung halb so schlimm.

Diese Vorsichtsmaßnahmen zaubern Konflikte nicht weg, verhindern aber, dass sich ein winziger Kratzer zur eiternden Wunde entwickelt.

TALK-TOOL 29:
Besänftigend kommunizieren

Morgens um sieben genügen ein paar Spritzer am Badezimmerspiegel, um einen giftigen Wortwechsel auszulösen. Im Gegensatz dazu gelingt es kaum eine Stunde später, sich nett und vernünftig mit dem Fahrer zu einigen, der gerade die eigene Stoßstange gerammt hat. Anscheinend hängt es nicht von der Schwere eines Konflikts ab, ob er gereizt gelöst wird oder verständig. Entscheidend ist vielmehr, wie entspannt die Kontrahenten miteinander umgehen.

Auge um Auge führt nur zur Blindheit.
Mahatma Gandhi

Versöhnlich einsteigen

Die meisten Gespräche enden in der Tonlage, in der sie begannen. Kommunikationsexperten empfehlen deshalb, Konflikte möglichst stressfrei anzusprechen: ohne Vorwürfe und sarkastische Bemerkungen. Die Bereitschaft dazu haben wir durchaus. Allerdings: Je heikler das Thema, je schwieriger der Gesprächspartner, je unerfreulicher die Vorgeschichte, desto mehr steigt die Gefahr, dass die innere Anspannung sich im Ton niederschlägt:

> *»Musst du schon wieder …?« – »Können Sie nicht …?« – »Geht das nicht leiser?« – »Hätten Sie vielleicht die Güte …?« – »Wir müssen jetzt endlich …« – »Kannst du nicht einmal …« – »Haben Sie endlich …?«*

Ein gereizter Auftakt mag einen Moment lang erleichtern. Aber der unwirsche Ton bringt den Gesprächspartner in Abwehrstellung. Er mauert, widerlegt, regt sich auf und verleugnet vielleicht sogar die Wahrheit. Entsprechend unerfreulich verläuft das weitere Gespräch.

Mit einem neutralen Einstieg kommen Sie schneller ans Ziel. Beim Auftakt geht es ja nicht nur darum, unseren Forderungen Ausdruck zu verleihen, wir müssen auch die Kooperationsbereitschaft des Gesprächspartners gewinnen. Das gelingt am besten sachlich und vorwurfsfrei:

- »Ich fände es schön, wenn …«
- »Ich habe es so genossen, als …«
- »Ich sehe die Gefahr, dass …«
- »Die Einladungen müssen spätestens übermorgen raus. Wir hatten ausgemacht, dass Sie die Adressen zusammenstellen.«

Wenn Sie einem entspannten Auftakt mehr Aufmerksamkeit schenken, durchbrechen Sie den Teufelskreis aus Vorwurf und Abwehr. Ein Zyklus des Vertrauens und Entgegenkommens entsteht. Plötzlich geht, was vorher unmöglich erschien: Konflikte werden partnerschaftlich gelöst, Probleme unaufgeregt aus der Welt geschafft.

Vermeiden, was verärgern kann

Manchmal ruft Gedankenlosigkeit den größten Ärger hervor:

- **Wegschauen:** Immer wieder gleitet der Blick des Partners zur Zeitung. Dabei versucht man ihm gerade klar zu machen, wer welches Kind um wie viel Uhr wo abliefern muss.
- **Wortwahl:** »Geil«, freut sich die Tochter im Teenageralter über das mitgebrachte T-Shirt. In ihrer Altersgruppe scheinen zwar alle alles so zu bezeichnen. Trotzdem erhöht das G-Wort den Reizpegel.
- **Killerphrasen:** »Das kriegst du nie durch«, kommentiert die Kollegin das sorgfältig erarbeitete Thesenpapier. Ein Satz – und die Hochstimmung fällt in sich zusammen.
- **Ratschläge:** Man würde der Familienrunde gern die Pläne für das neue Haus erläutern, aber weiter als zur Westfassade ist man bisher nicht gekommen: Die anderen am Tisch überbieten einander mit Warnungen, Ratschlägen und Nachfragen.

Kleinigkeiten eigentlich, Nichtigkeiten nur, aber sie reizen und frustrieren. Auch wenn wir uns die Verstimmung nicht anmerken lassen: Spätestens bei der nächsten kleinen Irritation reagieren wir genervt. Woraufhin der andere vielleicht die Augen verdreht oder süffisant »Oh, oh!« sagt oder arglos fragt: »Was ist denn los mit dir?« … und das Drama nimmt seinen Lauf.

Wir haben wenig Einfluss darauf, wie viel Verantwortung unsere Gesprächspartner für den Gesprächsablauf übernehmen. Selber haben wir es jedoch in der Hand, das Gesprächsklima behutsam zu umhegen.

Sagen, was gut tut

Wer sanft einsteigt und Provokationen bewusst vermeidet, hat die gefährlichsten Gesprächsklippen umschifft. Im nächsten Schritt geht es darum, die Stimmung durch Aufmerksamkeit und Zuwendung so zu stabilisieren, dass sie auch einen Stoß verkraften kann:

- **Sich mitfreuen:** »Ach, schön.«
- **Einsehen:** »Du hast ja Recht. Es fällt mir nur schwer, so konsequent zu sein.«
- **Sich solidarisch zeigen:** »Du hättest es verdient. Diese Idioten wissen überhaupt nicht, was sie an dir haben.«
- **Verständnis äußern:** »Ich verstehe, dass Sie das belastet.«
- **Zustimmen:** »Das ist ein gutes Argument ...«

Kleine Aufmerksamkeiten wie diese sind Balsam für die Seele – schöner Luxus, wenn ein Gespräch gut läuft, schnelle Rettung, wenn Spannungen spürbar werden. Sie füllen das Beziehungskonto, fangen drohende Missstimmungen ab und sind das beste Mittel, einen Konflikt zu deeskalieren, bevor er sich zur Krise hochschaukelt.
Einzige Voraussetzung: Wir müssen die Disziplin aufbringen, beim Reden jede noch so kleine Spannung und Störung zu beachten. Das heißt natürlich nicht, dass wir ein Riesenthema daraus machen und den anderen mit Was-hast-du-denns oder Jetzt-sei-doch-nicht-sos eher nerven als entspannen, sondern dass wir unmerklich reagieren. Im Straßenverkehr nehmen wir ja auch kurz das Tempo raus, wenn der andere etwas zu weit in die Mitte gerät, und fahren ihm nicht gleich an den Karren. Der kleine Reflex genügt, um eine potenziell gefährliche Situation zu entschärfen.

TALK-TOOL 30:
Konflikte entschärfen

Keine Frage: Streit muss sein. Ohne Spannungen und Differenzen gäbe es weder kreative Lösungen noch kluge Kompromisse. Wir träten auf der Stelle. Allerdings sind Konflikte nur dann ein Motor für Veränderung und Verbesserung, wenn wir sie konstruktiv bewältigen. Deshalb dürfen wir beim Ringen um die beste Lösung die gute Beziehung zueinander

Man muss den rollenden Schneeball zertreten. Die Lawine hält keiner mehr auf. Sie ruht erst, wenn sie alles unter sich begraben hat.
Erich Kästner

nicht aus den Augen verlieren. Diese gegensätzlichen Ansprüche zu vereinen, ist einfacher, als es klingt. Drohende Kampfhandlungen kündigen sich nämlich durch ein paar untrügliche Zeichen an. Wer sie erkennt und bemerkt, kann beizeiten gegensteuern und (sich) bremsen. Dahinter steht der Gedanke: Den anderen können wir nicht ändern. Aber wenn wir uns bemühen, selbst einen kühlen Kopf zu bewahren und konstruktiv zu bleiben, reagieren auch die meisten Gesprächspartner entgegenkommend.

Bissige Bemerkungen

»Ich dachte, wir wollten uns einen schönen Tag machen.« – »Gut, dann eben nicht. Darauf kommt es jetzt auch nicht mehr an.« – »Sie mit Ihren fixen Ideen!« – »Was soll das denn?« – »Also, so geht das nicht.«

Bissige Bemerkungen und Fragen sind so überflüssig wie Krampfadern und Herpesbläschen. Statt das Gespräch voranzubringen, erfüllen sie es mit Groll und Missmut.

Konfliktverschärfende Reaktion: Die Versuchung ist groß, die Unart mit einer wohl platzierten Bemerkung zu kontern oder ein Gespräch über den Gesprächsverlauf in Gang zu setzen: »Bitte nicht diesen Ton«. Beides würde die Lawine endgültig lostreten.

Souveräne Reaktion: Sachlichkeit. Ignorieren ist die beste Medizin. Halten Sie sich konsequent an die Fakten. Mit einer neutral formulierten Frage bahnen Sie den Weg zurück zur Inhaltsebene:

Der Edle kümmert sich nicht darum, wenn ihm die Anerkennung vorenthalten wird; denn er ist damit beschäftigt, Dinge zu tun, die Anerkennung verdienen.
Konfuzius

- »Ich dachte, wir wollten uns einen schönen Tag machen.« – »Was würdest du denn gern als Nächstes tun?«
- »Gut, dann eben nicht. Darauf kommt es jetzt auch nicht mehr an.« – »Wenn ich Sie richtig verstehe, befürworten Sie einen früheren Produktanlauf?«

Ist der inhaltliche Gehalt einer bissigen Bemerkung gleich null, lassen Sie den Angriff mit den Mitteln des Verbalaikido ins Leere laufen:

- »Sie mit Ihren fixen Ideen!« – »Können Sie das bitte präzisieren?«
- »Also, so geht das nicht!« – »Du bist mit meinem Vorschlag nicht einverstanden.«

Maßlose Übertreibungen

»Wenn ich in dieser Woche die Steuererklärung machen soll, ist mir der ganze Urlaub verdorben.« – »Das ist eine Katastrophe.« – »Wenn ich das Projekt in den Sand setze, bin ich für immer in der Branche ruiniert.« – »Nur über meine Leiche.«

Übertreibungen und Überreaktionen machen aus einem Problem ein Drama und stilisieren einen Minikonflikt zur großen Oper hoch. Plötzlich geht es ums Ganze.

Konfliktverschärfende Reaktion: Als Gesprächspartner sehen wir uns in die Enge gedrängt: Das Thema ist so lächerlich hoch aufgehängt, dass eine Lösung in weite Ferne rückt. Instinktiv würde man den anderen gerne wieder auf den Boden der Tatsachen zurückholen. Allerdings würden Ermahnungen (»Ach komm, übertreib nicht.«), Richtigstellungen (»Ich habe den Abgabetermin für den Lohnsteuerjahresausgleich nicht erfunden.«) und Beschwichtigungen (»Ach was, dafür genießt du einen viel zu guten Ruf.«) den Konflikt nur anheizen: Der andere sieht sich dann nicht ernst genommen und steigert sich erst recht in seine Sicht der Dinge hinein.

Souveräne Reaktion: Verständnis. Übertreibungen signalisieren, dass der Gesprächspartner sich überfordert fühlt. Er braucht daher Verständnis und Zustimmung, nicht Widerspruch und Verharmlosung:

- »Wenn ich in dieser Woche die Steuererklärung machen soll, ist mir der ganze Urlaub verdorben.« – »Die Steuererklärung nervt dich, das verstehe ich gut.«
- »Wenn ich das Projekt in den Sand setze, bin ich für immer in der Branche ruiniert.« – »Das hört sich an, als wäre das Projekt schwieriger als die vorhergehenden. Woran liegt das denn?«

Gleichzeitig können Sie mit Ihrer Antwort die Größe des Problems behutsam relativieren: »Das ist eine Katastrophe.« – »Du hast Recht, die Situation ist wirklich nicht einfach.«

Gedankenlesen

> *»Kathrin, ich fürchte, der Seminarplan ist noch nicht ganz ausgegoren …« – »Jetzt komm mir bloß nicht mit Vorwürfen. Wer musste denn am Donnerstag dringend weg?«*

Was andere aus unseren Worten herauslesen, haben wir nur bedingt im Griff. Wir schneiden ein Thema an, und ehe wir uns versehen, ist ein Konflikt am Brodeln. Der Grund hierfür kann sein, dass die Gesprächspartnerin vermutet, dass wir etwas anderes meinen, als wir sagen. Statt auf den gesprochenen Text reagiert sie auf den vermuteten oder realen Subtext – die Worte hinter den Worten.

Konfliktverschärfende Reaktion: Natürlich kann man wütend werden, wenn die Kollegin den unverfänglich formulierten Auftakt als Vorwurf interpretiert. Es liegt einem auf der Zunge, die Sache richtigzustellen: »Ich mache dir keine Vorwürfe, ich möchte nur, dass wir noch mal über den Zeitablauf sprechen.« Vielleicht schlägt man auch beleidigt zurück:»Ach, vergiss es, dann eben nicht.« So oder so: Die Laune fällt, die Negativspirale dreht sich weiter.

Souveräne Reaktion: Klärung. Zeigen Sie Größe und decken Sie das Missverständnis auf, am besten abgepuffert durch eine besänftigende Einleitung:

- »Ich glaube, wir haben uns missverstanden: Ich wollte sagen, dass …«
- »Ich glaube, ich habe mich nicht deutlich ausgedrückt. Was ich gemeint habe, ist …«

Generalvorwürfe

> *»Jetzt denk doch mal nach. Du bist so was von unkreativ.« – »Sie müssen wohl immer das letzte Wort haben.« – »Wenn Sie nur einmal von sich aus an die Messeeinladungen denken würden.« – »Typisch du. Du hörst einfach nie zu.«*

Pauschalvorwürfe kränken. Schwer zu widerlegen sind sie obendrein, denn der andere kritisiert nicht nur einen einzelnen Vorfall, er stellt unsere Persönlichkeit infrage.
Konfliktverschärfende Reaktion: Pauschalvorwürfe erzeugen ein ungutes Gefühl zwischen Wut und Betroffenheit. Am liebsten würde man sie energisch zurückweisen (»Das stimmt doch nicht, ich setze mich nur für meine Überzeugungen ein.«) oder den Angriff mit gleicher Münze heimzahlen (»Du musst reden, dir fällt doch auch nichts Brauchbares ein.«). Produktiv ist weder das eine noch das andere, beides erhöht die Gereiztheit und liefert Stoff für neue Seitenhiebe.
Souveräne Reaktion: Spezifizierung. Lassen Sie sich keine Grundsatzdiskussion aufnötigen, konzentrieren Sie sich darauf, das aktuelle Problem zu lösen. Überlegen Sie kurz, warum der andere zum verbalen Rundumschlag ausholt.
Will er Sie Ihrer Ansicht nach provozieren, äußern Sie Ihr Missfallen und kehren umgehend zum eigentlichen Thema zurück: »Das ist ein Pauschalvorwurf, darauf möchte ich nicht eingehen. Was die morgige Präsentation betrifft, hast du Recht: Im Moment fällt mir dazu noch kein überzeugender Ansatz ein.«
Erhebt der andere den Pauschalvorwurf aus rhetorischer Hilflosigkeit, üben Sie Nachsicht: »Entschuldige, ich bin wirklich abgedriftet. Erklärst du mir noch mal, worum es geht?«

Beleidigungen

> *»Ihr Konzept ist vollkommener Quatsch. Idee, Umsetzung, Budgetierung – völlig inhaltsleer.« – »Du hast doch keine Ahnung.« – »Ja bin ich denn hier von lauter Idioten umgeben?«*

Angriffe wie diese bewegen sich hart am Rand der Beleidigung. Häufig stehen Menschen, die sich so unkontrolliert äußern, entweder über uns in der Hierarchie – oder uns sehr nahe. Autorität und Intimität haben zwar wenig gemeinsam, aber beide machen achtlos.
Konfliktverschärfende Reaktion: Sie nehmen die Worte des Cholerikers für bare Münze und reagieren genauso gehässig.

Ein Kampf mit ungewissem Ausgang wäre die Folge. Bei Einmalbegegnungen – der Schlagabtausch mit dem Drängler am Skilift, das Wortgefecht mit einem unsympathischen Kunden – hielte sich der Schaden in Grenzen. In der Familie oder am Arbeitsplatz dagegen steht viel auf dem Spiel, ein impulsiver Gegenschlag könnte die Beziehung lange Zeit belasten, womöglich sogar für immer zerstören. Zurückschlagen ist deshalb keine Alternative, wenn man weiter mit den anderen leben oder arbeiten will.

Souveräne Reaktion: Waffenstillstand. Der französische Philosoph Jean-Jacques Rousseau (1712–78) bewertet Beleidigungen als die »Argumente derer, die Unrecht haben«. Die Umdeutung erleichtert es, kaltblütig zu reagieren und das Gespräch in produktivere Bahnen zu steuern:

- **Option 1:** Bei ranggleichen Gesprächspartnern können Sie nach einem Schlag unter die Gürtellinie den Raum verlassen: »Ich habe den Eindruck, das ist jetzt nicht der richtige Zeitpunkt für ein Gespräch.« Oder schärfer: »Auf diesem Niveau verhandle ich nicht. Lassen Sie uns ein anderes Mal darüber reden.«

- **Option 2:** Spielen Sie auf Zeit, auch wenn es ein Vorgesetzter war, der sich im Ton vergriffen hat: »Ihre Reaktion überrascht mich, darüber muss ich erst einmal nachdenken.«

- **Option 3:** Lassen Sie den Choleriker ausreden, er ist Einwänden ohnehin nicht zugänglich. Danach versuchen Sie betont höflich, Licht in das Dunkel der Vorwürfe zu bringen: »Das Konzept gefällt Ihnen nicht. Welche Änderungen halten Sie für vordringlich?«

Wut lebt vom Widerspruch. Sie legt sich meist schnell, wenn sie keine neue Nahrung bekommt. Manche rudern gleich zurück: »Das Konzept können Sie in den Papierkorb werfen. Also gut, Ihre Ideen für die Namensfindung sind nicht schlecht.« Andere entschuldigen sich am nächsten Tag für den Ausrutscher: »Das mit gestern tut mir leid, ich habe mich im Ton vergriffen.«

Wie Sie Ruhe bewahren

Es erfordert innere Stabilität, auf bissige Bemerkungen, Pauschalvorwürfe oder Beleidigungen nicht einzugehen. So können Sie sich während eines konfrontativen Gesprächs selbst beruhigen:

1. Fragen Sie sich bei einem Angriff nicht, was Sie gegen den anderen tun können. Fragen Sie sich, was Sie für sich tun können.

2. Sagen Sie zunächst einmal gar nichts. Trinken Sie einen Schluck Wasser, treten Sie einen Augenblick ans Fenster, warten Sie, ob der andere von sich aus die Unangemessenheit des Gesagten begreift.

3. Entspannen Sie sich. Atmen Sie dreimal tief ein und doppelt so langsam aus. Noch besser: Nutzen Sie eine Entspannungstechnik, die sich für Sie bewährt hat.

4. Versetzen Sie sich in die Situation des Gegenübers, nehmen Sie die Du-Perspektive ein. Vielleicht steht der andere selbst massiv unter Druck, vielleicht missfällt ihm Ihre lockere Leichtigkeit, vielleicht neigt er von Haus aus zum Poltern, womöglich glaubt er sogar, Sie mit einem besonders harten Führungsstil zu Spitzenleistungen zu motivieren.

5. Lassen Sie sich von Herabsetzungen nicht einschüchtern. Nicht Sie sind dafür verantwortlich, der andere hat sich nicht im Griff. Seien Sie stolz darauf, wie großmütig, selbstsicher und beherrscht Sie mit dem unqualifizierten Angriff umgehen.

6. Egal, wie Sie am Ende reagieren: Konzentrieren Sie sich auf Fakten, nicht auf Gefühle und Meinungen. Solange Sie auf der Sachebene bleiben, behalten Sie die Kontrolle über das Gespräch.

Unüberbrückbare Differenzen

Ihr Kollege ist ein Ordnungsfanatiker, Sie brauchen das kreative Chaos. Der Partner, die Partnerin ist nicht gern unter Leuten, Sie haben gesellschaftliche Verpflichtungen. Ihre Töchter wünschen sich einen Labrador, Ihnen wäre sogar ein Goldhamster zu viel. Raucher und Nichtraucher, Kirchgänger und Skeptiker, Mobile und Sesshafte – es gibt Konflikte, die man bei allem Verständnis nicht einfach auflösen kann. Man kann sich nur damit arrangieren.
Konfliktverschärfende Reaktion: Bleibende Probleme haben mit der Persönlichkeit, den Vorlieben, Ängsten und Träumen des anderen zu tun. Alles Streiten, Argumentieren, Drohen, Inspirieren oder Schmeicheln würde nur Unbehagen und Feindseligkeit erwecken. Der andere wird zwar gelegentlich

bereit sein, Rücksicht zu nehmen. Aber dass der kirchenferne Partner Sie an Ostern in den Gottesdienst begleitet, ist eine freundliche Geste, sie löst nicht das Problem prinzipiell unterschiedlicher Wertvorstellungen.
Souveräne Reaktion: Arrangieren. 70 Prozent aller Konflikte in einer Partnerschaft, stellte der Psychologe John M. Gottman fest, gehören der Kategorie der »ewigen« Probleme an. Bei Konflikten mit weniger nahe stehenden Personen dürfte der Anteil der »ewigen« Probleme noch größer sein. Immerhin: Wer sie erkennt und anerkennt, kann lernen, damit klarzukommen – wie mit einer Allergie oder einem Tennisarm.
Wichtigster Ansatzpunkt: Hören Sie auf, in Positionen zu denken, sie sind unverrückbar – Standpunkte eben. Ergründen Sie lieber die *Motive* hinter den Positionen. Ihre Töchter wollen einen Labrador, Sie lehnen die Anschaffung eines Haustiers ab. Geht man den Äußerungen auf den Grund, stellt sich heraus: Die Kinder wünschen sich ein Tier zum Gernhaben, Anfassen und Angeben. Sie möchten kein Tier im Haus, schon gar keinen Hund, denn die Arbeit bliebe am Ende ja doch wieder an Ihnen hängen.
Das Gespräch über die Motive (*warum* jemand etwas will) erweitert den Handlungsspielraum und fördert neue Ideen zutage: Vielleicht könnte ein Pony oder eine Reitbeteiligung die Lösung sein. Oder man redet einmal mit den Nachbarn drei Häuser weiter. Vielleicht freuen die sich, wenn jemand zwei-, dreimal in der Woche ihren Labrador ausführt.

TALK-TOOL 31:
Das Beziehungskonto füllen

Bitte, danke, Entschuldigung, tut mir leid für dich – Höfliche beherrschen die wichtigsten Signale des respektvollen Miteinanders im Schlaf. Die feste Verankerung verleiht Sicherheit und zeugt von guter Erziehung. Manchmal führt sie allerdings dazu, dass unser Dank formelhaft wirkt, unsere Entschuldigungen mechanisch und unser Mitgefühl routiniert. Im Folgenden finden Sie Möglichkeiten, mehr innere Beteiligung auszustrahlen.

Dank aussprechen

Danken bedeutet: Dankbarkeit zum Ausdruck zu bringen. Ein schmuckloses »Danke« ist dafür oft zu wenig. Es genügt allenfalls, um den Empfang des Wechselgelds an der Kasse oder des Zuckerstreuers beim Italiener zu quittieren. Gewöhnen Sie sich deshalb an, Ihr »Danke« immer mit dem Grund Ihrer Anerkennung zu verbinden:

- »Vielen herzlichen Dank für die kompetente Beratung.«
- »Danke, dass Sie mich noch einschieben konnten.«
- »Danke, dass Sie diese Frage aufwerfen.«
- »Danke für die muntere Gesprächsrunde.«
- »Danke, ich finde, das haben wir gut zusammen hinbekommen.«
- »Danke, es war schön mit dir.«

Das »Danke« mit dem Zusatz wirkt gewandt und sympathisch, hebt die Stimmung und ermutigt den Gesprächspartner, sich auch in Zukunft für Sie ins Zeug zu legen, Sie zu unterstützen, Sie weiterzuempfehlen oder gerne wieder mit Ihnen zu arbeiten. Es sich anzugewöhnen ist einfach. Am besten fangen Sie auf der Stelle damit an.

Schlechte Nachrichten abfedern

»Nächste Woche sieht es schlecht aus beim Jens«, sagt die neue Mitarbeiterin im Friseursalon, den man seit Jahren besucht. »Ich könnte Ihnen höchstens einen Termin bei der Sally …« Um Himmels willen, dann lieber einen Bad-Hair-Day, denkt man bei sich, und lehnt dankend ab – nicht ohne die Bitte um einen Anruf, falls doch überraschend ein Termin beim Lieblingsfriseur frei wird. »Das kann ich natürlich notieren. Aber am besten wäre es, Sie würden immer gleich nach einem Besuch einen neuen Termin vereinbaren.« – »Danke für die hilfreiche Auskunft«, sagt man eisig und legt auf.
Die missmutige Reaktion gilt nicht dem abschlägigen Be-

scheid, sondern der Herzlosigkeit, mit der er vorgebracht wird. Fast glaubt man einen Hauch von Schadenfreude zu spüren. Wenn jemand schon eine frustrierende Nachricht zu überbringen hat, erwartet der Gesprächspartner wenigstens einen Schuss Mitgefühl:

- »Ich sehe gerade, nächste Woche sind bei Jens leider alle Termine belegt. Wenn Sie möchten, rufen wir Sie aber gern an, wenn jemand absagt.«
- »Die Auswahl ist leider schon recht klein.«
- »Vermutlich wirst du das nicht gern hören …«
- »Ich hoffe, die Absage ruiniert nicht Ihr Wochenende.«
- »Das ist dumm für Sie.«
- »Lassen Sie mich nachsehen … nein, wie ärgerlich, die Zimmer zum Hof sind alle belegt. Ich notiere das gern für Ihren nächsten Aufenthalt.«

Ist jemand mit einer kleinen Enttäuschung konfrontiert – der preiswerte Ferienflieger ist ausgebucht, das Ersatzteil für die Espressomaschine erst in zehn Tagen lieferbar –, empfindet er das Verständnis als nette Geste. Häufig bewirkt das Mitgefühl sogar, dass der andere nun seinerseits besänftigt: »Machen Sie sich keine Sorgen, davon geht die Welt nicht unter«.
Wenn Sie eine wirklich schlechte Nachricht zu überbringen haben, gebietet es die Fairness erst recht, die Gefühle des Gegenübers anzusprechen:

- »Das ist sicher schwer zu akzeptieren.«
- »Wie wollen wir das Besprochene den Kollegen kommunizieren?«
- »Das muss furchtbar für dich sein.«
- »Ich wünschte, es wäre anders.«
- »Ich würde alles darum geben, Ihnen eine bessere Nachricht überbringen zu können.«

Anteilnahme macht den positiven Befund, die Änderungskündigung oder die Trennung zwar nicht leichter. Aber menschliche Kälte wäre jetzt besonders schwer zu ertragen. Ein Hinweis: Bei allem Mitgefühl – hinauszögern sollten Sie die schlechte Nachricht nicht. Menschen wollen sich nicht fürchten oder sorgen, deshalb möchten sie Negatives so schnell wie möglich erfahren – einfühlsam und ohne Umschweife.

Sich entschuldigen

Etwas ist schief gelaufen. Das können wir nicht ungeschehen machen. Aber wir können Einsicht zeigen und um Nachsicht bitten.

Sorry seems to be the hardest word.
Elton John

- **Entschuldigen Sie sich »ordentlich«:** Egal, ob Sie jemanden angerempelt haben oder zu spät ins Meeting kommen, ein lockeres »Sorry« oder halblautes »Entschuldigung« ist zu wenig. Ein paar Worte mehr verleihen der Entschuldigung Gewicht: »Oh, Entschuldigung, das tut mir leid.« – »Verzeihung, ich war ganz in Gedanken.« – »Bitte entschuldigen Sie meinen Ton, ich habe überreagiert.«
- **Übernehmen Sie Verantwortung:** Schreiben Sie ein Versäumnis nicht den äußeren Umständen zu: »Tut mir leid, ich habe es nicht früher geschafft, auf der B 17 war ein Stau« – das klingt nach Ausrede, ganz gleich ob es stimmt oder nicht. Souveräner wirkt es, wenn Sie eine Nachlässigkeit freimütig zugeben: »Bitte entschuldigen Sie die Verspätung.« Wenn es einer Begründung bedarf, fügen Sie hinzu: »Ich bin zu spät aufgebrochen.«
- **Entschuldigen Sie sich ohne Wenn und Aber:** »Es tut mit leid, dass ich dich so angefahren habe, aber du hättest ja wirklich mal anrufen können.« Wenn Sie so formulieren, versteht der andere vor allem eines: Sie wollen ihm die Schuld, oder einen Teil davon, in die Schuhe schieben.
- **Wiegeln Sie nicht ab:**»Es tut mir leid, dass ich die Frist übersehen habe, aber bei dem Baulärm draußen …« Eine Entschuldigung ist halbherzig, wenn im nächsten Atemzug eine Bitte um Verständnis folgt. Am Besten entschuldigen Sie sich und warten ab, wie der andere reagiert. Bei einem größeren Versäumnis versprechen Sie Besserung: «Ich habe die Frist übersehen. Das kommt nicht wieder vor.«

- **Machen Sie den Schaden gut:** Taten überzeugen mehr als Worte. Belassen Sie es deshalb nicht bei einer Entschuldigung, gleichen Sie ein Versäumnis nach Möglichkeit aus: Wenn Sie morgens zu spät gekommen sind, bleiben Sie abends entsprechend länger. Wenn Sie die Partnerin nervös angefahren haben, kochen Sie ihr als Seelentröster einen heißen Kakao. Wenn Ihre Firma ein defektes Gerät ausgeliefert hat, bieten Sie dem Kunden ein Leihgerät oder einen Rabatt als Ausgleich an. Irgendetwas geht immer.

TALK-TOOL 32:
Loben, anerkennen und bewundern

Wer was gelten will, muss andere gelten lassen.
Johann Wolfgang von Goethe

Anerkennung ist wie eine Botox-Injektion in die Beziehung: Sie löst in kürzester Zeit Verkrampfungen auf, glättet die Stimmung und hebt das Selbstbewusstsein. Risiken und Nebenwirkungen sind gut beherrschbar, allerdings bedarf der

Heute schon gelobt?

Verteilen Sie freigebig positives Feedback: Lob, Komplimente, Anerkennung, Zustimmung, Glückwünsche? Beobachten Sie sich einen Tag lang und beantworten Sie die folgenden Fragen:

1. Wie oft am Tag zollen Sie jemandem Anerkennung? Einmal? Zwei- bis dreimal? Fünf- bis zehnmal? Zehn- bis zwanzigmal? Mehr als zwanzigmal?

2. Wann haben Sie zuletzt jemanden für eine gute Leistung beglückwünscht oder gelobt? In der letzten Stunde, heute, gestern, in der letzten Woche, vor mehr als einer Woche?

3. Denken Sie an einen Menschen, der Ihnen nahe steht, das kann die Partnerin sein oder der Lebensgefährte, Sohn oder Tochter, die beste Freundin oder ein enger Mitarbeiter. Wie viele Negativfeedbacks geben Sie diesem Menschen für je zehn Positivfeedbacks? Keines; eins, fünf, zehn, 20, 50 und mehr?

4. Als Sie zuletzt jemanden gelobt haben, wie haben Sie Ihre Anerkennung formuliert? Haben Sie einfach »Gut gemacht« oder »toll« gesagt? Haben Sie geschildert, was Sie gut fanden »Ich freue mich, dass du allein das ganze Holz hereingebracht hast.«? Haben Sie die positiven Folgen des gelobten Verhaltens verdeutlicht: »Super, da kann ich uns noch schnell einen Pudding rühren.«

Ganz gleich, was Sie geantwortet haben: Sie können gar nicht genug positives Feedback geben. Was Ihnen vielleicht übertrieben erscheint, empfindet der Gelobte oft als die passende Dosis. Erwiesen ist jedenfalls: Zumindest in deutschen Unternehmen herrscht eine Lob-Lücke. Laut einer Umfrage der Jobbörse Stepstone glauben 56 Prozent der Deutschen, ihre Arbeit werde nicht wertgeschätzt. Nur 28 Prozent sind sich sicher, dass ihre Leistung die Anerkennung findet, die sie verdient.

entspannende Effekt regelmäßiger Auffrischung. Dabei ist es zweitrangig, ob wir nebenbei, indirekt oder im ganz großen Stil Anerkennung zollen – vor allem kommt es darauf an, dass wir unsere Wertschätzung möglichst oft und deutlich zeigen. Zumal ein Lob nicht nur den Gelobten beflügelt, sondern auch uns selbst zugute kommt: Wertschätzung stärkt nämlich die Kooperationsbereitschaft des Gegenübers und ist eine der wirksamsten Möglichkeiten, Verhalten zu beeinflussen. Angenehmer Nebeneffekt: Wer anderen auf die Schulter klopft, erhält auch selbst mehr Anerkennung.

Das Nebenbei-Lob

»Ach, schön.« – »Bravo!« – «Gut, gut.« – »Respekt!« – »Super!« Die besänftigende, beziehungsförderliche Bedeutung der kleinen Einwürfe kennen Sie bereits aus anderen Zusammenhängen. Sie sind die unaufwändigste Art, Zustimmung und Anerkennung verbal auszudrücken. Unauffällig und unaufdringlich schaffen sie eine wohltuende Atmosphäre, wie ruhige Loungemusik oder eine angenehm duftende Vanillekerze. Einzige Gefahr: Selbst kleinere Komplimente dürfen nicht mechanisch abgespult wirken. Sie leben von der Herzlichkeit in der Stimme und der Wärme in den Augen.

Das personalisierte Lob

Weitaus mehr Freude macht ein Lob, das nicht austauschbar ist, sondern gut beobachtet und speziell auf uns gemünzt. Zum Beispiel, wenn der liebste Mann von allen sich nicht auf ein bewunderndes »Wow!« beschränkt, wenn wir ausgehschön die Treppe herunterkommen, sondern kennerisch hinterherschickt: »Rom?« Dass er das kleine Schwarze wiedererkennt, das man letztes Jahr gemeinsam im Outlet Center in Castel Romano gekauft hat, macht das Kompliment zu etwas wirklich Besonderem.

Sie brauchen kein phänomenales Gedächtnis, um ein Lob auf den Empfänger persönlich zuzuschneiden. Es genügt, wenn Sie den anderen mit seinem Namen anreden und in Worte fassen, was Ihnen gefällt:

- »Sie machen gute Arbeit, Herr Arens.«
- »Das hätte ich glatt übersehen, Hanna. Gut, dass Sie noch einmal einen Blick darauf geworfen haben.«
- »Frau Schwarzmann, es hat mich sehr beeindruckt, mit welcher Ruhe Sie die Beschwerde abgewickelt haben.«

Zusätzlich können Sie den Wert eines Lobes durch die Wortwahl steigern. Verschiedene amerikanische Studien zeigen: Zwei Drittel aller Komplimente enthalten eines der fünf Adjektive *nice, good, beautiful, pretty* und *great*. Ähnlich formelhaft klingen auch hierzulande die meisten Komplimente: »Ihr habt wirklich ein schönes Haus.« Einen stärkeren Eindruck rufen Sie hervor, wenn Sie genau sagen, was Sie beeindruckt: »Ihr habt so viele überraschende Ideen in eurem Haus verwirklicht, und die vertikalen Lichtbänder geben ihm einen ganz besonderen Charakter.« Kennerhaft und großzügig wirken Sie dann obendrein.

Das Brieftauben-Lob

»Man lobt nur, um selbst daraus Gewinn zu ziehen«, schreibt Francois de La Rochefoucauld. »Wen jemand lobt, dem stellt er sich gleich«, gibt Goethe zu bedenken. Die Sätze bestätigen, was wir heimlich fürchten: Lob und Komplimente können falsch aufgefasst werden.

- Der andere könnte glauben, wir wollten ihm schmeicheln, um uns einen Vorteil zu verschaffen.
- Der Gesprächspartner könnte unsere Anerkennung anmaßend finden, weil er uns gar nicht die Kompetenz zugesteht, ihn zu loben.
- Vielleicht empfindet er das Kompliment auch als unverdient; statt es zu genießen, ist er peinlich berührt.

Alle diese Risiken umgehen Sie, wenn Sie dafür sorgen, dass der andere Ihre Wertschätzung auf indirektem Weg erfährt. Zum Beispiel so: Das Abendessen bei Lilly und Andreas war köstlich. Natürlich haben Sabine und Ben sich ausführlich dafür bedankt. Aber noch wirkungsvoller als das direkte Lob ist das indirekte »Brieftauben-Kompliment«. Die Gelegenheit dazu ergibt sich zwei Tage später, als Ben Lillys Schwester in der Wertstoffsammelstelle trifft: »Das hört sich vielleicht übertrieben an«, erzählt er ihr, »aber ganz ehrlich: Man müsste bei uns in der Stadt lang nach einem Restaurant suchen, in dem man so raffiniert isst.« Wetten, dass Lillys Schwester das Kompliment postwendend weiterreicht: »Ihr müsst ja für Ben und Sabine kürzlich ein Wahnsinns-Essen gekocht haben ...« Die Wirkung: Der Überbringerin nehmen die Gastgeber die Bewunderung ab, die sie von Angesicht zu Angesicht vielleicht gar nicht richtig genossen hätten.

Das ausführliche Lob

Die schnellen Formen des Lobens machen wenig Mühe und verschönern den Alltag. Die meisten Gesprächspartner können jede Menge davon vertragen. Wenn jemand etwas ganz Besonderes geleistet hat, ist freundliche Zustimmung allerdings zu wenig, dann ist mehr gefragt: das dicke 5-Sterne-Lob mit allem Drum und Dran. Das sind die Zutaten:

- **Informieren:** Normalerweise äußern Sie Ihre Begeisterung spontan und zeitnah. Ein »dickes Lob« zollen Sie dagegen oft erst im Nachhinein, zum Beispiel wenn das Projekt abgeschlossen oder die Versetzung geschafft ist. Stellen Sie deshalb klar, worauf Sie sich beziehen: »Als letzte Woche unser Büro im Keller unter Wasser stand ...«
- **Spezifizieren:** Je genauer ein Lob, desto mehr berührt es. Spezifizieren Sie deshalb genau, was Sie bewundernswert fanden: »... haben wir es unglaublich selbstlos von euch gefunden, dass ihr uns eure Pumpe geliehen habt, obwohl bei euch auch Wasser eingelaufen war.«
- **Motivieren:** Lassen Sie den anderen wissen, was sein Beitrag bewirkt hat: »Weil wir das Wasser so schnell auspumpen konnten, hält sich der Schaden in Grenzen. Wir haben sogar schon wieder die ersten Möbel eingeräumt.«

- **Gratulieren:** Sagen Sie dem anderen, was er Ihnen als Mensch bedeutet: »Ihr seid wirklich die besten Nachbarn, die man haben kann.«
- **Applaudieren:** Ein Dank rundet das Lob ab: »Vielen Dank noch mal für alles, das werden wir euch nicht vergessen.«

Ein ausführliches Lob erfordert mehr Fingerspitzengefühl als die schnellen Formen der Anerkennung, denn es stellt eine Art Leistungsbewertung dar. Deshalb möchte sich nicht jeder von jedem loben lassen. Wer auf einem Gebiet besonders erfolgreich ist, hört zwar gern ein bewunderndes Kompliment, aber er fände es anmaßend, wenn ihm jemand ein dickes Lob erteilen würde, den er als weniger kompetent einschätzt als sich selbst.

Wenn Sie selbst gelobt werden

Nicht nur Komplimente zu machen ist schwer, auch sie anzunehmen, fällt vielen nicht leicht. So finden Sie den Kompromiss zwischen verlegener Abwehr und eitler Verstärkung:

Akzeptieren: Am einfachsten nehmen Sie ein Kompliment lächelnd entgegen: »Danke, das ist sehr freundlich.« – »Danke. Ich finde auch, dass das Konzept gut gelungen ist.«

Lob für das Lob: Zeigen Sie, dass Sie die Anerkennung zu würdigen wissen: »Ich freue mich, dass du das sagst.« – »Dass dir das aufgefallen ist!« – »Danke für Ihr positives Feedback.«

Gegenkompliment: Wenn es passt, geben Sie das Kompliment zurück: »Danke, deine Einführung war auch sehr gelungen.« – »Danke, bei der Gelegenheit möchte ich mich für die aussagekräftigen Grafiken bedanken, sie tragen sehr zur Anschaulichkeit bei.« – »Danke, dass du das sagst, deine Meinung bedeutet mir viel.«

Nicht herunterspielen: »Ach, das war reine Glücksache.« – »Ja, finden Sie?« – »Ohne euch hätte ich das nie geschafft.« Weisen Sie Komplimente nicht zurück, schwächen Sie sie nicht ab. Sie würden damit nur das Urteilsvermögen des Gegenübers anzweifeln.

Nicht verstärken: Nehmen Sie ein Kompliment selbstsicher entgegen. Missverstehen Sie das Lob aber nicht als Aufforderung, sich nun erst recht in Siegerpose zu werfen: »Da hättest du erst mal mein Konzept für die Road Show im letzten Jahr sehen sollen.« »Ja, nicht! Und die Messeprototypen sind doch genial, was meinst du?«

Präsentieren können

■ ***Wie man öffentliche Auftritte vorbereitet, Lampenfieber managt und Botschaften platziert***

Ich habe hundertfünfzig Gesichter vor mir, von denen keines dem anderen gleicht, und dreihundert Augen, die mir direkt ins Gesicht schauen. Meine Aufgabe ist es, diese vielköpfige Hydra zu besiegen. Wenn ich in jedem Augenblick der Vorlesung eine klare Vorstellung vom Grad ihrer Aufmerksamkeit und ihres Verständnisses habe, dann ist sie in meiner Gewalt. Der zweite Gegner steckt in mir selbst. Das sind die unendliche Vielfalt der Formen, Erscheinungen und Gesetze und die Menge der durch sie bedingten eigenen und fremden Gedanken. Jeden Augenblick muss ich geschickt genug sein, aus diesem umfangreichen Material das Wichtigste und Nötigste so schnell herauszugreifen, wie meine Rede dahinfließt, ich muss diesen Gedanken in eine Form kleiden, die dem Verständnis der Hydra angemessen ist und ihre Aufmerksamkeit fesselt, wobei ich scharf darauf zu achten habe, dass die Gedanken nicht so wiedergegeben werden, wie sie auftauchen, sondern in gewisser Ordnung, wie sie zur richtigen Komposition des Bildes, das ich entwerfen will, notwendig ist. Des Weiteren bemühe ich mich, dass meine Rede sprachlich korrekt ist, dass die Definitionen knapp und exakt, die Sätze möglichst einfach und schön sind.

Anton Čechov, Eine langweilige Geschichte

SELBST-CHECK:
Präsentieren können

Das Reden vor Publikum ist nicht der entspannteste Teil des Jobs. Aber wer Einfluss haben, Ideen voranbringen oder sich einen Namen machen möchte, kommt nicht daran vorbei. Gegen das Lampenfieber helfen Vorbereitung und Training. Den Rest besorgen Präsenz, Persönlichkeit und Wissen.

Wie bereiten Sie Ihren Redeerfolg vor? Bauen Sie Ihren Auftritt auf einer sicheren Wissensbasis und klaren Kommunikationszielen auf? Verfügen Sie über ein dramaturgisch überzeugendes Drehbuch? Wissen Sie, mit welchen Einwänden Sie rechnen müssen? Spielen Sie Ihren Vortrag mehrmals durch – mental, vor dem Spiegel, mit einem Aufnahmegerät, vor Testzuhörern? Schenken Sie dem Kontakt zu Ihren Zuhörern mindestens so viel Aufmerksamkeit wie Ihren Inhalten und Botschaften?

Wenn Sie die folgenden Checklisten durchlesen, denken Sie darüber nach, wo Ihre Stärken liegen und wo Sie noch zulegen können. Kreuzen Sie für jede Verhaltensweise die Antwort an, die am ehesten auf Sie zutrifft.

Wie man ein Publikum gewinnt		**Selbst-Check**		
Verhalten	Wirkung	Wie häufig verhalten Sie sich so?		
		Meistens	Manchmal	Selten/Nie
Ein Vielfaches dessen wissen, was im Vortrag zur Sprache kommt	kompetent, ruhig, sicher	■	■	■
Publikum, Veranstaltungsort und äußere Umstände kennen	angemessen, organisiert, gut vorbereitet	■	■	■
Klare Kommunikationsziele und Kernbotschaften erarbeiten	deutlich, strukturiert, überzeugend,	■	■	■
Stark einsteigen und enden	anregend, effektvoll	■	■	■
Eine einfache Struktur mit maximal fünf Gliederungspunkten wählen	nachvollziehbar, berechenbar, strukturiert	■	■	■
Das Publikum aktivieren	motivierend, vernetzend, interessant	■	■	■
Den Auftritt wie ein Schauspieler proben	professionell, in Bestform, mit der Rolle verwachsen	■	■	■
An der Rede feilen, bis sie »klingt«	verständlich, eloquent	■	■	■

Wie man ein Publikum gewinnt		**Selbst-Check**		
Verhalten	Wirkung	Wie häufig verhalten Sie sich so?		
		Meistens	Manchmal	Selten/Nie
Einstieg und Schluss auswendig können	sicher, ruhig, gut vorbereitet	■	■	■
Dem Auftritt aufgeregt-erwartungsvoll entgegenfiebern	positiv, sympathisch, gespannt	■	■	■
Blickkontakt, mittleres Sprechtempo, klare Artikulation, Pausen	hörerorientiert, geschult, souverän	■	■	■

Falsche Eindrücke vermeiden			**Selbst-Check**		
Verhalten	Gewünschte Wirkung	Möglicherweise erzielte Wirkung	Wie häufig verhalten Sie sich so?		
			Meistens	Manchmal	Selten/Nie
Wenig Hintergrundwissen zum Vortragsthema besitzen	selbstbewusst, mutig	unfähig, schlecht vorbereitet	■	■	■
Wenig wissen über Publikum, Veranstaltungsort und äußere Umstände	spontan, natürlich, zwanglos	die Hörer über- oder unterfordernd, anfällig für Pannen	■	■	■
Ohne Kommunikationsziel und Kernbotschaft arbeiten	komplex, umfassend, detailliert	schwammig, unklar, belanglos	■	■	■
Reden ausschließlich schriftlich vorbereiten	strukturiert, seriös, unangreifbar	steif, rednerisch ungeübt, freudlos	■	■	■
Den Vortrag auswendig herunterleiern oder vom Blatt ablesen	kontrolliert, unangreifbar, auf der sicheren Seite	leblos, zu schnell, am Publikum vorbeiredend	■	■	■
Viele komplexe Folien zeigen	seriös, detailliert, interessant, kenntnisreich	ermüdend, überfordernd, farblos, rhetorisch ungewandt	■	■	■
Die Inhalte in den Mittelpunkt stellen, nicht die Zuhörer	seriös, korrekt, umfassend	desinteressiert, unengagiert, leblos	■	■	■
Möglichst wenig Pausen machen	flüssig, sicher	anstrengend, hektisch, gestresst	■	■	■
Störende Frager abblitzen lassen	souverän, Herr der Lage	schroff, Konflikt verschärfend	■	■	■

Menschen haben mehr Angst vor öffentlichen Reden als vor Spinnen, Einsamkeit, Geldsorgen und großen Höhen. Selbst der Tod erscheint manchen wünschenswerter: Als die *Londoner Sunday Times* Mitte der 1970er Jahre eine Liste der größten menschlichen Ängste veröffentlichte, gaben 44 Prozent der Befragten an, eher sterben zu wollen als vor einer größeren Runde zu reden. Die Zahlen mögen übertrieben sein, doch fest steht: Bei dem Gedanken, vor Publikum zu sprechen, schlägt vielen das Herz bis zum Hals. Dem einen erst fünf Minuten vor dem Auftritt, dem anderen schon Stunden und Tage davor.

Bauschschmerzen hin, schlaflose Nächte her – wer Erfolg und Einfluss will, kommt nicht darum herum, ins Rampenlicht zu treten. Denn ob beim Fachvortrag und bei der Produktpräsentation, im Kundenworkshop und bei der Jubiläumsfeier, beim Pitch oder beim Pressegespräch, überall gilt: Gute Ideen muss man nicht nur haben, man muss sie auch vermitteln.

Die Sicherheit hierfür gewinnt man durch eine professionelle Vorbereitung, denn mit einer Rede, einem Vortrag oder einem Fernsehinterview ist es wie mit einem Theaterstück: Probieren geht über improvisieren. Wenn sich der Vorhang öffnet, müssen Text, Bühnentechnik, Kostüm und Pointen sitzen. Den Rest bewirken Ausstrahlung, Tagesform und ein Schuss Glück.

Das menschliche Gehirn ist eine großartige Sache. Es funktioniert vom Augenblick der Geburt bis zu dem Zeitpunkt, wo du aufstehst, um eine Rede zu halten.
Mark Twain

TALK-TOOL 33:
Die große Linie festlegen

Auch wenn es so scheinen mag: Rhetorische Profis wie Bill Clinton oder Harald Schmidt, Sabine Christiansen oder Angela Merkel reden nicht einfach so drauflos. Unterstützt von ihren Redenschreibern und Redaktionen stecken sie in den scheinbar lockeren Auftritt einen enormen Arbeitsaufwand. Wie viel Mühe darin steckt, darüber schweigen sich die meisten aus. Doch ein Erfahrungswert des Verbands der Redenschreiber deutscher Sprache (VRdS) verdeutlicht, worauf die unangestrengte Wirkung fußt: Nach Einschätzung von Redenschreibern erfordert eine Redeminute eines neu vorzubereitenden Vortrags etwa eine Stunde Arbeitsaufwand. Wer weniger investiert und sich vor der Rede unwohl fühlt, leidet nicht unter Lampenfieber. Sondern unter der begründeten Angst, man könne ihn auf dem kalten Fuß erwischen.

Die Wissensplattform einschätzen

Je mehr Sie wissen, desto sicherer fühlen Sie sich. Je mehr Fakten Sie gespeichert haben, desto gelassener beantworten Sie Zwischenfragen. Je tiefer Sie im Thema drinstecken, desto kenntnisreicher können Sie es darstellen. Umgekehrt gilt: Je kleiner die Wissensreserve, desto höher der Vorbereitungsaufwand, desto größer die Redeangst, desto belastender die Panik, sich zu blamieren.

Rede nur, wenn du deinem Publikum tatsächlich etwas zu sagen hast.
Wendelin Wiedeking

Woher Sie wissen, ob Ihr Wissen für einen überzeugenden Auftritt reicht? Top-Trainerin Vera Birkenbihl liefert die Antwort: Idealerweise ist der Stoff, den Sie in Ihrer Präsentation oder bei einem Interview in Worte fassen, so groß wie eine Briefmarke – und Ihr Hintergrundwissen so groß wie ein DIN-A-4-Blatt. Zugegeben, die Anforderung ist hoch, aber wenn Sie sie erfüllen, bewegen Sie sich auf sicherem Boden.

Zusatzstärken in die Waagschale werfen

Ein Mehr an Arbeit und Nervenstärke kann, jedenfalls bis zu einem gewissen Grad, ein eher kleines Hintergrundwissen ausgleichen. Hier sind sechs Möglichkeiten, inhaltliche Schwächen zu kompensieren:

- **Inhaltliche Vorbereitung:** Findet der Vortrag erst in einigen Wochen oder Monaten statt, bleibt möglicherweise Zeit, die Wissensplattform zu verbreitern.
- **Rhetorisches Talent:** Je sicherer Sie auftreten, je stärker Sie sich auf Ihr Redetalent verlassen können, desto überzeugender bewegen Sie sich auch auf unsicherem Boden.
- **Medieneinsatz:** Aufschlussreiche Folien und aussagekräftige Handouts geben Sicherheit, beeindrucken das Publikum und überspielen Wissenslücken.

- **Rhetorische Vorbereitung:** Mit griffigen Formulierungen, klaren Kernbotschaften, einprägsamen Beispielen und Humor holen Sie aus einer zu kleinen Wissensplattform das Maximum heraus
- **Ausformuliertes Manuskript:** Auch wenn der Trend zur freien Rede geht – stichhaltiger als eine unsicher vorgetragene Stegreifpräsentation ist eine ausformulierte Rede allemal.
- **Training:** Je besser der Vortrag sitzt, je flüssiger Sie sprechen, je gründlicher Sie sich auf mögliche Einwände vorbereitet haben, desto sicherer wirken Sie. Die vergleichsweise kleine Wissensplattform fällt weniger auf.

Das Publikum kennen

Nichts erleichtert den öffentlichen Auftritt mehr als ein aufgeschlossenes Publikum. Und nichts macht so nervös wie Zuhörer, die dem Redner teilnahmslos oder feindselig gegenübersitzen. Zwar können Sie sich Ihr Publikum in der Regel nicht aussuchen. Aber Sie können sich auf Ihre Zuhörer einstellen und Probleme schon im Vorfeld ausschließen.

Wenn ich mich darauf vorbereite, vor Menschen zu sprechen, verbringe ich zwei Drittel der Zeit damit, herauszufinden, was sie hören wollen, und ein Drittel, um darüber nachzudenken, was ich sagen möchte.
Abraham Lincoln

Checkliste Publikum

- Welche Themen und Fragen beschäftigen Ihre Zuhörer?
- Welches Vorwissen bringen sie mit?
- Was erwarten sie von Ihrer Präsentation?
- Wie sehr sind sie am Thema interessiert?
- Was müssen Sie unbedingt ansprechen? Was sparen Sie besser aus?
- Wie groß ist die Teilnehmerzahl?
- Mit wie viel Aufmerksamkeit und Konzentration können Sie rechnen?
- Wie viel Zeit ist für die Präsentation vorgesehen beziehungsweise angemessen?
- Bestehen Interessenkonflikte innerhalb des Publikums?
- Wie können Sie das Publikum einbeziehen und aktivieren – auch dann, wenn die Größe der Gruppe zur Einweg-Kommunikation zwingt?
- Mit welchen Einwänden und Vorbehalten müssen Sie rechnen?

Wenn Sie diese Fragen beantworten, werden Sie feststellen: Ihre Vorlieben decken sich nicht unbedingt mit denen Ihres Publikums.

- Sie interessiert die Theorie, Ihre Zuhörer mögen es konkret und griffig.
- Sie würden in Ihrer Begrüßungsrede gern die Triumphe des letzten Jahres Revue passieren lassen, Ihre Gäste hungern dem kalten Büffet entgegen.
- Sie zeigen am liebsten Ihre vielfach bewährte PowerPoint-Show, Ihre Seminarteilnehmer werden sich kaum dafür begeistern, den herrlichen Junisamstag hinter abgedunkelten Fenstern zu verbringen.

Wer seine Zuhörer kennt, der kann ihren Wünschen Rechnung tragen. Denn was Sie zu sagen haben, ist zwar wichtig, aber noch mehr zählt, was Ihr Publikum hören will – und was nicht.

Die Umstände kennen

Donnerstagabend, 19 Uhr, Neujahrempfang eines Industrieverbands: Der Vortragende, ein namhafter Wirtschaftsvertreter, spricht frei, eloquent, am Puls der Zeit und orientiert an den Problemen der Region. Nach zehn Minuten kommt Unruhe auf, Füße scharren, entnervte Blicke schweifen durch den Raum. Nach 30 Minuten macht sich Unmut breit. Der Grund dafür ist so einleuchtend wie banal: Die diesjährige Veranstaltung findet in einem denkmalgeschützten Barocksaal statt, aus Platzgründen wurde auf eine Bestuhlung verzichtet. Die Gäste folgen dem Vortrag stehend, fünfzig lange Minuten. Der Redner hat versäumt, sich kundig zu machen und seinen Auftritt den Gegebenheiten anzupassen.
Daher die Empfehlung an Sie: Finden Sie vor einem Vortrag heraus, was Sie und Ihre Zuhörer erwartet. Gehen Sie weder selbstverständlich davon aus, dass Beamer und Flipchart vorhanden sind, noch davon, dass Sie vor der Veranstaltung angemessen vorgestellt werden.

Checkliste Äußere Umstände

- Welche Sitzordnung wird für das Publikum gewählt?
- Sprechen Sie hinter dem Rednerpult oder auf freier Bühne? Mit Mikrofon oder ohne?
- Welche Technik steht zur Verfügung, und was benötigen Sie?
- Gegebenenfalls: Wer spricht vor Ihnen, wer danach? Was sind die Themen?
- Wer nimmt Sie in Empfang, stellt Sie vor, ist Ihr Ansprechpartner bei organisatorischen Fragen?
- Bei Interviews: Informieren Sie sich über den Fragestil der Journalisten, eventuelle andere Interviewteilnehmer und die Rolle, die Sie im Interview spielen.

Kommunikationsziele festlegen

Es gibt viele Motive, eine Präsentation, eine Rede oder ein Seminar zu halten. Vielleicht wollen Sie sich beruflich profilieren, Ihr Thema in die Medien bringen, Sponsoren für Ihr Projekt gewinnen, Mitarbeiter motivieren oder Aktionäre bei Laune halten. Vielleicht wollen Sie auch im nächsten Jahr wieder als Trainerin gebucht werden, sich für den Bau der Umgehungsstraße einsetzen oder den Handel für die Listung Ihrer Produkte gewinnen.
Je genauer Sie Ihr Ziel kennen, desto erfolgreicher können Sie es verwirklichen.

Checkliste Kommunikationsziele

- Welches Ziel verfolgen Sie mit Ihrem Auftritt? Warum machen Sie sich die Mühe?
- Was wollen Sie am Ende erreicht haben?
- Was soll sich bei Ihren Zuhörern verändern?
- Woran werden Sie merken, dass Ihr Auftritt seinen Zweck erfüllt hat?
- Woran werden Sie erkennen, dass die Präsentation für Sie persönlich ein Erfolg war?
- Am allerwichtigsten: Was sollen Ihre Zuhörer nach dem Vortrag, der Rede, dem Seminar wissen, denken, gut finden, bewilligen und tun?

Kernbotschaft formulieren

Ein Grundstein eines erfolgreichen Auftritts ist die Kernbotschaft. Achten Sie einmal in Talkshows oder parlamentarischen Reden darauf: Erfahrene Redner kehren immer wieder zu den gleichen Grundaussagen zurück. Nicht weil sie nicht mehr zu sagen hätten, sondern weil sie wissen: Nur was die Zuhörer wieder und wieder hören, bleibt in den Köpfen haften:

- It's the economy, stupid.
- Wir wollen keine Zwei-Klassen-Medizin.
- Deutschland kann mehr.
- I have a dream.

Diese Sätze klingen nach. Vielleicht finden Sie sie allzu schlicht. Aber Sie kennen sie.
Für Ihre eigene Präsentation heißt das: Reduzieren Sie Ihr Thema auf wenige zentrale Punkte. Verdichten Sie es zu einer einzigen einprägsamen Formulierung. Fragen Sie sich im Vorfeld: Wenn Sie Ihre Botschaft in einen einzigen Satz packen müssten, wie würde er lauten? Oder überlegen Sie, wie die Schlagzeile eines Zeitungsartikels über Ihre Präsentation formuliert sein müsste.
Angenommen, Sie wollen eine Botschaft der Zuversicht vermitteln. Dann verträgt Ihre Rede weder Untergangsszenarien noch Fehleranalysen. Der Fokus liegt auf der Zukunft, im Mittelpunkt stehen Chancen, Lösungen und die gemeinsame Anstrengung aller.
Kernsätze haben drei Aufgaben:

- Sie geben den Zuhörern Orientierung und setzen sich im Gedächtnis fest.
- Sie sind Dreh- und Angelpunkt Ihres Vortrags. Alle Argumente und Einzelaussagen erweitern, begründen und variieren die Kernaussage.
- Sie helfen Ihnen besonders in Diskussionen oder Interviews wie Leitsterne, nah am Thema zu bleiben.

TALK-TOOL 34:

Planen, was man sagt

Der Trend geht hin zur freien Rede, das Ablesen vom vorformulierten Manuskript ist ebenso out wie überfrachtete PowerPoint-Shows. Das ist die Theorie. Doch die Praxis sieht anders aus: Die freie Rede ist zwar die Königsdisziplin der Rhetorik – aber nur, wenn man sie sicher beherrscht, sich einen guten Rhetorik-Coach leisten kann oder den Auftritt intensiv einstudiert. Für weniger Geschulte oder Zeitgestresste gerät der Auftritt ohne Blatt und Beamer dagegen leicht zum Tanz auf dem Vulkan.

Wer dieses Wagnis scheut, arbeitet besser mit Netz und doppeltem Boden. Denn allen gegenteiligen Meinungen zum Trotz kann auch eine PowerPoint-Präsentation stimulieren und eine vorgelesene Rede sehr wohl einen starken Eindruck machen. Wäre das nicht der Fall, würden wir weder Hörbücher kaufen noch Lesungen besuchen.

Der Erfolg Ihres Auftritts hängt nicht von der Darstellungsform ab, sondern davon, wie gut Ihr Drehbuch ist und wie gekonnt Ihre Darbietung. Fangen wir mit dem Drehbuch an.

Fulminant anfangen

Die Unternehmensberatung *The Mercer Group* fand in einer internationalen Studie heraus, was Zuhörer bei Vorträgen, Seminaren und Präsentationen erwarten. Das Ergebnis ist einigermaßen überraschend: Zuhörer möchten erstens beeindruckt, zweitens unterhalten, drittens angeregt und viertens informiert werden. Plakativ ausgedrückt: Das Letzte, was das Publikum will, sind trocken präsentierte Informationen.

Ich habe zehn Gebote. Die ersten neun lauten: Du sollst nicht langweilen
Billy Wilder

Smarte Redner verpacken ihre Fakten deshalb von Anfang an so spannend und persönlich wie möglich. Im Idealfall ernten Sie schon in den ersten Minuten überraschtes Lachen, beifälliges Nicken und zustimmende Blicke. Damit ist die erste Hürde geschafft: Das Publikum steht auf Ihrer Seite, Sie haben sich als kurzweiliger Trainer oder präzise beobachtende Rednerin etabliert.

Für den gelungenen Einstieg gibt es kein Patentrezept. Alles ist möglich, sofern es Spannung oder Sympathie oder noch besser beides erzeugt. Im Folgenden werden, in alphabetischer Reihenfolge, einige Möglichkeiten erläutert, wie Sie die Zuhörer vom ersten Satz an für sich und Ihr Thema gewinnen.

Der aktuelle Bezug

Ein Einstieg mit aktuellem Bezug zeigt: Sie sind am Puls der Zeit, und Ihre Rede ist brandneu. Commerzbank-Chef Klaus-Peter Müller zum Beispiel begann im April 2005, kurz nach Ausbruch der Kapitalismusdebatte, eine Rede über soziale Marktwirtschaft mit den Worten:

> *»Ich hoffe, niemand von Ihnen erwartet, dass in meiner Rede Heuschrecken oder andere Tiere vorkommen. Ich bin grundsätzlich der Auffassung, dass politische Vergleiche dieser Art uns bei der Lösung unserer Probleme nicht dienlich sind.«*

Der Effekt-Einstieg

Wecken Sie Neugierde mit Gegenständen, Bildern oder Musik. Spielen Sie zum Beispiel in einem Rhetorik-Seminar kommentarlos den zweiten Satz aus Haydns Sinfonie mit dem Paukenschlag an. Zunächst wird die Melodie, ein altes Volkslied, leise von den Geigen vorgetragen. Die ersten acht Takte werden wiederholt, wobei die Lautstärke deutlich zurückgenommen wird. Am Ende der Wiederholung überrascht den Zuhörer der berühmte Paukenschlag. Jetzt folgt Ihr Intro:

> *»Wer Aufmerksamkeit gewinnen will, muss sich etwas Besonderes einfallen lassen, so wie Haydn. Am Anfang einer Rede gibt es dafür folgende Möglichkeiten …«*

Der Erlebnis-Einstieg

Eine persönliche Erinnerung bringt Sie dem Publikum nahe. Als Ex-Außenminister Joschka Fischer im Juni 2003 die Sonderausstellung *John. F. Kennedy* im Deutschen Historischen Museum in Berlin eröffnete, begann er mit einer Erfahrung, die er mit allen über 45-Jährigen teilt:

»Als John F. Kennedy im November 1963 erschossen wurde, war ich 15 Jahre alt – ein Alter, in dem man solche Ereignisse schon sehr bewusst wahrnimmt. Ich kann mich daher an die Nachricht vom Mord am amerikanischen Präsidenten auch gut erinnern.«

Der Frage-Einstieg

»Ich darf Sie zu Beginn fragen: Für wen mag das heute wohl die größte Überraschung sein?«

Mit diesen Worten eröffnete Bundeskanzlerin Angela Merkel ihre erste Regierungserklärung. Fragen, mögen es auch rhetorische sein, rütteln wach. Die Gedanken der Zuhörer laufen heiß, man ist gespannt auf die Lösung, besonders dann, wenn die Frage verblüfft und die Antwort Rätsel aufwirft.

Der Kompliment-Einstieg

Zeigen Sie positive Gefühle: Ihren Stolz oder Ihre Freude, vor diesem Publikum präsentieren zu dürfen. Im Folgenden noch einmal Angela Merkel, dieses Mal bei einer Rede in Washington:

»Ich bin beeindruckt über den unglaublichen Empfang heute Abend hier bei Ihnen. Ich bin zu Gast bei Freunden. Das spüre ich und dafür ein herzliches Dankeschön!«

Wichtig: Die Emotion muss stimmen. Formulieren Sie Ihre Wertschätzung so, dass es zu Ihnen passt. Was den einen glücklich macht, weiß die andere zu schätzen, was die eine beeindruckt, findet der andere toll.

Der provozierende Einstieg

»Langzeitstudenten gelten als ziellos, unfähig und faul. Das, meine Damen und Herren, sehe ich als Präsident einer Großstadtuniversität anders.«

Packen Sie Ihre Zuhörer ruhig bei ihren Vorurteilen. Damit wecken Sie nicht nur Aufmerksamkeit, Sie zeigen auch, dass Sie heiße Eisen unerschrocken anfassen.

Der überhöhende Einstieg

Das Prinzip ist so schlicht wie effektvoll: Nennen Sie in einem kurzen Satz das große *übergeordnete* Thema Ihres Vortrags.

Ein Beispiel dafür findet sich in der Rede, mit der Bundespräsident Köhler die Konferenz zum »Demografischen Wandel« in Berlin eröffnete:

»Das Thema unserer Konferenz ist im Grunde: die Zukunft.«

Der Effekt: Das Thema wird hoch aufgehängt, seine Bedeutung feierlich unterstrichen. In einem Seminar über Telefontraining könnte der entsprechende Einstiegssatz lauten:

»Das Thema unseres Seminars sind im Grunde: unsere Kunden.«

Zwei Dinge sollten Sie besonders beachten. Erstens: Eine kleine Sprechpause beim Doppelpunkt sorgt für die richtige Spannung. Und zweitens: Wählen Sie möglichst schlichte Worte. Sprache lebt von der Wucht der ein- und zweisilbigen Kraftpakete, die in aller Kürze das ausdrücken, was im Leben wirklich zählt: Liebe, Freundschaft, Natur, Zuhause, Arbeit, Zukunft, Erfolg, Geld.

Der Wir-sitzen-im-gleichen-Boot-Einstieg

Gemeinsamkeiten verbinden. Fangen Sie deshalb einfach mit dem an, was Sie mit dem Publikum verbindet:

»Als Eltern erfahren wir jeden Tag, was es heißt ...«
»Wir Ingenieure stehen vor einer faszinierenden Frage ...«
»Uns als Team kommt die Aufgabe zu ...«
»Wir alle in dieser Bürgerinitiative haben das eine Ziel ...«

Der Zitat-Einstieg

»Ein guter Spruch ist die Wahrheit eines ganzen Buches in einem einzigen Satz«, formulierte Theodor Fontane. Zitate bieten sich daher als Redeeinstieg an, zumal wenn sie nicht allzu bekannt sind und nahtlos zum Thema führen. So wie in der Ansprache von Bundespräsident Köhler zur Eröffnung der Dresdner Frauenkirche:

»‚Suchet der Stadt Bestes.' Diese Aufforderung des Propheten Jeremia steht auf einer der Glocken der Frauenkirche. Meine sehr verehrten Damen und Herren, der Kirchbau, dessen Einweihung wir heute feiern, zählt zu dem Besten, was freie Bürger leisten können.«

Strukturiert überzeugen

Eine gute Rede lebt von einer klaren Gliederung. Im Hauptteil gilt es deshalb, Argumente, Beweise, Analysen, Details, Beispiele und illustrative Geschichten zu einer schlüssigen Argumentationskette zu knüpfen. Prinzipiell stehen Ihnen dafür alle Gliederungsprinzipien zur Verfügung, die Sie auch schriftlich nutzen. Bedenken Sie aber: Leser haben immer das große Ganze vor Augen, sie können zurück- und vorblättern, Inhaltsverzeichnis, Überschriften und Seitenzahlen bieten Orientierung. Hörer haben diese Möglichkeiten nicht.

Der Schlüssel zu einer guten Rede lautet: Man braucht einen genialen Anfang, einen genialen Schluss und möglichst wenig dazwischen.
Sir Peter Ustinov

Sorgen Sie deshalb dafür, dass Ihr Publikum immer genau weiß, wo Sie sich in Ihrem Vortrag befinden: Unterteilen Sie eine Informationsrede oder ein Seminar in wenige klar abgegrenzte Wissensmodule. Als Faustregel gilt: Fünf Module sind das Maximum, unabhängig davon, wie lange die Präsentation dauert. Die Wissensmodule benennen Sie nach Möglichkeit nach einem einheitlichen System:

- Stellen Sie am Anfang »vier Fragen«, oder
- kündigen Sie »drei Wege zu mehr Wachstum« an, oder
- geben Sie »fünf Empfehlungen« ab, oder
- entwickeln Sie »vier Strategien, mit Konflikten produktiv umzugehen«, oder
- arbeiten Sie »vier wichtige Trends« heraus, oder
- gliedern Sie Ihr Seminar in »fünf Erfolgsbausteine«.

Falls Sie anzweifeln, dass man ein komplexes Thema so unkompliziert strukturieren kann, dann lassen Sie sich von der Zeitschrift *Harvard Business Manager* inspirieren. Viele der dort schreibenden Experten bauen ihre Artikel nach dem Prinzip einheitlich benannter Info-Bausteine auf.

Auch Ex-BDI-Präsident Hans-Olaf Henkel gehört zu den Verfechtern einer transparenten Redestruktur. Die Gründe dafür erläuterte der Träger des Cicero-Rednerpreises in einer Rede bei der Jahrestagung der Leibniz-Gemeinschaft 2005:

*»Meine Damen und Herren,
wie immer habe ich mir Fragen mitgebracht, die ich beantworten möchte. Für mich hat diese Methode den Vorteil, dass ich mir nur Fragen zu stellen brauche, die ich meine auch beantworten zu können. Für Sie, dass Sie immer wissen, an welcher Stelle der Rede ich gerade bin (und wie lange es womöglich noch dauert, bis sie zu Ende ist). Hier sind sie. Erstens: Wo steht die Leibniz-Gemeinschaft heute? Zweitens: Was muss aktuell getan werden, um die Wissenschaft nach vorn zu bringen? Drittens: Brauchen wir so etwas wie eine Vision? Zur ersten Frage. Wo steht die Leibniz-Gemeinschaft? Antwort: Sie steht eigentlich ganz gut da. Die Mitgliedschaft ist begehrt …«*

Zugegeben: Es erfordert Überlegung, die eigenen Gedanken in gleichartige Wissensmodule zu kanalisieren. Sehr wahrscheinlich stellt sich die zündende Idee nicht auf Anhieb ein, vermutlich müssen Sie den einen oder anderen Gesichtspunkt weglassen. Dafür überzeugen Sie mit einer Rede, die man sich gern anhört und gut merkt.

Aktiv einbinden

Nichts ist langweiliger und bringt weniger als passiv zuzuhören. »Überhaupt niemand lernt etwas durch bloßes Anhören«, schreibt Goethe 1831 an seinen Freund Eckermann. »Und wer sich in gewissen Dingen nicht selbst tätig bemüht, weiß die Sachen nur oberflächlich.« Smarte Redner suchen deshalb auch vor großer Runde nach Möglichkeiten, das Publikum in das Geschehen einzubeziehen.

Wer-von-Ihnen-Fragen

Eine besonders unaufwändige Möglichkeit, die Zuhörer zu aktivieren, sind Wer-von-Ihnen-Fragen:

»Wer von Ihnen ist heute mit dem Wagen da? Heben Sie bitte die Hand.« – »Okay, vielen Dank, ungefähr drei Viertel der Teilnehmer. Und wer von Ihnen hatte Mühe, einen Parkplatz zu finden?« – »Ich sehe, das sind mehr als die Hälfte. Genau das ist der Grund, warum wir uns für eine zweite Tiefgarage in der Altstadt einsetzen.«

Zugegeben: Die Methode erinnert ans Kasperltheater. Aber sie motiviert auch Erwachsene zum Mitmachen und versetzt sie in Bewegung.

Buzz-Groups

Intensiver nehmen Sie das Publikum in Anspruch, wenn Sie einen kurzen Meinungsaustausch unter den Zuhörern anzuregen: Statt rhetorisch in die schweigende Menge hineinzufragen, stellen Sie eine echte Frage und bitten die Teilnehmer, zu zweit oder dritt in Buzz-Groups (engl. to buzz: brummen, summen) darüber zu diskutieren:

> *»Einer Gallup-Studie zufolge haben 18 Prozent der Mitarbeiter in Deutschland innerlich gekündigt, 69 Prozent machen Dienst nach Vorschrift. Diese Zahlen können uns als Unternehmer nicht kalt lassen. Ich möchte Sie deshalb einladen, zu zweit oder dritt die Köpfe zusammenzustecken und zu überlegen: Was können Unternehmen tun, um diesen Trend umzukehren?«*

Nach Ablauf der Zeit läuten Sie eine Glocke und signalisieren, dass es weitergeht:

> *»Die Frage, die Sie gerade erörtert haben, hat sich auch das Unternehmen XY gestellt ...«*

Die kurze Diskussion gibt Ihren Zuhörern nicht nur Gelegenheit zum Reden, Husten und Gedankenaustausch, sie bewirkt auch, dass das Publikum sich die gestellte Frage zu Eigen macht. Die Zuhörer vergleichen die gesammelten Ideen mit Ihren Ausführungen, Ihre Worte fallen auf fruchtbaren Boden.
Wichtig: Formulieren Sie *Buzz-Group*-Impulse bei der Vorbereitung wörtlich aus. Von der Klarheit Ihrer Anweisungen hängt es ab, ob Sie angeregtes Stimmgemurmel oder verständnislose Blicke ernten.

Stark enden

Der erste Eindruck zählt, der letzte Eindruck bleibt. Zwar streiten Wahrnehmungspsychologen darüber, was Zuhörer mehr beeindruckt: der *primacy effect* des Einstiegs oder der *recency effect* der Schlusssätze. Fest steht jedoch, dass Anfang und Schluss stärker wirken als der Mittelteil. Enden Sie deshalb mindestens so stark, wie Sie begonnen haben: Schlagen Sie einen Bogen vom Anfang zum Ende, fordern Sie Taten, malen Sie eine Zukunftsvision und geben Sie Ihren Zuhörern Ihre guten Wünsche mit auf den Weg.

Den Kreis schließen

Rhetorisch gekonnt wirkt es, wenn Sie am Ende einen Bogen zurück zum Anfang Ihrer Rede schlagen. Die Bundeskanzlerin zum Beispiel griff in ihrer ersten Regierungserklärung zum Schluss noch einmal das Motiv der Überraschung auf, das sie zu Beginn ihrer Rede eingeführt hatte:

> *»Überraschen wir uns also damit, was möglich ist, überraschen wir uns damit, was wir können! Stellen wir unter Beweis, dass wir unser Land gemeinsam nach vorn bringen, mit Mut und Menschlichkeit! Denn Deutschland kann mehr, und ich bin überzeugt, Deutschland kann es schaffen.«*

Eine Zukunftsvision malen

Gleichgültig, wie viele Probleme Sie in Ihrer Rede angesprochen haben, enden Sie mit einer positiven Note. Entlassen Sie Ihre Zuhörer mit Bildern von Verbesserung und Fortschritt im Kopf, so wie Hans-Olaf Henkel 2005 auf einem Festakt der Leibniz-Gemeinschaft:

> *»Die Dresdner folgten einer Vision: die unvollständige Silhouette der Stadt wiederherzustellen. Das machte alle Mühen und Anstrengungen leichter. Auch wir brauchen eine Vision, für die es sich lohnt, sich zu verändern: die eines wettbewerbsfähigen Landes, das wieder da ankommt, wo es einmal war und wo es wieder hingehört – an die Spitze. Vielen Dank.«*

Zum Handeln auffordern

Ihre Rede, Ihre Präsentation, Ihr Seminar soll etwas bewegen. Geben Sie Ihrem Publikum deshalb am Schluss eine klare Handlungsempfehlung mit auf den Weg. So wie Günther Jonitz, Präsident der Ärztekammer Berlin, in seiner Eröffnungsrede zum 108. Deutschen Ärztetag:

»Liebe Frau Ministerin, meine sehr verehrten Damen und Herren. Auch wenn es nicht immer leicht ist: Seien Sie nett zu Ihren Ärztinnen und Ärzten. Sonst werden Sie sie eines Tages sehr vermissen.«

Dank und gute Wünsche

Das übliche »Danke für Ihre Aufmerksamkeit« wirkt unbeholfen, aber selbstverständlich können Sie Ihren Zuhörern danken und sie mit guten Wünschen verabschieden. Formulieren Sie dabei ungekünstelt und ohne Floskeln, in Ihren eigenen, persönlichen Worten:

»Ich wünsche uns allen für diese Feier ein gutes Gelingen. Genießen Sie die Grußworte, die Musik, die Ausstellungen, Gespräche untereinander und, wenn Sie dann noch Zeit haben, die Führung durch das Haus.«

Die Rede entwickeln

Sie können Ihre Rede entweder schreibend, sprechend oder multimedial entwerfen. Wählen Sie die Möglichkeit, die Ihnen am meisten liegt.

Schreibend entwickeln Sie die Rede auf die gleiche Art wie einen geschriebenen Text. Achten Sie aber darauf, dass Sie für Hörer formulieren und nicht für Leser. Bevorzugen Sie kurze, unkomplizierte Sätze, wählen Sie klare Worte, verwenden Sie viele Verben, vermeiden Sie Wörter auf -ung, -keit und -tion, bauen Sie Sätze ein, die die Struktur verdeutlichen, und veranschaulichen Sie Zahlen.

Sprechend entwickeln Sie eine Rede, indem Sie Gliederungspunkte, Stichworte, Grundgedanken und Zitate auf Karteikarten notieren. Bringen Sie die Karten in eine stimmige Reihenfolge, schalten Sie Ihr Diktiergerät oder Ihren MP3-Player ein und nehmen Sie eine erste Version Ihres Vortrags auf. Hören Sie die Rohversion zwei- bis dreimal an, überdenken Sie schwache Stellen, verinnerlichen Sie starke Passagen. Darauf aufsetzend erarbeiten Sie die nächste Rohversion. Wichtig: Geben Sie sich nicht zu früh zufrieden. Vera F. Birkenbihl weist darauf hin, dass sie selbst sechs und mehr Rohversionen braucht, bis ein neu zu entwickelnder Vortrag ihren Ansprüchen genügt.

Multimedial entwickeln Sie die Rede am PC mit einem Präsentationsprogramm. Der Vorteil: Sie bringen Ihre Gedanken in aller Ruhe in Form, haben Ihr Manuskript während der Präsentation immer vor Augen und können sicher sein, dass ein Mausklick die vorbereiteten Stichworte, Impulse und Bilder auf den Bildschirm holt. Die Gefahr: Viele Folien ersetzen nicht Enthusiasmus, Wissen, Witz und Charisma. Smarte Redner nutzen PowerPoint deshalb vor allem zur Planung der Vortragsdramaturgie. Inhaltliche Highlights werden visualisiert, die Übergänge dazwischen gestalten Sie frei mit der Kraft Ihrer Worte, persönlichen Erlebnissen, Anschauungsobjekten oder einer Skizze am Flipchart.

Zitat

Ob als »Aufreißer« am Anfang oder »Hochreißer« am Ende – ein gut ausgewähltes Zitat wirkt immer, erst recht, wenn es Aufbruchsstimmung erzeugt. Hören Sie den Schluss der Rede von Bundespräsident Horst Köhler anlässlich der Konferenz »Demografischer Wandel«:

> *»Meine Damen und Herren, ich kenne ein afrikanisches Sprichwort, das für unsere gemeinsamen Gespräche über Demografie gut passt. Es lautet: ‚Die beste Zeit, einen Baum zu pflanzen, war vor zwanzig Jahren. Die zweitbeste Zeit ist jetzt.'«*

Folien entwickeln

Wie eine Folienpräsentation auf Ihre Zuhörer wirkt, entscheidet sich schon bei der Vorbereitung. Hier sind die wichtigsten Regeln:

- **Reduktion:** Beschränken Sie sich auf 15 bis höchstens 25 Folien pro Stunde. Um das Publikum nicht zu überfordern, sollte jede Folie mindestens 90 Sekunden lang sichtbar sein.

- **Einfachheit:** Animationen, tanzende Logos, kursiv gesetzte gelbe Schrift vor ultramarinblauem Hintergrund und unter Trommelwirbel einfliegende Bullet-Points sind von gestern. Der Trend geht zur Reduktion: Wählen Sie einen einfachen, hellen Hintergrund, definieren Sie einen klaren Text- und Überschriftenbereich, schreiben Sie auf eine Folie höchstens 50 Wörter.

- **Bilder:** Die stärkste Wirkung erzielen Sie mit ganzseitigen Bildern ohne Ränder und Beschriftung – je plakativer, desto eindrucksvoller. Technische Details und komplexe Schaubilder gehören in die Unterlagen, nicht auf die Folie.

- **Design:** Die Ansprüche an Design und Gestaltung steigen ständig – nicht nur bei Autos, Schuhen und Espressomaschinen. Auch eine Folienpräsentation muss durchgestylt sein, wenn sie ein anspruchsvolles Publikum überzeugen und Ihren Auftritt optimal unterstützen soll. Schauen Sie sich in guten Zeitschriften an, was angesagt ist: Großzügigkeit und Ruhe wirken hochwertig, eine unruhige und überladene Präsentation bewirkt das Gegenteil.

- **Kontinuität:** Gestalten Sie alle Folien nach dem gleichen Muster: wenige, wiederkehrende Farben, klare Aufteilung, einheitliche Schriften und Schriftgrößen.

Mit Fragen rechnen

Zu einer professionellen Vorbereitung gehört es auch, einen Katalog möglicher Fragen, Einwände und Antworten zusammenzustellen.

- Lassen Sie sich von Kollegen oder Mitarbeitern unterstützen, um auf möglichst vielfältige Fragen vorbereitet zu sein.
- Bitten Sie eine Person Ihres Vertrauens, den Teufelsadvokaten zu spielen und Sie mit besonders unangenehmen Fragen zu traktieren.
- Entwickeln Sie zu jeder Frage des Fragenkatalogs ein Soundbite, ein etwa 20 bis 30 Sekunden langes Kurzstatement.

So gewappnet können Sie Zwischenrufen, Fragen oder Presseinterviews gelassen entgegensehen: Auf die meisten Fragen haben Sie die Antwort parat. Falls Sie einmal nichts zu sagen wissen, lenken Sie auf eine der abrufbaren Formulierungen um: »Vielen Dank für Ihren Hinweis. Meines Erachtens kommt noch ein weiterer Aspekt hinzu: …«

TALK-TOOL 35:
Probieren, wie es läuft

Bill Clinton gehört zu den charismatischsten Rednern der Welt. Dennoch vertraut er vor wichtigen Auftritten nicht auf sein natürliches Redetalent. Der Soziologe und Publizist Wolf Lepenies schilderte in einem *SZ*-Artikel, mit welchem Aufwand Clinton 1998 die »State of the Union Message« einstudierte: »Clinton probte die Kernpassagen der Rede vor seinen Mitarbeitern im Weißen Haus. Als Einziger trug er dabei Krawatte und Anzug: Er war bereits im Kostüm.

Offen war zu diesem Zeitpunkt noch, wie Clinton die Kernbotschaft der Ansprache formulieren wollte. Zwar wusste er, was er nach dem Satz ›What should we do with this projected surplus?‹ sagen wollte – aber er wusste nicht genau, wie. Also probte er die entsprechende Passage in Rednerpose immer wieder, bis er sich auf einmal selbst unterbrach: ›Ich hab's. Wie wäre es damit: I have a simple, four-word answer: Save Social Security first.‹«
Das Beispiel zeigt: Wenn das Drehbuch steht, beginnen die Proben. Von jetzt an geht es um den sicheren Auftritt, das rhetorische Raffinement und die wirkungsvolle Inszenierung.

»Steine im Fluss«

Sie sollen Ihren Vortrag nicht auswendig lernen. Aber wichtige Passagen müssen so gut sitzen, dass Sie sie auch unter Stress abrufen können. »Steine im Fluss« nennt die Kommunikationstrainerin Vera F. Birkenbihl solche sicher verankerten Redebausteine. Das Publikum bemerkt die Trittsteine nicht, Sie selbst gelangen darauf sicher ans andere Ufer. Je mehr Steine Sie sich schaffen, desto weniger leicht geraten Sie ins Schwimmen.

Reden, reden, reden

Das Drehbuch können Sie am Schreibtisch vorbereiten. Einstudieren müssen Sie Ihre Rede wie ein Schauspieler: stehend, sprechend, gestikulierend. Zunächst nutzen Sie Aufnahmegerät und Spiegel, später, wenn Sie Ihre Gedanken sicher formulieren, proben Sie Ihre Rede vor Zuschauern oder einer Videokamera. Idealerweise nehmen Sie auf Diktiergerät auf, was Sie sagen wollen. Wenigstens Anfang und Schluss, kritische Punkte, Kernaussagen und die Überleitungen zu neuen Themenblöcken sollten Sie auf diese Weise erarbeiten. Beim Abhören achten Sie auf folgende Punkte:

- **Starke Passagen:** Stellen, die Sie besonders gelungen finden, Absätze, die Ihnen leicht von der Zunge gehen, Formulierungen, die Sie auf jeden Fall beibehalten wollen

- **Schwache Passagen:** Stellen, die Sie inhaltlich noch nicht überzeugen, Absätze, in denen Sie ins Stocken geraten sind, Formulierungen, die nach einem rhetorischen Feinschliff verlangen
- **Sprechtempo, Betonung und Pausengestaltung:** Wo erkennen Sie Stärken, wo Schwächen?

Spielen Sie sich gelungene Passagen immer wieder vor. Gleichzeitig ergründen Sie die Ursache für weniger Gelungenes: Fehlt es Ihnen an Grundlagenwissen, haben Sie Ihre Gedanken noch nicht zu Ende gedacht, könnte manches griffiger formuliert sein? Gibt es Stellen, die Sie vereinfachen oder weglassen können? Gibt es Kernaussagen, die Sie wirkungsvoller ausdrücken können?

Kalkulieren Sie bei einem Vortrag, den Sie neu erarbeiten, mehrere Durchgänge ein. Sie werden merken: Sie sprechen von Mal zu Mal sicherer, prägnanter und überzeugender.

Lesen vom Blatt

Das Lesen vom Blatt genießt einen schlechten Ruf. Zu Unrecht. Spitzenvorleser wie Rufus Beck oder Elke Heidenreich liefern in ihren Lesungen und Hörbüchern den Beweis: Etwas vorgelesen zu bekommen, kann ein Hochgenuss sein. Man muss es nur richtig machen.

Wichtigste Regel: Vorlesen hat nichts mit Ablesen zu tun. Rufus Beck erklärte im *Tagesspiegel*, worauf es ankommt: »Ich muss dem Zuhörer Zeit lassen, damit Bilder in seinem Kopf entstehen können. Dazu muss ich mir die Bilder selbst genau vorstellen können. Das Wichtigste beim Lesen sind eigentlich die Pausen, die Zwischenräume am Ende und zu Beginn eines neuen Gedankens.«

Auch eine vorgelesene Rede will deshalb geprobt sein – erst recht dann, wenn Sie sie nicht selbst verfasst haben. Machen Sie sich mit dem Text eingehend vertraut, sodass Sie wissen, was wie zu betonen ist, wo eine Pause gut tut, wo ein Schuss Dramatik die Wirkung belebt und an welcher Stelle eine persönliche Anmerkung den Vortrag auflockern kann.

- **Drosseln Sie das Tempo:** 100 Wörter pro Minute sind genug. Mehr würde Ihre Zuhörer überfordern, die den Text im Gegensatz zu Ihnen erstmals hören. Bis Sie ein Gefühl für das richtige Tempo haben, zählen Sie die Wörter ab und stoppen die Zeit.
- **Denken Sie an Blickkontakt:** Der Erfolg beim Vorlesen liegt im Augenkontakt. Verstecken Sie sich also nicht hinter dem Manuskript, bleiben Sie in Kontakt mit Ihrem Publikum. Nehmen Sie bei jedem Blick aufs Blatt einen ganzen Satz auf und sehen Sie ins Publikum, während Sie ihn sprechen.
- **Kürzen Sie Länge:** Streichen Sie alles, was holprig klingt, bauen Sie ungekünstelte, schlichte Sätze, ersetzen Sie vier- und mehrsilbige Wörter durch kürzere.
- **Präparieren Sie Ihr Manuskript:** Wenn Sie möchten, zeichnen Sie Pausen und Smileys in Ihr Manuskript ein, markieren Sie Stellen, an denen Sie einen frei gesprochenen Gedanken einfügen wollen, unterstreichen Sie Wörter, die Sie besonders betonen möchten, fügen Sie Zeichen ein, die Sie daran erinnern, Blickkontakt zu suchen.
- **Denken Sie mit:** Auch wenn Sie den Text in- und auswendig kennen, konzentrieren Sie sich beim Vorlesen auf die inhaltliche Entwicklung der Gedanken. Vollziehen Sie Analysen geistig nach, empfinden Sie schlechte Nachrichten oder positive Ausblicke emotional mit. Damit entgehen Sie der Gefahr, leiernd und monoton zu klingen.

Der rhetorische Feinschliff

Wenn Sie Ihr Referat schriftlich vorbereitet haben, werden Sie beim Einstudieren merken: Manches, was sich gut liest, klingt frei vorgetragen gekünstelt, verworren oder abstrakt. Nutzen Sie die Probeläufe deshalb auch, um Ihrer Rede sprachlich den letzen Schliff zu geben. Achten Sie besonders darauf, dass Ihr Publikum Ihrem Vortrag gut folgen kann:

Das Geheimnis zu langweilen besteht darin, alles zu sagen!
Voltaire

- **Struktur verdeutlichen:** »Damit haben wir Empfehlung 1, die Beurteilung der Wertentwicklung, abgeschlossen. Wenden wir uns nun der zweiten Empfehlung zu: Sie betrifft die Positionierung im Wettbewerb.« Praxistipp: Schreiben Sie die wichtigsten Gliederungspunkte vor oder zu Beginn der Präsentation auf ein Dauermedium, zum Beispiel ein Flipchart, und kennzeichnen Sie das aktuelle Thema mit einem Zeiger.

- **Gedanken organisieren:** Aufzählungen geben Ihren Argumenten Struktur: »Es gibt zwei Grundsätze, an denen wir uns beim Erkunden der Zukunft orientieren können. Erstens: … Zweitens: …«

- **Konkret, kurz und anschaulich formulieren:** Der Nucleus accumbens und die Anterior Insula gehören allenfalls bei Medizinern zum täglichen Sprachgebrauch. Alle anderen können Ihren Ausführungen leichter folgen, wenn Sie die Begriffe kurz einführen, dann aber vom »Gierzentrum« und »Angstzentrum« im Gehirn sprechen.

- **In prägnanten Sätzen sprechen:** »In diesem Monat haben wir den 15. Jahrestag der Deutschen Einheit gefeiert. Versetzen wir uns einmal zurück ins Jahr 1990: Schien damals ein Projekt wie der Wiederaufbau der Frauenkirche nicht weltfremd? Hatte nicht Ostdeutschland Straßen, Dächer und Fabriken nötiger als einen teuren Kirchbau? Aber eine Gruppe von Bürgerinnen und Bürgern sagte: Dresden braucht mehr! Und spätestens heute erkennen wir: Diese Bürger hatten Recht!« Kurze Sinneinheiten, keine Nebensätze – der Redeausschnitt ist der Ansprache von Bundespräsident Horst Köhler zur Eröffnung der Dresdner Frauenkirche entnommen.

- **Wichtiges herausheben:** »Jetzt kommt es darauf an, dass …« – »Entscheidend ist …« – »Für uns – das ist wichtig – ergibt sich daraus die Konsequenz, …« – »Deshalb ist es für uns alle von außerordentlicher Bedeutung …«

- **Zuhörer sprachlich einbeziehen:** »Stellen Sie sich vor …«, »Was bedeutet das für Sie?«, »Sehen wir uns die Zahlen genauer an«, »Haben Sie schon daran gedacht, ...?«, »Lassen Sie uns also gemeinsam ...«. Sie- und Wir-Aussagen signalisieren: Das betrifft Sie, das geht uns alle an.

- **Stellung nehmen:** »Ich halte das für ausgesprochen wichtig.« – »Ich bin überzeugt, dass das gelingen kann.« – »Ich weiß, das klingt ungewohnt.« – »Ich bin sicher, ...« Ich-Aussagen signalisieren: Ich kenne mich aus, ich übernehme Verantwortung, ich habe etwas zu sagen.
- **Schwammiges präzisieren:** Statt »Ein Großteil unserer Kunden« sagen Sie »über drei Viertel unserer Kunden«, statt »Wir haben deutliche Verbesserungen im Crash-Verhalten erzielt« präzisieren Sie, »Wir haben das Crash-Verhalten in vier Punkten erfolgreich verbessert: Erstens wurde ...«
- **Vergleiche und Metaphern nutzen:** »Dieses Seminar wird keine Vergnügungsreise sein: Wir werden intensiv und konzentriert arbeiten. Es ist aber auch kein Boot-Camp, dafür ist die Umgebung zu schön und die Hotelküche zu gut.«
- **Einwände vorwegnehmen:** Wer Bedenken und Einwände von sich aus anspricht, nimmt Zweiflern und Nörglern den Wind aus den Segeln: »Sie stellen sich bestimmt die Frage, ...« – »Vielleicht fragen Sie sich jetzt ...« – »Dagegen kann man einwenden, dass ...« – »Es ist Ihnen sicher nicht entgangen, dass ...« – »Die Methode hat natürlich nicht nur Vorteile. Wir werden deshalb sehr genau hinschauen, wie ...«

Generalprobe

Wer zu Lampenfieber neigt, führt den letzten Probelauf am besten als Generalprobe durch: Umgeben Sie sich vom Zeigestift bis zu den Stichwortkarten mit allen Unterlagen, die Sie auch bei der Präsentation verwenden werden. Tragen Sie die gleiche oder jedenfalls ähnliche Kleidung, stellen Sie ein Glas Wasser bereit, legen Sie die Armbanduhr auf den Tisch.

Rhetorische Stilmittel

Rhetorische Stilmittel erhöhen die Wirkung einer Aussage. Sie lassen sie bewegend und eindringlich klingen. Ein Beispiel dafür ist John F. Kennedys berühmter Chiasmus: »Frage nicht, was dein Land für dich tun kann, frage dich, was du für dein Land tun kannst.« Stilfiguren eignen sich aber auch, knackig und zugespitzt zu formulieren, wie in der inhaltlich fragwürdigen, sich aber als höchst wirksam erweisenden Alliteration: »Geiz ist geil«. Hier ist eine Auswahl einfach zu nutzender Stilfiguren:

Alliteration: Klangfigur. Der gleiche Buchstabe wird am Anfang mehrerer Worte wiederholt: »Du bist Deutschland«, »Save social security first«.

Anapher: Satzfigur. Der Satzanfang wird in aufeinander folgenden Sätzen wiederholt: »Das gilt für unsere Kunden, das gilt für unsere Aktionäre, das gilt für unsere Mitarbeiter.«

Antithese: Satzfigur. Gegenüberstellung von sprachlichen oder gedanklichen Gegensätzen: »Ein kleiner Schritt für mich, aber ein großer Schritt für die Menschheit.« – »Chef zu werden ist das eine, ein guter Chef zu sein das andere.«

Beispiel: Beispiele machen komplexe Sachverhalte anschaulicher und sind ein unverzichtbarer Bestandteil jeder Präsentation: »Bei einem ähnlichen Projekt haben wir zum Beispiel …«, »Das illustriert das Beispiel von …«, »Nehmen wir einmal an, Sie hätten …«

Chiasmus: Überkreuzstellung. »Frage nicht, was du für dein Land tun kannst, frage, was dein Land für dich tun kann.« – »Was man will, das hat man nicht; und was man hat, das will man nicht.«

Dreierfigur: Reihungen mit drei Gliedern klingen rhythmisch und sind besonders eingängig: »Unseren Kunden und Stakeholdern sind wir ein zuverlässiger, ein starker, ein aufgeschlossener Partner.« Oder: »Quadratisch. Praktisch. Gut.«

Epipher: Satzfigur. Das Satzende wird in aufeinander folgenden Sätzen wiederholt: »Wir kennen unser Kunden, wir schätzen unsere Kunden, wir managen unsere Kunden.«

Metapher: Bildhafte Übertragung zur Verdeutlichung und Veranschaulichung: »Wir müssen von dem hohen Ross herunter.« – »Ein Aushängeschild für uns ist das nicht.«

Parallelismus: Gleichmäßig gebaute Satzglieder. »Meistens hat es ein Unternehmen mit soliden Widerständen zu tun: Konkurrenten, die nicht weichen wollen; Kunden, die nicht kaufen wollen; Technologien, die nicht funktionieren.«

Rhetorische Frage: Die Scheinfrage ist vermutlich das bekannteste rhetorische Stilmittel. Sie kann dazu eingesetzt werden, auf das Kommende hinzuführen, zum Nachdenken anzuregen oder zu provozieren: »Was können Sie mit diesen Informationen anfangen?« – »Woran das liegt?«

Vergleich: Bildhafte Veranschaulichung eines Sachverhalts: »Das ist, als würden Sie …« – »Sie können das vergleichen mit …« – »Das ist wie …«

Idealerweise findet das letzte Training vor Publikum statt. Ist das nicht möglich, sprechen Sie vor laufender Kamera oder vor dem Spiegel. Der Druck, der dabei entsteht, nimmt einen Teil der Aufregung vorweg. Während Sie sprechen, denken Sie an Mimik, Gestik, Tempo, Pausen und freie Bewegungen im Raum – verhalten Sie sich genau so, wie Sie bei Ihrem Vortrag wirken möchten.
Bitten Sie Ihre Testzuhörer nach dem Vortrag um ein konstruktives Feedback: Was war besonders gelungen? An welchen Stellen könnte man noch kürzen? War alles optimal verständlich? Wo haben Sie nervös gewirkt? Wie hat sich Ihre Aufgeregtheit geäußert? War das Sprechtempo, die Zahl der Folien zu hoch, zu niedrig oder genau richtig? Was war die Kernbotschaft der Präsentation?
Fordern Sie Ihre Sparrings-Partner auf, Sie mit Fragen, Einwänden und Zwischenrufen zu bombardieren. Je besser Sie auf Pannen und Gegenfragen vorbereitet sind, desto souveräner kommen Sie im Ernstfall damit zurecht.

TALK-TOOL 36:
Sich warm laufen

Schweißnasse Hände, flauer Magen, zitternde Knie, Leere im Kopf – ein, zwei Stunden vor dem Auftritt, oft auch früher, ergreift es fast jeden: das Lampenfieber – die Urangst vor Fremden, die Panik vor Ablehnung, die Angst, angeschaut zu werden, das Grauen, sich zu blamieren. Zum Glück ist das Herzklopfen am Anfang am schlimmsten. Hat man den Schritt ins Rampenlicht getan, lässt die innere Unruhe nach. Das Lampenfieber hat seinen Zweck erfüllt: Adrenalin durchspült den Körper, die Energiereserven sind mobilisiert. Das fühlt sich zwar nicht gut an, vor allem dann nicht, wenn man glaubt, nur ein cooler Auftritt sei ein guter Auftritt, aber eine gesunde Portion Lampenfieber sorgt dafür, dass wir uns hochkonzentriert ins Zeug legen und wirklich unser Bestes geben. In diesem Kapitel erfahren Sie, wie Sie sich und Ihr Thema trotz Lampenfieber wirkungsvoll zur Geltung bringen.

Ungefähr eine Stunde vorher werde ich ganz still, und wenn mich jemand anspricht, reiße ich ihm den Kopf ab.
Kristin Scott Thomas

Lampenfieber managen

Ein öffentlicher Auftritt ist eine psychologische Herausforderung. Es ist völlig normal, dass Sie davor nervös sind. Entscheidend ist, wie Sie Ihre Aufgeregtheit managen. Ein Patentrezept dafür gibt es nicht. Jeder Geiger, jeder Sportler, jeder Redner muss seine persönliche Anti-Lampenfieber-Strategie entwickeln. Hier sind acht Möglichkeiten, die Auftrittsangst zu lindern:

- **Ventil 1:** Bringen Sie sich in Top-Form. Fundierte Inhalte, stark formulierte Passagen, mehrfaches Durchspielen des Materials, gute Kenntnisse über Publikum und Tagungstechnik, ein übersichtliches Manuskript, gedruckte Handouts, falls die Technik versagt – alles zusammen verleiht die Sicherheit: Ein Totalausfall ist so gut wie ausgeschlossen.
- **Ventil 2:** Akzeptieren Sie die Angst. Nehmen Sie Ihre Auftrittsangst hin wie Hunger oder Müdigkeit, als ganz normale Reaktion Ihres Körpers, der sich auf eine anspruchsvolle Aufgabe vorbereitet.
- **Ventil 3:** Externalisieren Sie das Lampenfieber. Stellen Sie sich das Lampenfieber als Person vor, die Sie beim Seminar begleitet – nicht als Feind, der Sie lähmt, sondern als Coach oder Personal Trainer, der Sie aus Ihrer Komfortzone heraustreibt und zu Ihrer persönlichen Bestleistung motiviert.
- **Ventil 4:** Verschaffen Sie sich Bewegung. Eine Runde um den Block baut Stresshormone ab und verbessert die Durchblutung des Gehirns. Vermeiden Sie es aber, im oder vor dem Vortragssaal auf- und abzugehen. Das Hin- und Hertigern entlastet, wirkt aber nervös und sorgenvoll.
- **Ventil 5:** Lenken Sie sich ab. In den Minuten vor dem Vortrag gibt es eine Menge zu tun: Legen Sie Ihre Unterlagen zurecht, prüfen Sie die Technik, begrüßen Sie den Veranstalter oder eintreffende Teilnehmer, beschriften Sie das Begrüßungs-Flipchart, gießen Sie sich ein Glas Wasser ein, werfen Sie einen letzten Blick auf Ihre Einstiegssätze.

- **Ventil 6:** Atmen Sie tief und langsam. Meditieren, Yoga, Autogenes Training – Entspannungstechniken aller Art lindern die Auftrittsangst. Aber selbst einfache Atemübungen sorgen für mehr Lockerheit: Atmen Sie ganz tief ein, halten Sie die Luft fünf Sekunden an, atmen Sie langsam aus.
- **Ventil 7:** Denken Sie an etwas Schönes. Denken Sie an positiv gemeisterte Situationen in der Vergangenheit. Wer sich an ehemalige Erfolge erinnert, gaukelt dem Gehirn ein Erfolgserlebnis vor und stärkt die Psyche. Risiko: Manche setzt die Erinnerung an Gelungenes erst recht unter Druck.
- **Ventil 8:** Pflegen Sie Rituale. Ein Eishockeyspieler zieht immer den linken Schlittschuh zuerst an, eine Rednerin trägt bei jedem Vortrag eine schwere goldene Armspange, ein Trainer übt Schnellsprechsprüche auf der Fahrt zum Seminar. Die Rituale verleihen Ruhe und Sicherheit.

Sich positiv einstimmen

Wir vergessen es leicht vor lauter Lampenfieber: Wenn wir eine Rede halten, ein Interview geben oder einen Workshop moderieren, sind wir keine Opfer, wir sind der Star der Show. Wir wurden eingeladen, etwas zu bewegen, Wissen weiterzugeben, uns zu profilieren. Man traut uns zu, dass wir etwas zu bieten haben. Eigentlich haben wir allen Grund zur Freude, auch wenn die Schmetterlinge im Bauch Saltos schlagen. Denken Sie daran – beim Training, vor allem aber kurz vor dem Auftritt. Stolz oder Begeisterung beeinflussen nämlich die Körperhaltung: Sie stehen aufrecht mit erhobenem Kopf, die Schultern sind gestrafft, der Atem ruhig und tief. Wenn Sie in dieser Haltung vor Ihr Publikum treten, wirken Sie zuversichtlich, gespannt und positiv gestimmt:

- »Ich freue mich, heute Abend bei Ihnen in Chemnitz zu sein.«
- »Ich freue mich, dass Sie bei diesem Wetter den Weg hierher gefunden haben.«
- »Ich freue mich, Ihnen meine Forschungsarbeiten vorstellen zu können.«

Das Publikum kennen lernen

Egal, ob Sie ein Seminar für acht Teilnehmer oder einen Vortrag vor zweihundert Leuten halten, begrüßen Sie möglichst viele Teilnehmer persönlich. Stellen Sie sich vor, steigen Sie mit den üblichen Small-Talk-Eisbrechern ein, fragen Sie nach Erwartungen und Erfahrungen. Der Vorteil für Sie: Wenn der Vortrag beginnt, sehen Sie im Publikum schon das eine oder andere vertraute Gesicht.

Smarte Redner gehen noch einen Schritt weiter: Sie merken sich die Namen einzelner Gesprächspartner und flechten an passender Stelle ein: »Ich habe vorhin mit Peter Wegener über diese Entwicklung gesprochen. Wir sind uns beide einig, dass …« Oder: »Frau Breuer, Sie haben das Problem vorhin sehr treffend beschrieben. Wenn Sie einverstanden sind, würde ich die anderen Zuhörer gern daran teilhaben lassen …«

TALK-TOOL 37:
Zeigen, was man draufhat

Ihr Vortrag steht: kraftvoll, solide gebaut, gut ausgetestet, wie ein chromblitzender Neuwagen der Oberklasse, den Sie in den Schauräumen des Autohauses in Empfang nehmen. Sie brauchen ihn nur noch zum Laufen zu bringen.

In meinen Augen wirken auch die, die am besten reden und es am leichtesten und wirkungsvollsten können, trotzdem, wenn sie nicht scheu das Wort ergreifen und am Beginn der Rede Zeichen von Verwirrung zeigen, beinahe unverschämt; doch das kann eigentlich gar nicht passieren. Je besser nämlich einer spricht, um so mehr fürchtet er die Schwierigkeit des Sprechens, die mannigfachen Wirkungen der Rede und die Erwartung des Publikums.
Cicero, De Oratore

Durchstarten

Die ersten Sekunden formen Ihr Image. Konzentrieren Sie sich deshalb ganz auf Ihre Ausstrahlung. Die Einstiegsworte finden Sie von selbst – Sie haben Sie so oft geprobt, dass Sie sie auswendig können.

- **Gehen Sie auf Ihr Publikum zu.** Für die ersten Worte stellen Sie sich für jeden sichtbar vor den Rednertisch. Bevor Sie beginnen, können Sie darüber hinaus noch ein, zwei Schritte auf das Publikum zugehen. Die Taktik vermittelt Kompetenz und Courage.

- **Halten Sie einen Stift oder Laserpointer lose in der Hand** – als Blitzableiter für Unsicherheit, Aufregung und Lampenfieber.

- **Warten Sie ein bis zwei Sekunden, bis Ruhe einkehrt,** dann atmen Sie ein und beginnen zu sprechen. Durch die Einstiegspause wirken Sie ruhig und beherrscht. Sie bestimmen das Geschehen.
- **Strahlen Sie Ruhe aus.** Achten Sie gerade am Anfang besonders auf einen ruhigen Blick, einen sicheren Stand und sparsame Bewegungen. Dadurch wirken Sie nicht nur gelassen, Sie werden es auch. Die Körpersprache beeinflusst Ihr seelisches Befinden.

Blickkontakt halten

Schenken Sie dem Blickkontakt zu den Zuhörern viel Aufmerksamkeit, sowohl beim Training als auch während des gesamten Vortrags. Der »Leuchtturmblick« ins Publikum ergibt sich nämlich keineswegs von selbst. Im Gegenteil: Er läuft bei hohen geistigen Anstrengungen dem natürlichen Empfinden zuwider. Wer hoch konzentriert ist, schaut eher zur Decke oder aus dem Fenster als in die Menge.

- Schauen Sie Ihren Zuhörern ins Gesicht. Der bewusste Blick ins Gesicht ist besonders wichtig, wenn Sie, was meistens der Fall ist, stehend präsentieren.
- Lassen Sie den Blick ein, zwei Sätze lang auf einer Person verweilen. Dann gleiten die Augen weiter zu einem anderen Teilnehmer. Schauen Sie aber nicht schematisch von Sitznachbar zu Sitznachbar.
- Schauen Sie die Zuhörer an, aber fixieren Sie sie nicht. Konzentrieren Sie den Blick entweder auf die Nasenwurzel oder die Stirn.
- Halten Sie Blickkontakt zu allen Teilnehmern: In Gruppen bis 20 Personen schauen Sie jeden einzelnen Zuhörer mehrfach direkt an. Bei großen Gruppen wechseln Sie die Blickrichtung, schauen Sie abwechselnd mal nach links hinten, mal nach rechts vorn, mal ins Mittelfeld und so weiter. Fünf bis sechs Personen fühlen sich davon gleichzeitig angesprochen.

In Bewegung kommen

Eingekeilt zwischen Wand und Tisch wirkt der beste Redner statisch und, im wahrsten Sinn des Wortes, verklemmt. Viel besser ist es, wenn Sie den Raum erobern. Präsentieren Sie sich offen und zugänglich, nähern Sie sich dem Publikum (natürlich ohne ihm dabei zu nahe zu treten), überwinden Sie die Barrieren, die Sie von Ihren Zuhörern trennen. Gerade wenn es um Themen geht, die von den Zuhörern Beweglichkeit und Veränderungsbereitschaft erfordern, wirken Sie überzeugender, wenn Sie selbst nicht stehen bleiben.

- Nutzen Sie ein Dauermedium. Wenn Sie mit Pinwand, Flipchart oder einem Vortragsposter arbeiten, führt Ihr Weg Sie automatisch weg von Notebook und Rednerpult.

- Verwenden Sie einen Laserpointer. Damit können Sie Ihre Computerpräsentation von jedem Punkt im Raum aus steuern, Sie genießen völlige Bewegungsfreiheit.

- Heben Sie Übergänge durch Bewegung hervor: »Das war der Aspekt Wertentwicklung.« Gehen Sie ein paar Schritte zur Seite und fahren Sie fort: »Wenden wir uns nun dem Wachstumspotenzial zu.« Die Bewegung sorgt für eine natürliche Pause und verdeutlicht: Hier ist eine Zäsur, etwas Neues beginnt.

- Wehren Sie Einwände ab, indem Sie sich räumlich distanzieren. Treten Sie bei einem Zwischenruf einen halben Schritt zur Seite oder zurück: »Danke für den Hinweis, ich gehe darauf im zweiten Teil ein.« Die Bewegung bedeutet dem Störer, sich zurückzuhalten und lenkt die Aufmerksamkeit des Publikums auf Sie zurück.

Sprechtempo und Lautstärke regeln

Viele Redner präsentieren wie von Furien gejagt. Das hohe Tempo strahlt zwar Kompetenz aus, aber es überfordert die Zuhörer und strengt den Vortragenden an. Streben Sie deshalb ein eher gemäßigtes Grundtempo zwischen 80 und 100 Wörtern pro Minute an. Es erlaubt den Zuhörern, das

Gehörte zu verarbeiten und einzuordnen und lässt Ihnen Zeit zum Denken und Atmen.
Schnellsprecher finden die Mitte zwischen zu schnell und zu langsam, indem sie bewusst sorgfältig artikulieren und die Stimme am Ende jedes Satzes absenken. Je nach Inhalt können Sie nun variieren:

- Bei wichtigen oder schwierigen Inhalten verlangsamen Sie das Tempo und senken die Lautstärke. Das Gleiche gilt, wenn Sie den Eindruck haben, Ihre Zuhörer seien erschöpft und unkonzentriert.
- Umgekehrt gilt: Um Begeisterung zu wecken und zu motivieren, steigern Sie Tempo und Lautstärke. Zeigt das Publikum Anzeichen von Langeweile, schalten Sie ebenfalls einen Gang höher.

Pausen einlegen

Kennen Sie das auch? Nach der ersten Anfangsnervosität gerät man so in Fluss, dass man ohne Punkt und Komma redet. Selbst fällt einem das Wahnsinnstempo gar nicht auf: Gut trainiert und umfassend informiert weiß man, wovon man spricht. Den Zuhörern fehlt dieser Vorsprung: Sie müssen erst erfassen, was dem Redner klar und selbstverständlich erscheint.
Gönnen Sie Ihren Zuhörern also ab und zu eine Verschnaufpause: ein bis zwei Sekunden Stille, in denen sie das Gehörte verarbeiten können. Niemand käme deshalb auf die Idee, Sie hätten den Faden verloren und wüssten nicht weiter. Im Gegenteil, Ihr Publikum spürt: Sie halten das Steuer fest in der Hand und wissen genau, wo es lang geht.

- **Halten Sie am Ende jedes Satzes kurz inne:** »Drei Gründe sprechen für diesen Ansatz.« Stimme runter. Punkt. Pause, dann weiter im Text: »Erstens …« Stimme runter. Punkt. Pause. Dank der diszipliniert eingehaltenen Pausen können die Zuhörer besser folgen, Sie formulieren strukturierter, und auch die «ähs«, »alsos« und »irgendwies« werden weniger.

- **Pausieren Sie nach einer rhetorischen Frage.** Geben Sie Ihrem Publikum Zeit, eine Antwort zu finden, dann erst sprechen Sie weiter. Eine Pause, die Ihnen unangenehm lang erscheint, ist meist gerade richtig.

- **Pausieren Sie vor und nach Kernbotschaften.** Pause. »Deshalb setzen wir uns dafür ein, …«. Pause. Mit dieser Technik verleihen Sie wichtigen Aussagen einen angemessenen Rahmen.

- **Falls Sie doch einmal den Faden verlieren,** pausieren Sie und trinken Sie einen Schluck Wasser, bis der nächste Gedanke gefasst und das passende Wort gefunden ist.

- **Steigern Sie die Spannung.** Setzen Sie eine dramaturgische Pause, bevor Sie den Preisträger nennen, die Auflösung verraten oder eine Anekdote erzählen.

TALK-TOOL 38:
Zuhörerfragen beantworten

Nach der Rede ist vor der Rede. Kaum ist der Applaus verklungen, wartet die nächste Herausforderung: Der Moderator, die Moderatorin lädt das Publikum zur Diskussion ein. Oder Sie selbst haben am Anfang Ihres Vortrags angekündigt, am Ende auf Fragen einzugehen. Was nun folgt, lässt sich zwar gründlich planen, hundertprozentig kontrollieren können Sie die Diskussionsrunde jedoch nicht. Mit den folgenden Hinweisen behalten Sie auch im Finale die Zügel in der Hand.

Zeitpunkt und Zeitdauer vorgeben

Fragen sind wie die Zugabe nach dem Liederabend: Je besser Ihr Vortrag gefallen hat, desto mehr Fragen werden die Zuhörer an Sie richten wollen. Wer professionell wirken will, kommt deshalb nicht umhin, für eine Diskussion zur Verfügung zu stehen. Sie können aber steuern, wann und wie viel Zeit Sie sich dafür nehmen.

- Machen Sie am Beginn der Präsentation klar, ob Sie Fragen zwischendurch oder gesammelt am Ende Ihres Vortrags beantworten.
- Damit die Diskussion nicht ausufert, bitten Sie den Moderator, bei der Eröffnung der Fragerunde ein Zeitbudget anzugeben. Noch besser: Vereinbaren Sie ein Zeichen, mit dem Sie dem Moderator bitten, die Fragerunde zu beenden.
- Alternativ kündigen Sie selbst den zeitlichen Rahmen an: »Sicher haben Sie noch Fragen. Wir haben dafür 10 Minuten Zeit zur Verfügung.«
- Falls sehr viele Fragen kommen, vergewissern Sie sich, ob die anderen Teilnehmer überhaupt noch interessiert sind: »Haben Sie noch Lust?« So ersparen Sie sich die Peinlichkeit, dass Ungeduldige den Saal verlassen, während Sie noch reden.

Eine produktive Einstellung finden

Falls Sie die Fragerunde nach einer Präsentation an das mündliche Abitur erinnert, machen Sie sich klar: Sie stehen nicht auf dem Prüfstand, und eine Fragerunde ist kein Kreuzverhör. Die meisten Frager fragen aus Interesse am Thema, aus Höflichkeit oder um sich selbst zu profilieren. Betrachten Sie die Fragerunde deshalb als Einladung zum Dialog, als Gespräch zwischen Ihnen und dem Publikum. Diese Einstellung können Sie verdeutlichen, indem Sie spätestens jetzt den Referententisch oder das Rednerpult verlassen und auch räumlich die Nähe zum Publikum suchen.

Fragen positiv aufnehmen

Erkennen Sie den Beitrag des Fragers an, selbst wenn Ihnen die Frage ungelegen kommt. Erstens müssen manche Teilnehmer sich regelrecht durchringen, eine Frage zu stellen, zweitens ist es unwahrscheinlich, dass jemand, den Sie gerade gelobt haben, Ihre Antwort anzweifelt. So können Sie reagieren:

- »Das ist ein interessanter Gesichtspunkt.«
- »Danke, dass Sie darauf zu sprechen kommen.«
- »Vielen Dank für Ihre Anregung.«

Sich Zeit nehmen

Beantworten Sie Fragen nicht wie aus der Pistole geschossen. Im Gegenteil: Notieren Sie die Frage in Stichpunkten und lassen Sie sich mit Ihrer Antwort bewusst Zeit. Damit gewinnen Sie nicht nur einen Augenblick zum Überlegen, Sie vermitteln dem Frager auch das Gefühl, er habe einen bedenkenswerten Beitrag geleistet.
Alternativ verlangsamen Sie das Tempo, indem Sie die Frage im Wortlaut aufnehmen. »Wie wird sich die Kapitalerhöhung in den nächsten Wochen auf den Aktienkurs auswirken?« lautet die Frage. Na wie wohl?, denken Sie. Laut sagen Sie: »Die Kapitalerhöhung wird in den nächsten Wochen vermutlich dazu führen, dass die Aktie steigt. Dafür sprechen die deutlich höheren Eigenmittel nach Abschluss der Kapitalerhöhung.« Während Sie einen Teil der Frage wiederholen, können Sie sich mehrere Worte lang auf Inhalt und Formulierung der Antwort konzentrieren.

Kurz und knapp formulieren

Halten Sie Ihre Antworten kurz. Sprechen Sie in kurzen, positiv formulierten Sätzen. Strukturieren Sie nach dem Dreisatz: Aussage – Begründung – Variation der Aussage:

> *»Erklärtes Ziel unseres Unternehmens ist es, weiter zu wachsen. Deshalb investieren wir in das Geschäft mit Biosupermärkten, deshalb engagieren wir uns im Ökolandbau. Beides zusammen sichert uns mittelfristig ein Umsatzwachstum von 20 Prozent.«*

Unerfahrene Redner reagieren auf schwierige oder skeptische Fragen oft mit überlangen Antworten. Das Gegenteil ist richtig: Je unangenehmer eine Frage, desto knapper (und freundlicher) sollte die Antwort ausfallen.

»Halten Sie eine Outsourcing-Lösung nicht für riskant?« – »Nein. Wir bekommen mehr Qualität für weniger Geld.«

Mit einer langen Antwort liefern Sie Stichworte für Folgefragen.

Wissenslücken zugeben

Falls Sie auf eine Frage keine passende Antwort wissen, geben Sie die Wissenslücke freimütig zu: »Darüber muss ich mich erst informieren. Wenn Sie mir Ihre Visitenkarte geben, maile ich Ihnen die Zahlen zu.« Souveräne Redner reichen die Frage ans Publikum weiter: »Die Studie, die Sie ansprechen, ist mir nicht bekannt. Meine Damen und Herren, hat jemand von Ihnen Erfahrung auf diesem Gebiet?«

Auf unwillkommene Fragen reagieren

Es kommt in den besten Fragerunden vor: Jemand erhebt einen Einwand, der Ihnen nicht ins Konzept passt. Schlimmer noch, jemand provoziert mit einem unsachlichen Argument oder einem emotional aufgeladenen Statement. Das Wichtigste ist jetzt: Lassen Sie sich nicht zu einer unüberlegten Antwort hinreißen, wischen Sie die unwillkommene Frage nicht als unwesentlich beiseite: »Das betrifft eher einen Randaspekt«. Die anderen im Raum sollen sehen, dass Sie das Ruder in der Hand behalten. So können Sie reagieren:

- Im Idealfall widerlegen Sie den Einwand sachlich und nüchtern mit Zahlen und Daten. Mehr ist nicht nötig.
- Ist der Einwand berechtigt, erkennen Sie die Bedenken an: »Sie haben Recht. Das Outsourcing ist mit Risiken verbunden. Deshalb werden wir beim Abschluss der Verträge sehr genau …«
- Alternativ beleuchten Sie beide Seiten – die Risiken und die Chancen: »Sie haben Recht. Das Outsourcing ist mit Risiken verbunden.« Dann lenken Sie die Aufmerksamkeit zurück auf Ihre Botschaft: »Auf der anderen Seite bekommen wir mehr Qualität für weniger Geld.«

- Falschbehauptungen blocken Sie höflich ab: »Auf den ersten Blick mag das so aussehen.« Dann leiten Sie das Gespräch in die gewünschte Richtung um: »Unsere Berechnungen zeigen jedoch: Eine Auslagerung der Prozesse erweist sich für uns als außerordentlich vorteilhaft und zwar aus zwei Gründen: …« Oder: »Das habe ich zuerst auch gedacht. Dann habe ich aber gesehen, wie …«

Halten Sie den Blickkontakt, während Sie eine unwillkommene Frage beantworten, alles andere würde Verlegenheit und Unbehagen signalisieren. Nach Ihrer Antwort lösen Sie den Blickkontakt und richten Ihre Aufmerksamkeit auf Teilnehmer, die nicht in unmittelbarer Nähe des Störers sitzen.

Erzählen können

Wie man die Kraft von Geschichten nutzt und das eigene Leben in Worte fasst

Spade setzte sich in den Sessel neben dem Tisch und begann, ohne Vorbereitung oder irgendwelche einführenden Bemerkungen, dem Mädchen eine Geschichte zu erzählen, die sich vor einigen Jahren im Nordwesten zugetragen hatte. Er sprach mit ruhiger, sachlicher Stimme, die jede Betonung oder Pausen vermied, wenngleich er dann und wann einen Satz in leicht abgewandelter Form wiederholte, als sei es sehr wichtig, jede Einzelheit genau so zu berichten, wie sie sich abgespielt hatte. Zu Beginn hörte Brigid O'Shaughnessy nur mit geteilter Aufmerksamkeit zu, offensichtlich mehr über seine Erzählung erstaunt als daran interessiert, und ihre Neugier richtete sich weniger auf den Inhalt seiner Geschichte als vielmehr auf den Zweck, den er damit verfolgte; doch je weiter die Geschichte fortschritt, um so mehr wurde sie davon gefangen genommen, und sie wurde still und aufnahmebereit.

Dashiell Hammett, Der Malteser Falke

SELBST-CHECK:
Erzählen können

Wer mit Geschichten bewusst umgeht, verfügt über ein doppelt starkes Kommunikationswerkzeug: Die Geschichten, die wir anderen erzählen, sind einmalig und werden fest im Unterbewusstsein verankert. Noch viel wichtiger aber sind die Geschichten, die wir uns selbst erzählen: Sie begründen unser Selbstbild und unsere Zufriedenheit mit der Welt.
An diesem Punkt schließt sich der Kreis: Die smarte Kommunikation mit uns selbst macht uns reif für die smarte Kommunikation mit den Menschen um uns herum. Wenn Sie die folgenden Checklisten durchlesen, denken Sie über die Geschichten nach, die Sie sich und anderen erzählen. Kreuzen Sie für jede Verhaltensweise die Antwort an, die am ehesten auf Sie zutrifft.

Wie man gute Geschichten erzählt		**Selbst-Check**		
Verhalten	Wirkung	Wie häufig verhalten Sie sich so?		
		Meistens	Manchmal	Selten/Nie
Erzählend Wissen weitergeben	anschaulich, einleuchtend, wesentlich	■	■	■
Erzählend Kernbotschaften verankern	klar, profiliert, denkwürdig	■	■	■
Erzählend Denkprozesse anstoßen	bedenkenswert, feinfühlig, dezent	■	■	■
Geschichten auf das Einzigartige, Typische, Wesentliche konzentrieren	klar, interessant, professionell	■	■	■
Zusammenhänge verdeutlichen und Brüche erklären	reflektiert, schlüssig, glaubwürdig	■	■	■
Produktive Selbstgespräche führen	stabil, sicher, zuversichtlich	■	■	■
Die eigene Geschichte als sinnvoll und stimmig begreifen	glücklich, erfolgreich, gefestigt	■	■	■
Der Held, die Heldin der eigenen Geschichte sein	stark, engagiert, aktiv	■	■	■

Falsche Eindrücke vermeiden			**Selbst-Check**		
Verhalten	Gewünschte Wirkung	Möglicherweise erzielte Wirkung	Wie häufig verhalten Sie sich so?		
			Meistens	Manchmal	Selten/Nie
Erzählen, was einem auf der Zunge liegt	offen, interessant, spontan	redselig, weitschweifig, indiskret	□	□	□
Anekdoten und Witze erzählen	unterhaltsam, gebildet	langweilig, angestaubt, das Gespräch an sich reißend	□	□	□
Erlebtes in aller Ausführlichkeit erzählen	interessant, komplex, intensiv	ermüdend, ichbezogen, dozierend	□	□	□
Chronologisch Fakten, Daten, Etappen, Qualifikationen aufzählen	ehrlich, nichts auslassend, eindrucksvoll	unreflektiert, ziellos, nicht auf den Punkt kommend	□	□	□
Kritische, negative Selbstgespräche führen	realistisch, kritisch, leistungsorientiert	ängstlich, angespannt, feindselig	□	□	□
Die eigene Geschichte als verfehlt oder sinnlos begreifen	sich nichts vormachend, den Tatsachen ins Auge blicken	unglücklich, verbittert, gescheitert	□	□	□
Sich als Opfer sehen	unschuldig, verfolgt	passiv, einfallslos	□	□	□

Das Pisa-Ranking, der Realzinsertrag, der Quartalszuwachs, die Studiendauer, der Aktienkurs – Zahlen zählen viel in unserer Welt. Sie machen das Leben vergleichbar und übersichtlich. Hintergründe und Zusammenhänge verraten sie jedoch kaum: Einer Aktienkurve sieht man nicht an, ob der Kursgewinn mit innovativen Produkten erzielt wurde oder mit dem Abbau Tausender von Arbeitsplätzen.
Für Geschichten gilt genau das Gegenteil: Anders als Zahlen bieten sie mehr als nackte Tatsachen. Sie verleihen dürren Fakten Bedeutung, machen Zusammenhänge und Emotionen sichtbar und krallen sich im Gedächtnis fest. Allerdings sind sie offen für Interpretationen und keine zwei Menschen erzählen ein und dasselbe auf genau die gleiche Weise.
Geschichten und Anekdoten können deshalb Zahlen und Daten nicht ersetzen, aber: Sie vervollständigen das Bild und geben ihm Farbe. In diesem Kapitel erfahren Sie, wie Sie erzählend Denkprozesse anstoßen, Ihr Image stärken und die Fakten Ihres Lebens zu sinnvollen Geschichten verarbeiten.

Data is not information any more than 50 tons of cement is a skyscraper.
Clifford Stoll

TALK-TOOL 39:
Mit Geschichten überzeugen

Die narrative Rhetorik, die Kunst des Erzählens, ist so alt wie die Menschheit. Der griechische Dichter Aesop vermittelte mit Tierfabeln Moral und Lebensklugheit, Jesus packte seine Botschaft in Gleichnisse, Scheherazade rettete ihr Leben, weil sie den Sultan 1001 Nächte lang mit Geschichten bezauberte. Schon seit einigen Jahren stärken Firmen mit *Storytelling* die Unternehmensidentität und werten mit *Storybranding* Allerweltsprodukte zu Kultobjekten auf.
Hinter dem Trend zum Erzählen steht die Erkenntnis, dass Geschichten schneller verstanden, besser behalten und öfter weitergegeben werden als abstrakte Erklärungen.

Abstraktes konkretisieren

Erzählen ist zwar die älteste Form der Informationsweitergabe. Das stellt jedoch keine Einladung dar, sich bei Vorträgen, in Meetings oder im Verkaufsgespräch nach Lust und

Laune in Anekdoten, Erinnerungen oder Witzen zu ergehen. Im Gegenteil: Zumindest in beruflichen Situationen sind Geschichten ein Mittel zum Zweck. Wie ein Streudiagramm oder eine Excel-Tabelle sollen sie eine sorgsam bedachte Wirkung erzielen. Überlegen Sie deshalb, welches Kommunikationsziel Sie mit einer Mini-Story erreichen wollen. Davon hängt ab, was Sie in welcher Ausführlichkeit erzählen:

Das Kommunikationsziel gibt vor, …	**… was erzählt wird.**
Als Mensch spürbar werden	»Eine für mich persönlich entscheidende und zugleich sehr schwierige Rede war die, die ich kurz nach meinem Amtsantritt als Vorstandschef der Porsche AG vor unserer Belegschaft gehalten habe. Porsche befand sich damals in einer schweren Krise, und ich musste den Menschen leider sagen, dass wir Arbeitsplätze abbauen müssen, um unser Unternehmen zu retten. Zugleich habe ich den Leuten aber versprochen, dass wir Porsche wieder auf Erfolgskurs bringen und dann auch wieder neue Stellen schaffen werden. Und wir haben Wort gehalten: Heute hat Porsche erheblich mehr Beschäftigte als vor der Krise. Ich habe damals frei gesprochen, weil ich mich nicht hinter einem vorgegebenen Text verstecken, sondern den Mitarbeitern offen ins Gesicht sehen wollte – und mir anschließend geschworen, alles zu tun, damit ich nie wieder eine solche Rede halten muss.« (Wendelin Wiedeking)
Sperriges illustrieren, Abstraktes konkretisieren	»Die Theorie lässt sich an der Entwicklung des Unternehmens XY veranschaulichen. Das Anfang 1998 gegründete Unternehmen nutzte seine Chance auf dem noch neuen Markt …«
Eine Situation greifbar machen	»Es sagt sich nur dann leicht, dass Europa unsere Zukunft ist, wenn wir nicht so sehr auf die Gegenwart schauen. Dazu eine kleine Geschichte: In Schwäbisch Hall musste im Spätsommer ein Bauer auf seinem Marktstand den Verkauf seiner Äpfel einstellen. Sie waren biologisch einwandfrei angebaut, nicht einmal sonderlich wurmstichig. Was war ihm vorzuwerfen? Eine Kontrolleurin mit einer Schablone nach EU-Maß – so etwas gibt es leibhaftig, in menschlicher Gestalt und ausgestattet mit einem Loch für Loch vermessenen Amtswerkzeug – hatte in flagranti festgestellt, dass …« (Claus Detjen)

Das Kommunikationsziel gibt vor, …	**… was erzählt wird.**
Veränderungen anstoßen	»Ist es wirklich so schwierig, Haltungen zu verändern? Ich erzähle Ihnen mal ein Beispiel von höchster Ebene. Der unvergessene Ignaz Bubis hat es einem Kollegen vor Jahren mit auf den Weg gegeben. Kommt ein Sohn zum Vater, einem alten Juden, und sagt: »Vater, ich möchte Katholik werden«. Der Vater ist entsetzt: »Das hat's noch nie gegeben, seit Jahrtausenden in der Familie der erste Konvertit!« Doch der Sohn lässt sich nicht umstimmen. Der Vater fällt auf die Knie, betet und fleht zu Gott. Nach einer Weile erscheint Gott und sagt: »Was ist dir Schlimmes passiert?« – »Mein Sohn will Katholik werden!« Und der liebe Gott sagt: »Ich kenne das, das ist mir auch passiert.« Und der alte Jude fragt: »Und, Gott, was hast du gemacht?« Gott antwortet auf Jiddisch: »Hab ich jemacht Neues Testament!« (Menso Heyl)
Den Zuhörern einen Spiegel vorhalten	»Rauchen Sie?, fragt die japanische Hotelrezeptionistin. Welche Blumen mögen Sie? Welche Zeitung lesen Sie? Der deutsche Gast ist irritiert – erst recht, als die Angestellte auch noch eine Kamera zückt und ein Foto von ihm schießt. Am nächsten Morgen beim Frühstück löst sich das Rätsel auf: Der Kellner begrüßt den Gast mit Namen, weist ihm einen Platz in der Nichtraucherecke zu, auf dem Tisch liegt die FAZ. Das, meine Damen und Herren, ist Service in Japan.« (Minoru Tominaga)
Angenehm wirken, sich einschmeicheln	Richard Nixon wandte dieses Prinzip 1952 in seiner berühmten Checkers-Rede an: Des Missbrauchs von Wahlkampfgeldern angeklagt, legte er seinen bescheidenen Lebensstil dar – um dann zu erzählen, ein Geschenk tatsächlich angenommen zu haben: Checkers, den jungen Cockerspaniel seiner Töchter: »And you know, the kids, like all kids, love the dog, and I just want to say this, right now, that regardless of what they say about it, we're gonna keep it.«

Zum Nachdenken anregen

Ob selbst erlebt oder nacherzählt – Geschichten sprechen für sich. Sie geben dem Gesprächspartner zu denken, eröffnen ihm neue Perspektiven, lassen ihn Optionen erkennen. Anders als Ratschläge bieten sie die Möglichkeit, Anregungen unauffällig beizusteuern, ohne den anderen zu bevormunden:

»Ein Kollege von mir hat sich in einer ähnlichen Situation entschlossen, …« Wichtig: Formulieren Sie die Moral von der Geschichte nicht aus. Das übermittelte Wissen kommt von ganz allein in den Köpfen der Zuhörer an.

»Dazu eine Geschichte …«

Bei Präsentationen bilden Geschichten einen Kontrapunkt zu grauen Theorien, abstrakten Zahlen und überfrachteten Folien. Gut erzählt sind sie für die Zuhörer ein Höhepunkt Ihrer Rede. Besonders gut wirken Geschichten am Anfang zur Einstimmung oder kurz nach der Mitte, wenn die Aufnahmefähigkeit zu sinken beginnt. So bringen Sie die Story wirksam zur Geltung:

- **Blenden Sie die PowerPoint-Show ab,** machen Sie eine kurze Pause und leiten Sie die Geschichte ein: »Dazu eine Geschichte. Gestern gegen 15 Uhr …« – »Das erinnert mich an einen Zeitungsartikel, den ich …« – »Lassen Sie mich die Kraft dieses Ansatzes an einem aktuellen Fall illustrieren: …«
- **Bevorzugen Sie Geschichten aus dem wahren Leben.** Wer am liebsten Anekdoten, Fabeln und zeitlose Weisheiten erzählt, wirkt angestaubt und lebensfremd.
- **Wählen Sie Ihre Worte sorgfältig.** Besonders der Schluss muss pointiert und überzeugend sein. Am besten trainieren Sie Geschichten so lange, bis sie Ihnen als »Steine im Fluss« zur Verfügung stehen.
- **Lassen Sie die Zuhörer selbst zwei und zwei zusammenzählen.** Gute Geschichten sagen in wenigen Worten viel. Sie brauchen keine Interpretation. Wenn die Story zu Ende ist, halten Sie kurz inne und fahren dann im sachlichen Kontext fort.

Vorsicht vor unendlichen Geschichten

Wie Witze unterbrechen auch Geschichten den Gesprächsfluss. Womöglich nimmt der Erzähler die Sprecherrolle länger in Anspruch, als den Zuhörern lieb ist. Sprengen Sie deshalb ein angeregtes Gespräch auf keinen Fall mit einer langatmigen Story, nur weil Sie Ihnen gerade in den Sinn kommt. Erzählen Sie Geschichten und persönliche Erfahrungen prinzipiell knapp und pointiert. Achten Sie auf Anzeichen von Langeweile und Überdruss.

Noch besser ist es, wenn Sie erst einmal einen Versuchsballon starten: »Also ein Kollege von mir hat sich in einer ähnlichen Situation dafür entschieden, Kontakt zu einem Personalberater aufzunehmen.« Pause. Zeigt sich der Gesprächspartner interessiert: »Und welche Erfahrungen hat er damit gemacht?«, erzählen Sie die ganze Geschichte. Kommt keine Reaktion, behalten Sie die Story für sich.

Passende Geschichten auswählen

Je subtiler Sie Geschichten einfließen lassen, desto größer die Wirkung. Weist eine Story auch nach mehrmaligem Erzählen Längen auf, ist das oft ein Zeichen dafür, dass Sie zu weit ausholen müssen. In diesem Fall wählen Sie besser eine Geschichte, die näher am Leben der anderen dran ist. Wenn eine Geschichte passt, ist sie auch schnell erzählt.
Bei Präsentationen sollten Sie berücksichtigen: Problemgeschichten eignen sich höchstens für den Anfang. Danach setzen Sie auf Erfolgsgeschichten, am besten solche aus dem wahren Leben:

- Steigern Sie die Glaubwürdigkeit Ihrer Ausführungen mit Storys, die die Durchführbarkeit Ihrer Vorschläge belegen.
- Stoßen Sie Veränderungen an mit Beispielen, die Mut machen.
- Eröffnen Sie neue Perspektiven mit Geschichten, die zeigen, dass gelingen kann, was keiner glaubt.

TALK-TOOL 40:
Erwünschte Botschaften senden

Die Schauspielerin Veronica Ferres erzählt in einem Interview zu dem Kinderfilm *Die wilden Hühner*, wie sie selbst Mutproben ablegte, um als Mädchen in der Bande ihrer älteren Brüder mitmachen zu dürfen. Familienministerin Ursula von der Leyen schildert in einem SZ-Porträt die Gewissensqual, im Kabinett über die steuerliche Absetzbarkeit von Haushaltshilfen zu streiten, während sich zu Hause der Hund erbricht und womöglich dringend zum Tierarzt müsste.
Die kleinen Geschichten klingen alltäglich. Aber sie setzen sich in den Köpfen fest und transportieren die Botschaft perfekt. Genau das macht sie so wirksam.

Was Geschichten leisten

Man darf annehmen, dass die Medienprofis die Geschichten, die sie über sich erzählen, nicht dem Zufall überlassen. Sie geben vielmehr, bewusst oder unbewusst, das aus ihrem Le-

ben wieder, was ihr Image stärkt. Sie beleuchten, was die anderen wahrnehmen sollen, und setzen in Szene, was man nicht sagen könnte, ohne sich dem Vorwurf der Selbstbespiegelung auszusetzen: zum Beispiel, dass man eigenwillig ist und unerschrocken und die Rolle, die man im Film spielt, auch im Leben perfekt ausfüllt.
Man muss nicht in der Öffentlichkeit stehen, um das eigene Profil mit gezielt platzierten Geschichten zu schärfen. Wir alle können beeinflussen, welche Geschichten über uns kursieren.

Unbeabsichtigte Botschaften vermeiden

Es mag fast ein Jahrzehnt her sein, dass man in der Jurabibliothek regelmäßig nach Bekanntgabe des Sachverhalts für die Hausarbeit die BGB-Kommentare verstellte, sodass keiner sie finden konnte außer einem selbst und einer Hand voll auserwählter Kommilitonen. Man selbst verbindet mit der Geschichte Jung-Sein, Zusammenhalt und eine unbekümmerte Frechheit, die man sich heute nicht mehr erlauben würde. Womöglich verankert sich im Unterbewusstsein des Zuhörers aber etwas ganz anderes: Egoismus! Unehrlichkeit! Vorteilsnahme!
Die Geschichten, die wir über uns in Umlauf setzen, prägen unser Image. Das kann von Vorteil sein, wenn die Erinnerung echt und vertrauenswürdig klingt. Wird eine Geschichte dagegen missverstanden, erscheint man selbst in einem schlechten Licht. Wenn man Pech hat, nachdrücklich und dauerhaft. Machen Sie sich klar: Fakten sind schnell vergessen. Geschichten bleiben. Sie charakterisieren Sie, lange nachdem ein fragwürdiger Scherz erzählt oder eine unvorteilhafte Erinnerung ausgetauscht ist. Die wichtigste Regel im Umgang mit den eigenen Lebensgeschichten und Lieblingsanekdoten lautet deshalb: Geben Sie Ihrem Mitteilungsdrang nicht ungezügelt nach. Sonst besteht die Gefahr, dass Sie Geschichten über sich in Umlauf bringen, die zwar wahr sind. Und trotzdem Ihre Persönlichkeit nicht widerspiegeln, vor allem, wenn sie das Einzige sind, was jemand über Sie erfährt.

Spuren im Gedächtnis hinterlassen

Wir ertrinken in Informationen. Daten und Fakten, mögen sie auch noch so neu sein, zählen deshalb nicht mehr viel. Was zählt, ist Aufmerksamkeit. Um sie anzuziehen, müssen wir unsere Zuhörer emotional ansprechen: mit Bildern, die sich ins Gedächtnis einbrennen.

Wenn Sie also im Bewerbungsinterview von sich sagen, Sie seien mobil und vielseitig interessiert, ist das schön für Sie. Aber Kino im Kopf, Filme im Gehirn erzeugen Sie damit nicht. Denn erstens behaupten alle anderen Bewerber das Gleiche, und zweitens gehen Worthülsen zum einen Ohr hinein und zum anderen Ohr hinaus.

Deutlich mehr Eindruck macht, wer seine Botschaft in eine interessante Story einbettet. Wie der Bewerber, der sich nicht nur als hervorragender Ingenieur präsentiert, sondern als einer, dessen Leidenschaft seit der Oberstufe den alten Römern gilt. Deshalb hat er auch in Perugia studiert. Allerdings hat er sich statt in Altphilologie, womit alle rechneten, in Hochfrequenz- und Nachrichtentechnik eingeschrieben. Seither bekommt er regelmäßig zu hören: »Perugia? Ist das nicht für Nüsse und Schokolade bekannt? Und da kann man Nachrichtentechnik studieren?«

Diese Geschichte setzt sich im Gedächtnis fest. Denn sie verwirklicht die drei Strategien, die aus einer beliebigen Geschichte eine einzigartige Story machen.

- **Differenzieren.** Die Geschichte ist einzigartig: Ein Ingenieur, der perfekt Italienisch spricht und dazu ein halber Altphilologe ist, sticht aus der Schar der Bewerber heraus.
- **Demonstrieren.** Die Geschichte beweist: Der Kandidat ist so flexibel und mobil, wie Personalchefs es sich wünschen.
- **Dramatisieren.** Der beiläufige Satz über das Staunen der Umwelt setzt den biografischen Stoff geschickt in Szene: Dass es in Perugia nicht nur Kunstschätze und Nüsse gibt, sondern auch ein Dipartimento di Ingegneria Elettronica, verankert das Bild eines ganz besonderen Kandidaten.

Eindeutig sein

Jede Geschichte über das eigene Leben ist subjektiv konstruiert: Objektive Fakten verbinden sich mit persönlichen Erwartungen und Bewertungen. Es gibt deshalb viele verschiedene Möglichkeiten, ein Ereignis oder eine Entwicklung zu deuten.

Der Bewerber aus Perugia zum Beispiel hätte auf der Grundlage der genau gleichen Fakten eine ganz andere Geschichte erzählen können: Zum Beispiel, wie er nach dem Abitur erst einmal ein Jahr reiste, in Italien hängen blieb, bei einem Telekommunikationsunternehmen jobbte und auf diesem Weg in die Nachrichtentechnik hineinrutschte. Entstanden wäre der Eindruck eines sympathischen, interessant qualifizierten Kandidaten. Aber dem Bild des planvollen, umfassend gebildeten Machers hätte der Bewerber mit dieser Fassung seines Werdegangs nicht entsprochen.

Unsere Erzählungen enthüllen, was wir denken und fühlen, wie wir Erlebtes verarbeiten, welchen Sinn wir unserem Leben geben und ob wir zu unserer Vita stehen. Statt rückhaltloser Vertrauensseligkeit ist deshalb *selektive Offenheit* gefragt:

- Wählen Sie aus, was für die anderen relevant ist, was zum Thema passt und was Ihre Botschaft optimal unterstützt.
- Lenken Sie den Blick auf das Wesentliche. Befreien Sie Ihre Geschichte von allem, was sie verwässern und den Gesprächspartner verunsichern könnte.
- Widerstehen Sie der Versuchung, Ihre Geschichte in epischer Breite zu erzählen. Schildern Sie nur die Hintergründe und Verzweigungen, die unbedingt für das Verständnis erforderlich sind.

Ihre Geschichte ist stimmig, wenn Sie sich aus heutiger Sicht damit identifizieren können. Bedenken Sie dabei: Im Rückblick stellt sich vieles anders dar, manches gewinnt einen neuen Sinn, anderes erscheint aus dem zeitlichen Abstand heraus irrelevant. Die persönlichen Unsicherheiten bei der

Berufswahl zum Beispiel haben sich im Lauf der Jahre erledigt. Das Ich von damals ist nicht identisch mit dem Ich von heute. Die Selbstzweifel der frühen Jahre müssen deshalb nicht einfließen, um die Geschichte wahr zu machen.

Den Zusammenhang verdeutlichen

»Was können Sie uns über sich erzählen?« – »Und wie ist es euch inzwischen ergangen?« – »Was führt Sie zu mir?« – »Und wie war's bei dir?«

Beim Vorstellungsgespräch, beim Wiedersehen mit Freunden, beim Arztbesuch, beim Date – wenn wir möchten, dass uns jemand kennen lernt und versteht, erzählen wir von uns und unserem Leben: von der Familie, der Ausbildung, dem Jahr in Portugal, warum man wieder allein lebt, dass man sich seit Wochen so müde fühlt, wie es einen in die Schwäbische Alb verschlug, dass man Fantasyfilme liebt, leidenschaftlich gern asiatisch kocht, wieso man auf Kieser-Training schwört und wie es dazu kam, dass man mit 30 schon Geschäftsführer ist.

Die Geschichte unseres Lebens setzt sich aus vielen kleinen Erlebnissen, Episoden und Entscheidungen zusammen. Nur einen Bruchteil davon bringen wir in Gesprächen ein. Ganz gleich, was wir von uns erzählen, nie erfährt der andere die ganze Geschichte, immer sieht er nur einen Ausschnitt unseres Selbst, sozusagen die Spielfilmversion des Erlebten, vielleicht auch nur einen kurzen Trailer.

Dabei liegt es an uns, dem anderen keine Aneinanderreihung von Schnipseln zu präsentieren. Gefragt ist ein zusammenhängender Film, der nicht nur Abfolgen von Ereignissen zeigt, sondern innere Konflikte und äußere Widerstände, Motive und Werte, Wendepunkte und Einsichten.

Der Stoff, aus dem Geschichten sind

Die kleinen Anekdoten, die ein Schlaglicht darauf werfen, wer man ist. So wie Ursula von der Leyens Geschichte vom Hin- und Hergerissensein zwischen Kabinett und krankem Hund.

Die Erfolgsstory: Wie es kam, dass aus einem Garagen-Start-up ein Imperium wurde.

Die Comedy: Wie man es als Paar einfach nicht hinbekommt, auch nur ein einziges Mal pünktlich bei Freunden zu erscheinen

Die Romanze: Wie man sich kennen lernte und einander auf Anhieb sympathisch fand und sich wieder aus den Augen verlor, bis man sich, das muss so zwei Jahre später gewesen sein, zufällig im ICE nach Hannover wiederbegegnete ...

Die Abenteuergeschichte: Wie man es vor zwei Jahren, als alle die Firma am Boden glaubten, den Branchenriesen zeigte und den Betrieb mit einem spektakulären Prototypen zurück ins Rennen brachte.

Das Epos von Einsicht und Reifung: Wie man sich nach dem plötzlichen Hörsturz vom karrierebesessenen Workaholic zum gelassenen Genießer entwickelte.

TALK-TOOL 41:
Das Leben in Worte fassen

Unsere Geschichten verdeutlichen in Kurzform, wer wir sind, wer wir gern wären und wie wir uns anderen gegenüber präsentieren. Die Form, die wir unseren Lebensgeschichten geben, beeinflusst aber nicht nur unser Image. Sie beeinflusst, wie glücklich wir sind.

Die eigene Geschichte konstruieren

Bei Lars greift das Leben harmonisch ineinander: Einserabitur, Medizinstudium, Hochzeit, Facharztausbildung, Kind eins, Kind zwei, Einstieg in die Praxis eines guten Freundes der Eltern – ein Werdegang, wie auf dem Reißbrett entworfen.
Katja nimmt das Leben, wie es gerade kommt: Design-Studium geschmissen, Schneiderlehre gemacht, ein Jahr als Au-pair in Finnland gewesen, eine kleine Tochter bekommen, eine endlose Abfolge von Jobs, die interessant waren oder lukrativ, aber selten beides zusammen, beim Tanken zufällig die Jugendliebe wiedergetroffen, als Stylistin geschätzt, aber nur sporadisch gebucht – ein Leben voller Zufälle.
Die Fakten und Daten des bisherigen Lebens stehen fest. Aber es liegt an uns, was wir daraus machen. Ob man die eigene Lebensgeschichte als gelungen empfindet, hängt nämlich nicht nur von den äußeren Ereignissen ab, sondern auch davon, wie man die Geschehnisse einordnet und bewertet:

- Vielleicht ist Lars rundum glücklich mit dem Weg, für den er sich entschieden hat.
- Vielleicht erlebt er sich als austauschbar, unauffällig, mit dem Strom schwimmend.
- Vielleicht nagt das Gefühl in ihm, er hätte lieber sein Ziel verwirklichen und Comics zeichnen sollen, statt dem Rat von Eltern, Vertrauenslehrer und Berufsberaterin zu folgen.
- Vielleicht, auch das ist möglich, erzählt er sich seine Geschichte mal so und mal anders, je nachdem, wie er sich gerade fühlt.

»Im Grunde sind wir das, was wir uns selbst und anderen erzählen«, beschreibt *Psychologie heute*-Chefredakteur Heiko Ernst das Phänomen, dass unsere Geschichte nicht in Stein gemeißelt ist, sondern viele schlüssige Interpretationen zulässt.

Der Paarforscher John M. Gottman hat sogar festgestellt: Paare, die schwärmerisch an den Anfang ihrer Liebe zurückdenken und gemeinsam bewältigte Krisen glorifizieren, bleiben mit einer Wahrscheinlichkeit von über 94 Prozent auch in Zukunft zusammen.

Keine Frage: Wer in seiner Vergangenheit möglichst viel Schönes und Sinnvolles entdeckt, lebt glücklicher. Wie gut das gelingt, hängt von den Selbstgesprächen ab, die wir unaufhörlich mit uns führen und von den Selbsterzählungen, die wir daraus schaffen.

Produktive Selbstgespräche führen

Auch wenn es uns meistens nicht auffällt: Wir reden kontinuierlich mit uns selbst.

> *»Ich brauche morgens meinen Milchkaffee.«, »Jetzt komm schon, noch fünf Wiederholungen.«, »Das muss einfach klappen.«, »Toll, das Kleid, ich könnte so was nie tragen.«, »Das ist eine Wahnsinnschance!«, »Typisch ich«, »Hoffentlich erwisch ich noch den ICE.«, »Das zahle ich ihr heim.«, »Vielleicht hätte ich das Angebot doch annehmen sollen?«, »Unerträglich, wie Jörg sich wieder profiliert.«*

– das Dauergeplauder im Kopf wirkt wie ein Filter, durch den wir die Welt betrachten. Was wir durch ihn hindurch sehen, bestimmt, ob wir zuversichtlich sind oder zaghaft, ob wir an uns glauben oder uns klein machen, ob wir mit uns im Reinen sind oder frustriert.

Die inneren Sätze bestimmen aber nicht nur das momentane Lebensgefühl. Viele von ihnen wachsen sich auch zur selbsterfüllenden Prophezeihung aus. Der Grund: Unser Bild von uns und den anderen erzeugt ein Verhalten, das dazu führt, dass die Einschätzung sich bewahrheitet.

Das Denken ist das Selbstgespräch der Seele.
Plato

Wer liebevoll und aufmunternd mit sich redet (»Es wäre toll, wenn ich das packen würde.«), fühlt sich stark und geht engagiert und vertrauensvoll zu Werke. Dementsprechend gut stehen die Chancen, ein ehrgeiziges Ziel erfolgreich zu verwirklichen. Umgekehrt gilt das Gleiche: Wer kein gutes Haar an sich und der Welt lässt (»Das wird doch eh nichts.«), redet sich schlecht, fürchtet Veränderungen und Misserfolge und schiebt Zwischenschritte vor sich her. Entsprechend niedrig ist die Chance, ans Ziel zu kommen.

Den inneren Dialog verändern

Die Sätze, die uns durch den Kopf gehen, formen unser Wesen. Es ist unmöglich, sie von heute auf morgen zu verändern. Aber wir können dem inneren Lästerer eine freundliche Stimme zur Seite stellen, eine, die beruhigt, aufbaut, stärkt und den Blick dafür öffnet, dass man die gleiche Sache aus verschiedenen Perspektiven betrachten kann.

- **Nehmen Sie den inneren Kritiker wahr.** Fragen Sie sich, wie Sie reagieren würden, wenn jemand anderer so verächtlich und ungeduldig mit Ihnen reden würde. Der innere Kritiker darf seine Meinung ruhig beisteuern – aber wertschätzend, nicht abwertend.
- **Blenden Sie negative Selbstsätze nicht krampfhaft aus.** Ein innerer Satz wie »Das schaffe ich nie« hat zwei Ebenen. Erstens die fragwürdige Beziehungsbotschaft, dass man nicht kann, was andere spielend schaffen. Und zweitens die durchaus hilfreiche Sachbotschaft, dass einem wichtige Vorkenntnisse fehlen oder dass man gerade ohnehin mehr leistet, als einem gut tut. Am besten behandeln Sie den Kritiker wie einen übellaunigen Kollegen: Überprüfen Sie die Sachbotschaft und vergessen Sie die Beziehungsbotschaft.
- **Stellen Sie demotivierende Selbstgespräche spielerisch infrage.** Wenn Ihre innere Stimme lästert: »Ich könnte so was nie tragen«, halten Sie dagegen: »… vielleicht aber etwas anderes, genauso Schönes.« Die Wörter »vielleicht« oder »möglicherweise« schwächen das negative Selbstgespräch ab und lenken die Gedanken in neue Bahnen.

- **Verflüssigen Sie festgefahrene Selbstbotschaften.** Statt »Ich kann das nicht« denken Sie produktiver »Ich kann das noch nicht.« Statt »Ich kann ihn einfach nicht leiden.« versuchen Sie es mit »Ich mochte ihn bisher nicht besonders.« Statt »Bei uns kriselt es.«, sagen Sie sich, »Bei uns kriselt es zurzeit.« Wörter wie »noch«, »bisher« oder »zurzeit« machen aus negativen Gedanken keine positiven, aber sie weichen scheinbar unumstößliche Wahrheiten auf und räumen ein, dass Veränderung möglich ist.
- **Führen Sie in Ihrem Leben Regie:** »Die Einladungen müssen heute noch raus«, »Das kann ich den Kindern nicht zumuten«, »Das geht jetzt nicht, ich muss die Anschreiben fertig machen«. Wer unseren inneren Dialog hört, könnte meinen, wir seien ferngesteuerte Marionetten. Aufbauender (und übrigens auch zutreffender) sind Sätze, in denen wir uns als Gestalter unseres Lebens sehen: »Ich will«, »Ich werde«, »Es ist mir wichtig« oder »Ich habe beschlossen«.
- **Reden Sie so begütigend mit sich wie mit einem Dreijährigen.** Stellen Sie dem inneren Kritiker eine leise, sanfte Stimme entgegen. Reden Sie sich gut zu. Ermutigen Sie sich, ruhig, gelassen und zuversichtlich zu reagieren. Ordnen Sie die Bedeutung schwieriger Situationen rational ein. Erinnern Sie sich daran, wie Sie Ähnliches in der Vergangenheit bewältigt haben.

Wie Selbsterzählungen entstehen

Produktive Selbstgespräche stärken das Wohlbefinden und die Außenwirkung. Gleichzeitig liefern sie das Rohmaterial, aus denen sich unsere Selbsterzählungen zusammensetzen. Ein Beispiel: Die Gedanken, die uns beim Bewerbungsinterview durch den Kopf gehen, strukturieren vor, wie wir uns und anderen das Gespräch hinterher darstellen. Aus den Selbsterzählungen der gesammelten Interviewerfahrungen erwächst nach und nach die Geschichte, wie es war, beruflich Fuß zu fassen. Womöglich ist es genau die Geschichte, die

man dreißig Jahre später den eigenen Kindern erzählen wird, wenn die sich daran reiben, dass Wunsch und Wirklichkeit nur bedingt zusammenpassen. Vielleicht hat man die Selbsterzählung im Lauf der Jahre aber auch längst revidiert: weil sich die Dinge besser entwickelt haben als zunächst befürchtet oder weil ein fulminanter Start durch spätere Fehlschläge einen unangenehmen Beigeschmack bekommen hat.
Jede Geschichte unseres Lebens ist *work in progress*: Sie verändert sich, wenn ein Teil davon durch neue Erfahrungen widerlegt wird oder wenn man später Facetten darin entdeckt, die man zunächst übersehen hat.

Hilfreiche Selbsterzählungen schaffen

So wie ein Roman kein Happy End braucht, damit wir ihn gern lesen, muss eine Selbsterzählung keine Erfolgsstory sein, damit wir gut damit leben. Ein glücklicher Ausgang macht eine Geschichte zwar perfekt, doch die grundlegenden Eigenschaften einer gelungenen Selbsterzählung sind andere: Kohärenz, Sinn, Kontrollüberzeugung und Zugkraft. Diese vier Eigenschaften kann jede der Geschichten aufweisen, die wir über uns erzählen. Denn jedes Ereignis in unserem Leben lässt sich auf unzählige Art und Weise und trotzdem wahr schildern. Wir entscheiden: Wollen wir in unseren Selbsterzählungen auf den hässlichen, frustrierenden Aspekten einer Situation verweilen? Oder wollen wir das Augenmerk hauptsächlich auf das Geschick legen, mit dem wir sie gemeistert haben?

Zusammenhänge erkennen

Eine Geschichte, die uns bereichert und andere überzeugt, entsteht nicht, indem wir Episoden chronologisch und ohne inneren Bezug aufzählen:

> *» … und dann haben Klaus und ich uns getrennt, und dann lernte ich Tobias kennen, aber das hielt nicht lange, und jetzt bin ich mit Anton …«.*

Von einer kohärenten Geschichte kann erst dann die Rede sein, wenn wir die Ereignisse unseres Lebens in einen Zusammenhang stellen, sinnvoll aufeinander beziehen und Brüche in der Biografie erklären: zum Beispiel durch innere Beweggründe, grundlegende Charakterzüge, Zukunftspläne oder äußere Umstände.

»Heute ist mir klar: Die Beziehung zu Tobias stand von Anfang an unter einem schlechten Stern. Als wir zusammenzogen, hatte ich die Trennung von Klaus überhaupt noch nicht verkraftet. Deshalb habe ich Tobias ...«.

Den Sinn erkennen

Der innere Zusammenhalt verleiht Erfolgsgeschichten Spannung und gibt Misserfolgsgeschichten einen Sinn. Vor allem wenn eine Geschichte unerfreulich verläuft oder ein Erfolg auf sich warten lässt, ist es wichtig, der Enttäuschung eine tiefere Bedeutung abzutrotzen: Wer es zum Beispiel schafft, die Trennung, den Konkurs oder die schwere Krankheit zur Lernerfahrung zu formen, hat gute Chancen, gestärkt oder zumindest ungebrochen aus der Krise hervorzugehen. Das Schicksal hat zwar zugeschlagen. Das hat einem fast den Atem geraubt. Aber dann hat man das Leben wieder selbst in die Hand genommen.

Handeln statt behandelt werden

Die meisten Schriftsteller konzipieren ihre Heldinnen und Helden als starke, gestaltende Persönlichkeiten. Das Gleiche sollten Sie auch in Ihren Selbsterzählungen tun: Wer sich als Getriebener darstellt, katapultiert sich in die Opfer-

Was starke Geschichten auszeichnet

Die Auswahl: In jede Erzählung fließt nur ein Bruchteil dessen ein, was war. Überlegen Sie, was Sie erzählen wollen und was nicht. Spiegelt eine Geschichte Ihre Persönlichkeit wider? Maximiert sie Ihre Botschaft? Entspricht sie in allen Facetten dem, was Sie über sich ausdrücken wollen? Ist die Geschichte für Zuhörer oder nur für Sie interessant?

Die Richtung: Worauf läuft Ihre Geschichte hinaus? Was macht sie erzählenswert? Welche Botschaft wollen Sie transportieren? Welche Erfahrungen und Erkenntnisse leiten Sie daraus ab?

Der Zusammenhang: Ergibt die Geschichte, die Sie erzählen, einen Sinn? Wie hängen die erreichten Erfolge und Etappenziele, die Misserfolge und Fehlschläge miteinander zusammen? Welche Emotionen und Sehnsüchte drücken sich in Ihren Entscheidungen aus? Kann ein Zuhörer Ihre Beweggründe nachvollziehen? Erlebt er Sie als glaubwürdig und Ihre Entscheidungen als schlüssig? Tipp: Eine Geschichte muss weder gängigen Erwartungen entsprechen noch wie am Schnürchen laufen, um schlüssig und glaubwürdig zu wirken. Ein wechselhaftes Hin und Her braucht aber triftige Gründe.

Das Drama: Enthält Ihre Geschichte Höhen und Tiefen, dramatische Wendepunkte, Veränderungen, Krisen und überwundene Niederlagen? Zeigt sie Ihre Fähigkeit zu Selbstironie und kritischer Distanz? Eine Geschichte soll zwar eine klare Botschaft transportieren, aber allzu Glattes wirkt unglaubwürdig. Wer immer nur von Erfolg zu Erfolg schwebt, fesselt nicht.

Der Autor: In unseren Ich-Erzählungen sind wir Autor und Hauptdarsteller zugleich. Präsentieren Sie sich als Handelnder (»Ich möchte mich neu positionieren.«), nicht als jemand, den das Schicksal vor sich hertreibt (»Ich wurde entlassen.«).

rolle: »Nach Laras Geburt musste ich beruflich zurückstecken, ging ja nicht anders.« Agierende fühlen sich nicht nur glücklicher, sie wirken auch so: »Es ist mir wichtig, in den ersten Jahren bei den Kindern zu sein.«

Überzeugende Geschichten entwickeln

Eine Geschichte erfordert zweierlei: Sie muss uns gut tun. Und sie muss gut klingen: glaubwürdig, interessant und reflektiert. Damit unsere Geschichten funktionieren, müssen wir deshalb auch beachten, wie die anderen sie aufnehmen. Prahlerische Münchhausiaden werden von unseren Zuhörern nämlich ebenso wenig akzeptiert wie fehlende Schlüssigkeit, allzu breit Ausgewalztes oder Geschichten, in denen jemand sich ausschließlich als Opfer oder Märtyrer inszeniert. Anklang finden dagegen Geschichten, die von Tatkraft, Selbsterkenntnis und Lösungskompetenz zeugen und eine hohe Dynamik von Auf- und Abstieg, Kampf und Sieg, Spannung und Überraschung bieten.

Talk smart!

Bücher, Seminare oder ein Coaching entwerfen Idealbilder und zeigen Ziele und Lösungen auf. Sie stärken das Bewusstsein: Geduldiger zuzuhören täte der Partnerschaft gut, mehr Präzision in der Formulierung würde das Ansehen im Team heben, freundliche Entschiedenheit käme besser an als verdeckte Aggression. Der Wunsch nach Veränderung erwacht – und löst ein Wechselbad der Gefühle aus: Offenheit für Neues vermischt sich mit innerer Abwehr, Enthusiasmus mit Unsicherheit, Vertrauen mit Verweigerung.

Für diese Gefühlsmelange gibt es einen einleuchtenden Grund: Neue Impulse vertreiben uns aus der Komfortzone der *unbewussten Inkompetenz*, in der wir zufrieden sind, mit dem was ist – weil wir gar nicht ahnen, was uns entgeht. Plötzlich sehen wir uns mit der frustrierenden Wirklichkeit der *bewussten Inkompetenz* konfrontiert: Wir wissen, was wir nicht können – aber gern können *würden*. Wir spüren den Mangel und sehen die Möglichkeiten. Das eine beunruhigt, das andere beflügelt. Ob wir uns weiterentwickeln oder stehen bleiben, hängt davon ab, welches Gefühl stärker ist. Entweder wir halten uns das Neue vom Leib und werten es ab: taugt nichts, bringt nichts, geht nicht, braucht's nicht. Dann bleibt alles beim Alten. Es passiert – nichts.

Oder das Neue erscheint uns begehrenswert genug, dass wir uns darauf einlassen, auch wenn der Weg hin zu mehr Kompetenz schlaucht. Denn eines ist klar: Ratgeber oder Kurse eröffnen zwar Perspektiven und beschreiben mögliche Marschrouten. Aber sie beamen uns nicht ans Ziel unserer Wünsche. Den Weg der Veränderung müssen wir aus eigener Kraft schaffen: hartnäckig, konzentriert, unbeirrt von Hürden und Stürzen. Frei nach der Devise von Literatur-Nobelpreisträger Samuel Beckett: *No matter. Try again, fail again, fail better.*

Höchstens Überflieger entwickeln sich mit Schallgeschwindigkeit zum Kommunikationsgenie. Alle anderen erreichen den Zustand der *bewussten* und irgendwann der *unbewussten Kompetenz* durch Wiederholung. *Drandenken und Dranbleiben* lautet das Erfolgsgeheimnis. Tun Sie kleine Schritte, beobachten Sie, was zu Ihnen passt, achten Sie auf die Reaktionen Ihrer Gesprächspartner, ziehen Sie aus Fehlern Schlüsse – und freuen Sie sich, wenn Sie merken:

Etwas wird anders. Sie finden mehr Gehör als früher oder kommen neuerdings mit wildfremden Menschen ins Gespräch. Ihr Partner zeigt sich kompromissbereiter, Kunden greifen Ihre Vorschläge interessiert auf, der sarkastische Kollege hat seine Seitenhiebe gegen Sie praktisch eingestellt. Gespräche verlaufen in produktiven Bahnen, Ihre Meinung zählt, Ihr Wort hat Gewicht: Sie kommunizieren smart.

Literatur

Bamberger, Günter G., Lösungsorientierte Beratung. 2. Auflage, Weinheim 2001
Birkenbihl, Vera F, Rhetorik, 2004
Brounstein, Marty, Communicating Effectively for Dummies, New York 2001
Cialdini, Robert B., Die Psychologie des Überzeugens, Bern 2005.
Ernst, Heiko, »Ein neuer Blick auf das eigene Leben«, in: Psychologie heute, Juni 2002. Seite 21–26
Frenzel, Carolina / Müller, Michael / Sottong, Hermann, Storytelling. Das Harun-al-Raschid-Prinzip, München 2004
Goffman, Erving, Wir alle spielen Theater. Die Selbstdarstellung im Alltag. Neuausgabe, München 2003
Gottman, John M., Die 7 Geheimnisse der glücklichen Ehe. 2002
Haberleitner, Elisabeth / Deistler, Elisabeth / Ungvari, Robert. Führen, Fördern, Coachen. 5. Auflage, 2005
Hägg, Goran, Die Kunst überzeugend zu reden. 44 kleine Lektionen in praktischer Rhetorik, 2003
Holzberg, Oskar, »Rede mit mir!«, in: Brigitte, Nr. 2, 5.1.2005. Seite 100–106
Ibarra, Herminia / Lineback, Kent, »Machen Sie sich interessant«, in: Harvard Business Manager, April 2005. Seite 49–58.
King, Larry, How to Talk to Anyone, Anytime, Anywhere. The Secrets of Good Communication, 1994
Lowndes, Leil, How to talk to anyone, 2003
Märtin, Doris / Boeck, Karin. Small talk. Die hohe Kunst des kleinen Gesprächs. 11. Auflage, 2003
Märtin, Doris, So kommen Sie zur Geltung. Image als Schlüssel zum Erfolg. Aktualisierte Neuausgabe, 2004
Märtin, Doris, Erfolgreich texten, 2005
Merhabian, A., »Communication without Words«, in: Arnold, W. E. / Hirsch, R. O., Communication Through Behaviour, Boston 1977
Mind Gym, The MindGym, Wake your mind up, 2005
Nelson, Noelle C., Winning! Using Lawyers' Courtroom Techniques To Get Your Way In Everyday Situations, 1997
Nolte, Dorothee, »Ein Text ist wie eine Partitur«. Harry-Potter-Sprecher Rufus Beck über die hohe Kunst des Vorlesens, in: Der Tagesspiegel, 3. September 2003
Schulz von Thun, Friedemann, Miteinander reden. Band 1 bis 3, 1981–1998
Schulz von Thun, Friedemann u. a., Miteinander reden: Kommunikationspsychologie für Führungskräfte, 2000

Die Redebeispiele wurden unter anderem entnommen aus
www.bundespraesident.de,
www.bundeskanzler.de,
www.bankenverband.de,
www.cicero-rednerpreis.de.

Register

JENS WEIDNER DIE
PEPERONI
STRATEGIE
SO SETZEN SIE IHRE NATÜRLICHE
AGGRESSION KONSTRUKTIV EIN
campus